Angela Dembowski

Zauberwort Reisen

- Teil 1 -

Bibliografische Information der Deutschen Nationalbibliothek:
Die Deutsche Nationalbibliothek verzeichnet diese Publikation in der Deutschen Nationalbibliografie;
detaillierte bibliografische Daten sind im Internet über http:// / dnb.dnb.de abrufbar.

Herstellung und Verlag: BoD - Books on Demand, Norderstedt

ISBN: 978-3-7519-5307-8

Inhaltsverzeichnis

Zauberwort Reisen

Der Grund zu reisen war für mich, die Lebensverhältnisse völlig fremder Menschen kennenzulernen, die Art ihres Umgangs miteinander, zu sehen was ihnen wichtig ist. So nutzte ich jede Gelegenheit allein herumzulaufen, wenigstens ein paar Worte der einheimischen Sprache zu verstehen und manchmal zu benutzen, auch Besonderheiten der Natur näher anzuschauen. Durch beobachtendes Lernen am Anfang kam ich dann gut zurecht und auch mit Glück in keine echte Problemsituation. Bald fühlte ich mich als Mensch unter anderen Menschen, die sich zwar unterschiedlich verhalten, denen aber auch so viel gemeinsam ist.

Kurze Strecken hatte ich schon früher hinter mich gebracht, z. B. nach Stuttgart, natürlich mit dem Ziel „Wilhelma", ein Geburtstagsgeschenk für meinen Sohn, der sich so sehr wünschte einen Flug zu erleben oder nach Basel, Bekannte besuchen. Dem Jungen und mir machte es dabei besonders Spaß, dass wir auf dem Züricher Flughafen in eine Maschine umzusteigen hatten, die wie ein größeres Sportflugzeug aussah. Ich beäugte das Gefährt ein wenig misstrauisch, dachte, es schwanke in der Luft stark hin und her - nichts dergleichen, es war ein ruhiger, sanfter Flug mit herrlicher Aussicht auf die Landschaft.

Bevor ich in das schönste Abenteuer, das für mich vorstellbar ist, eintauchen konnte, mussten Vorbereitungen getroffen werden, zumindest in Form von Kofferpacken. Da dann meine Ausflüge meistens in Länder führten, in denen man Vergessenes notfalls nachkaufen kann, ergaben sich in der Beziehung kaum Probleme, nur manchmal zeitlicher Art. Trotzdem existierte von Beginn an eine Liste über das was mitzunehmen war, nach jeder Rückkehr wurde die Aufstellung korrigiert oder ergänzt. Mit der Zeit kommt man auf diese Weise zu einer annähernd idealen Ausrüstung, bei Vermeidung von unnötigem Ballast und der Vergeudung knapper Devisen - aber das nur nebenbei, so wie dieser Hinweis:

Einheimische Bezeichnungen der jeweiligen Länder sind mit „..." versehen, phonetische manchmal in Klammern dahinter und gelegentlich eine Anmerkung, allgemein Geläufiges so '...', persönliche Bemerkungen von mir in dieser Form ‚...' und nun - reisen Sie mir nach:

Zweimal Schweden

Durch die Einladung einer lieben nahestehenden Bekannten ergab sich die erste größere Urlaubs- bzw. Auslandsreise 1980 und zwar nach Schweden, Stockholm (= Pfahlinsel); es stand ein Erlebnis bevor, das mich mit gespannter Erwartung erfüllte, Flug und Unterkunft mit Frühstück waren über das Reisebüro gebucht, für die sonstigen Ausgaben hatte ich eifrig gespart - da, mein Auto musste zur Reparatur. Als ich die Rechnung der Werkstatt in der Hand hielt, sah ich meine Rücklage um mehr als die Hälfte dahinschmelzen, jetzt könntest du gerade daheimbleiben, dachte ich, tat es aber nicht, sondern nahm mir vor, sparsam zu sein und irgendwie zurechtzukommen.

Meine Bekannte holt mich vom Flughafen ab, bringt mich zu meinem Quartier, einem Zimmer in einer Privatwohnung - alles klappt; das jeweilige Frühstück, obwohl nicht üppig, genügt mir: ein paar abgezählte Scheiben Weiß- und Knäckebrot, Butter, Marmelade und abwechselnd etwas Wurst oder ein Schmelzkäschen, gelegentlich gibt es sogar zwei Scheibchenlein Schwarzbrot, daumengroß, zellophanverpackt, dafür weniger von dem anderen; ich esse süß und nehme mir eine Doppelscheibe Knäckebrot mit Wurst oder Käse als Mittagsmahlzeit mit, denn es ist klar, dass ich mir zwei Restaurant-Essen pro Tag nicht leisten kann.
Den ersten Tag verbringe ich im Stadtkern, um ihn näher kennenzulernen und Sehenswertes anzuschauen, mittags sitze ich auf einem Felsen über dem Wasser in der Sonne, kaue langsam und andächtig mein (b)Bisschen Brot und verarbeite dabei die gewonnenen Eindrücke, dann setze ich mich wieder in Bewegung um das Gehirn weiter zu füllen, allmählich fröstele ich, sicher ist das auch Hunger, aber vor allem kühlt der vom Wasser her ständig stramm wehende Wind stark aus, selbst wenn die Sonne heiß brennt; gegen Abend gehe ich suchend von einer Gaststätte zur anderen, laufe ständig kopfschüttelnd weiter, sobald ich im Aushängekasten die Preise auf der Speisekarte gesehen habe mir sinkt der Mut, ist mein Optimismus blödsinnig gewesen? Weiter unterwegs in Richtung meiner Unterkunft fällt mir oben in der Seitenstraße eine Schiefertafel auf wie sie manchmal vor Lokalen platziert sind, mit einem besonderen Tagesangebot, da soll ein Restaurant sein? Erkennen kann man das nicht, hingehen und gucken, vielleicht habe ich Glück, das Angebot verstehe ich nicht, nur was es kosten soll, aber offenbar wird für einen anständigen, seriösen Pauschalpreis ein Essen angeboten, siehe da - es gibt auch einen Eingang nichts wie hinein und ausprobieren: ich betrete durch eine Schwingtür ein kleines, düsteres Lokal, die Augen müssen sich erst an das Dämmerlicht gewöhnen, im engen Raum stehen wenige blanke Holztische, Bänke, ein paar Stühle, dem Eingang gegenüber befindet sich die Theke, die aussieht wie ein Hockeyschläger, das gekrümmte Teil stößt an eine Wand, auf dieser Rundung steht der Kaffee-Automat, die lange Seite ist mit allem Möglichen bestückt; um die hier übliche Zeremonie zu erfassen bleibe ich einige Zeit seitlich zur Tür stehen und beobachte ein paar Männer, die nach mir gekommen sind: sie nehmen am Anfangsteil der Theke je einen flachen Teller vom Stapel, aus der großen Schüssel die da steht, ein bis zwei abgepackte Stückchen Butter, Baguette-Weißbrotstücke aus dem Korb vor

der Butterschüssel, dann einen tiefen Teller von dem nun folgenden Stapel von Suppentellern und halten diesen einem jungen Mann hinter der Theke hin, er gibt ihn durch eine Durchreiche in die Küche und bald wandert der Teller auf dem gleichen Weg wieder zurück, wird mit dampfendem Inhalt ausgehändigt, während der Tellerreise bezahlt man; bestens vorinformiert reihe ich mich in die Schlange ein, greife mir einen flachen Teller, ein Stückchen Butter und zwei Brocken Brot und reiche dem jungen Mann einen Suppenteller, er fragt: „Möchten Sie Kaffee?", „Oh ja, bitte", da nennt er mir zu dem Pauschalpreis einen geringen Aufschlag und kassiert, noch eine Serviette und Besteck, einen Platz suchen und - nur noch genießen; ich bin selig, ein gut gefüllter Teller mit schmackhaftem Eintopf, dazu Butterbrot und frischer Kaffee, alle Lebensgeister wachen auf!

Das Lokal wird meine ‚Stammkneipe', satt schlafe ich herrlich, und schon während der Anstrengungen des Tages freue ich mich immer auf das leckere Mahl - meistens ‘Meeresfrüchte' abwechselnder Sorte mit Reis, Nudeln oder Kartoffeln äußerst pikant zubereitet, außerdem geht es appetitlich sauber zu; die Verständigung mit dem Theken-Menschen läuft über Englisch, er begrüßt mich bereits am zweiten Abend strahlend und lässt mich wissen, für den Kaffee-Aufpreis dürfe man so viel Kaffee trinken wie man möchte; bald stelle ich unschwer fest, hier essen offenbar Hafenarbeiter, die sich nach hartem Tag aufwärmen und mit Essen füllen, in ihrer Gesellschaft fühle ich mich sehr wohl, bin die einzige Touristin hier, der man stets bereitwillig einen Platz einräumt, egal wie voll es ist.

Ende Mai, hatte ich gedacht, wird's ja langsam warm und entsprechend leichtere Kleidung mitgenommen, dazu Wärmendes zum Unter- und Überziehen, falls das erforderlich würde - und ob es das ist, der kalte Wind geht durch und durch, von Tag zu Tag rüste ich mehr auf, bald trage ich fast alles am Leib, was ich dabeihabe, zuoberst einen Poncho, mein Aussehen gleicht einer Tonne, so schwerfällig bewege ich mich auch - ganz gleich, Hauptsache ich friere nicht!

Fast sämtliche Museen suche ich heim, natürlich auch das „Ostasiatische" und das „Wasa" (schwedisch: Vasa), sehe herrliche Dinge, meide nur geflissentlich die jeweiligen Imbiss-Restaurants, deren Duft mich manchmal verfolgt, aber ich bin ja zum Gucken hier und nicht zum Essen, letzteres kann man auch zu Hause.

Meine Bekannte und ihr Mann müssen arbeiten, aber ein gemeinsames Mittagessen kommt zustande und das Mahl am sich jährenden Hochzeitstag darf ich mitgenießen, es versammelt sich eine fröhliche Runde: Jans Mutter findet sich ebenso ein wie sein Freund Ingmar, das Tischgespräch stößt zunächst auf Schwierigkeiten: die Männer sitzen nebeneinander, auch die Frauen, Ingmar kann kein Deutsch, so läuft die Unterhaltung links von mir in Englisch, nun ist aber Ellen - rechts von mir ausgeschlossen, weil sie damit nichts anfangen kann, Jans Mutter daneben nur des Schwedischen mächtig, geht's genauso, also sage ich nach rechts gewandt Ellen auf Deutsch wovon wir reden und sie übersetzt es Jans Mutter, manchmal übernehmen die Eheleute auch gemeinsam diese Aufgabe, auf dieser Schiene wandern dann Meinungen und Fragen zurück, gelegentlich entsteht ein solches Kauderwelsch, dass kein Mensch mehr irgendetwas versteht - wir haben sehr viel gelacht, ein vergnügliches Beisammensein kam dabei heraus, Sprachschwierigkeiten müssen nicht immer ein Problem darstellen!

Ellen, meine Bekannte, erfuhr nichts von meinen Rechenkünsten, sie konnte nicht wissen, dass ich die öffentlichen Verkehrsmittel nicht benutzte aus Sorge um mein Budget, die geringen Geldmittel waren schnell nicht mehr schlimm, ich hatte mich darauf eingestellt mit wenig auszukommen und es ging wunderbar, habe alles gesehen was ich sehen wollte, sogar den herrlichen Blick über die Stadt von der Plattform des „Kaknästornet" (Kaknäs-Turms) aus, zu dem ich hinmarschierte; die Stadt lernte ich recht gut kennen, mit „Gamla Stan" (Altstadt), denn zu Fuß kommt man auch intensiv durch Viertel, an denen man sonst mit dem Bus vorbeihuscht ohne die hübschen Häuser und Vorgärten wirklich wahrzunehmen; durch die Markthalle bin ich natürlich auch gegangen, wo besonders das Vielerlei an frischem Fisch und sonstiger Meerestiere beeindruckte, ein vielfältiges und reichhaltiges Angebot - aber teuer, nicht nur aus meiner Sicht.

Mit <u>einer</u> D-Mark im Geldbeutel flog ich zurück, glücklich und zufrieden, es war ein rundum gelungener Urlaub, die verlorenen Leibespfunde kamen daheim rasch wieder drauf. Seitdem ist bisher keine Reise mehr finanziell derart spannend gewesen, oft knapp aber nie mehr so extrem; ich kann nur jedem raten, der wissbegierig und neugierig ist, sich durch nichts davon abhalten zu lassen seine Vorhaben auszuführen.

Meine Bekannte wurde zur Freundin, so kommt es zu einer weiteren Schwedenreise mit Besuch von „Milles Garden", der mich begeistert, ein vollendeter Eindruck mitbedingt durch die Lage: Terrassen, die schließlich steil zum Meer abfallen; wir besuchen die Schlösser „Gripsholm" am Mälarsee und Drottningholm, den „Goldenen Saal" im Stadthaus, die Freilichtmuseen „Skansen" und „Disa Garden", **Uppsala**, wo ich beim Mittagessen lerne, dass ein Glas Milch zu Fisch ein passendes Getränk ist - schmeckt wirklich!

Nun rückt der 22.06 näher, viele Schweden haben auf einer Insel nahe der Stadt, die über eine Brücke oder per Boot zu erreichen ist, ein Wochenendhäuschen mit etwas Gelände drum herum, da wird Angepflanztes gepflegt oder alles der Natur überlassen; um das „Mittsommernachtsfest" zu feiern, geht es dorthin, versehen mit reichlich Proviant, Jans Mutter ist mit von der Partie; das Häuschen hat Schlafplätze für uns alle, außerdem eine Küche mit Vorratsraum, gegessen wird im Freien; das Ufer liegt nur wenige Schritte entfernt und das Wasser lädt zum Schwimmen ein, der Anlegesteg mit Leiter macht das Einsteigen leicht: „Darf ich den benutzen, gehört der euch?" - als Deutsche fragt man so was - „jeweils ein Streifen am Wasser ist hier „Allemannsland", werde ich aufgeklärt „gehört allen", das imponiert mir; am Nachmittag treffen sich viele Leute auf einer größeren Freifläche mit kleinem Tanzboden; Jans Mutter, mit der ich mich mangels schwedischer Sprachkenntnisse nicht unterhalten kann, fragt: „Angela, danze Walz?" Als ich das bejahe, steige ich offensichtlich in ihrer Achtung, mit der es bislang nicht weit her war, und bald drehen wir uns fröhlich im Walzertakt, die 'Band' besteht aus einem Geiger und einem Ziehharmonikaspieler, dass zwei Frauen miteinander tanzen, ist nichts Ungewöhnliches; später treibt mich die Neugier zu einem Kreis, der um einen ‚Maibaum' tanzt: Mütter mit ihren Kindern, wenige Väter dazwischen, sie singen Kinderlieder, die auch bei uns heimisch sind, so stimme ich ein - der deutsche Text stört niemand, sie öffnen den Kreis und ziehen mich mit hinein, heiter, unbeschwert bleiben wir bis spät am Abend in der großen Gemeinschaft, etliche kennen sich, aber die Art des Umgangs lässt keinen Schluss darauf zu, wer wem fremd ist und wer nicht; Jans Mutter zieht sich zurück um zu schlafen, wir drei setzen uns ans Wasser und unterhalten uns leise, Jan ist mit sich und der Welt zufrieden, er darf Wein trinken, Ellen bremst ihn allerdings gelegentlich - Alkohol kann man nur in staatlich konzessionierten Läden erwerben zu einem hohen Preis, doch selbst wem es möglich ist sich das zu leisten, macht nicht oft Gebrauch davon, denn der Luxus-Konsum wird als unfein angesehen, natürlich gibt es auch in Restaurants alkoholische Getränke zum Essen, aber normalerweise begnügt sich ein anständiger Schwede mit - einem Glas Milch! Man kann sich daran gewöhnen, mein Magen jedenfalls protestierte nie dagegen und das ist ein Maßstab; so wird klar, Schweden sind Alkohol nicht gewöhnt, denken, sie würden wohl etwas versäumen und glauben in Urlaubsländern, das Entbehrte nachholen zu müssen, da die Temperaturen dann meistens weitaus höher sind als zu Hause, kommt es zu den bekannten Erscheinungen, an denen so mancher Tourist aus anderem Land schon Anstoß nahm, Einheimische - verstohlen ebenfalls; langsam ist die Sonne bis auf einen schmalen Streifen unter den Horizont gesunken, eine lichte Baumreihe auf der gegenüberliegenden Insel verwehrt uns den direkten Blick, deshalb stehen Ellen und Jan auf: „Komm, wir gehen zum Felsen, dort haben wir freie Sicht", sie läuft zum Haus um den Picknick-Korb nachzufüllen, Jan und ich gehen langsam vor - es ist richtig hell, die Vögel zwitschern, nach kaum fünf Minuten gelangen wir an unser Ziel, hier haben sich bereits zwei Familien niedergelassen, um andächtig die langsam wieder aufsteigende Sonne zu beobachten, es wird wenig gesprochen wenn, dann geflüstert, die Kinder verhalten sich ebenfalls mucksmäuschenstill lediglich raschelt ab und zu ein Papier oder eine Serviette, ich komme mir armselig vor weil ich gar nichts Essbares anzubieten habe, aber es scheint keine Rolle zu spielen, von allen Seiten beschenkt man mich mit ‚Futter', es werden besondere Leckerbissen ausgesucht, die ich unbedingt probieren soll - als fremde Ausländerin war mir nie zuvor und ist mir nie danach wieder von völlig Unbekannten so viel Großzügigkeit begegnet, verbunden mit warmer Herzlichkeit; den Sonnenaufgang kann ich nicht beschreiben, man muss ihn erlebt haben. Als wir uns endlich zurückziehen um etwas zu schlafen, habe ich trotz Müdigkeit Probleme damit, denn die weißglänzende Helligkeit, die durch das Fenster hereinkommt füllt das ganze Stübchen, so leid es mir tut, es bleibt nichts anderes übrig als das Fenster zuzuhängen

Am Abend dieses Tages traue ich meinen Augen kaum, auf einmal füllt sich der breite Wasserarm zwischen den beiden Inseln mit lauter Segelschiffen, sie fahren dicht an dicht, eins neben dem anderen, „du liebe Zeit, was ist denn jetzt los", entfährt es mir mit Staunen, Jan kommt herbeigeeilt, sieht mich fragend an und ich zeige mit dem Finger auf die Boote, enttäuscht meint er „ach, das sind nur die Leute die nach Hause fahren, das Wochenende ist vorbei und sie müssen morgen wieder arbeiten" - das also ist des Rätsels Lösung, ich finde den Anblick phantastisch und kann mich nicht sattsehen an der endlosen Kette von Schiffen - Hauptverkehrszeit auf Schwedisch, sogar ohne Stau! Auch wir kehren in die normalen Behausungen zurück, aber zunächst zu Fuß und dann mit dem Auto, ganz profan, ich bin angefüllt mit schönen Erinnerungen und mindestens einem Pfund mehr an Gewicht. Anderntags überrascht mich meine Freundin mit der Botschaft, sie könne sich zwei Tage Urlaub nehmen: „Hast du Lust sie mit mir in Helsinki zu verbringen?" Was für eine Frage - und ob! Hin- und Rückfahrt mit der Fähre von der „Viking Line" und Hotel im schwedischen Reisebüro gebucht, lassen uns beide als Skandinavierinnen erscheinen, was sich bei der beginnenden Touristen-Saison als sehr angenehm erweist, ohne Pass- und Zollkontrolle kommen wir jeweils an und von Bord, weil das lange Warten in den Überprüfungsschlangen entfällt, Ellen spricht fließend Schwedisch, es ist also nur erforderlich, dass ich den Mund halte, sie reden lasse und stumm charmant lächelnd hinter ihr hertrabe, es klappt jedes Mal vorzüglich; am späten Nachmittag legen wir ab, genießen abends ausgiebig und in aller Ruhe das zu Recht berühmte, ausgezeichnete „Skandinavische Buffet", danach begeben wir uns in unsere Kabine; gegen Mitternacht wache ich auf, von lautem Stimmengewirr auf dem Flur geweckt, das höre ich mir eine Weile an in der Hoffnung, es würde alsbald verstummen, aber das tut es nicht - also stehe ich auf, ziehe den Morgenrock über und gehe hinaus um nachzusehen, ein ganzes Stück entfernt, steht eine Gruppe junger Mädchen und Buben, an die offenen Pendeltüren gelehnt und mit lautstarkem Gedankenaustausch beschäftigt. Ich laufe zu ihnen, vernehme, dass sie englisch reden und bitte sie deshalb in dieser Sprache darum zumindest die Türen zu schließen, am besten aber die Treppe hinauf in einen der Clubräume zu gehen, dort könnten sie ihre Unterhaltung fortsetzen ohne jemanden zu stören, die meisten kichern, ein junger Mann wendet sich mir zu und sagt in einwandfreiem Deutsch: „Halt den Mund, Oma"! - „Oma" zu mir, ich bin doch erst gutes ‚Mittelalter' – "geh' schlafen"! Jetzt donnere ich in meiner Sprache zurück: „Das würde ich ja gerne, wenn es möglich wäre, aber bei dem Lärm, den ihr macht geht das nicht!" Bereits bei meinen ersten Worten ist der Sprecher kreidebleich geworden, seine Augen weiten sich vor Schreck, die anderen schweigen schlagartig, starren mich mit offenem Mund an wie ein Gespenst – husch, husch, rennen sie stolpernd die Treppe hinauf, schnell drehe ich mich um, weil ich mich vor Lachen kaum halten kann; zurück in der Kabine fragt mich meine Freundin ganz verschlafen: „Wer macht denn da so einen Krach? Wenn es keine Ruhe gibt, geh' ich hinaus und hau' ihnen auf die Schnute, ich bin so müd'!" „Brauchst du nicht, die stören nicht mehr", erwidere ich, "Gott sei Dank", murmelt sie leise, beinahe schon wieder eingeschlafen; am nächsten Morgen belustige ich Ellen mit dem nächtlichen Erlebnis beim Frühstück, sie hätte sich vor Lachen fast verschluckt - und 'die Moral von der Geschicht': Man sollte auf Auslandsreisen vorsichtig sein mit Bemerkungen, egal in welcher Sprache, man könnte vielleicht verstanden werden! Auch im Heimatland wäre das kein Fehler, denn Touristen sind heutzutage überall.

Helsinki, die Hauptstadt des Landes der Sprache, die massenweise Vokale verwendet, auch unbekümmert aneinanderreiht - ich finde sie schön, mit hübschen Geschäften, in denen man auf Verkäuferinnen trifft, die aus dem Baltikum stammend, sehr gut Deutsch sprechen, dem „Dom", dem „Finlandia-Haus", „Sibelius-Park", der Zoo-Insel

Korkeasaari, der „Uspenski-Kathedrale" am Hafen und der „Felsenkirche", dem „Nurmi-Denkmal" und so viel Sehenswertem mehr - auch einem vorzüglichen Essen in einem russischen Lokal. Unsere Rückfahrt verläuft unspektakulär wie der Rest des Urlaubs, Jan hatte sich bemüht, mir ein paar Brocken Schwedisch beizubringen, meine Künste reichten aber nur zum Erwerb von Fahrkarten für die U-Bahn, glücklicherweise war er darauf stolz.

Die in Schweden verbrachte Zeit ist unvergessen, außer den Freunden hat es mir die raue Landschaft angetan mit ihren zähen Bäumen, nacktem Fels, Moosen, Flechten und Preiselbeeren, dieser wunderschöne herbe Reiz.

Mexiko (1980)

Damit fing es an, so richtig, meine ich, mit Fernreisen:
Es erschien auf einem 'Ehemaligen-Klassentreffen' nach langer Zeit wieder einmal Karlheinz, der seit Jahrzehnten im Ausland arbeitete und lebte, jetzt in Mexiko-City; bevor wir uns trennen, lädt er zum Besuch dort ein, wer Lust dazu hätte - Mexiko, Maya- und Azteken-Kultur, die Pyramiden, mein Traum, den ich schon als Teenager mit dem Stöbern in Büchern pflegte, und von dem meine Mutter sagte: „Bist du mit deinen Gedanken schon wieder da wo du doch nie hinkommst?" - meine Schwester ergänzte, „die spinnt"; „Karlheinz, meinst du das ernst?" „Ja sicher", „du, sei vorsichtig, sonst komm´ ich wirklich!" „Mach mal, ich hol' dich vom Flughafen ab".
Rolf, mein Sohn, hatte die Schule - ein kostenintensives Privatgymnasium gerade abgeschlossen, arbeitete wie zuvor in den Ferien, um mich finanziell zu entlasten, so hatte ich etwas Geld ansparen können - vielleicht ging es tatsächlich? Reisebüro-Erkundigung, Rolf fragen, was er meint, „mach', dass du fortkommst, es wird Zeit, dass du mal was für dich tust!", ich buche Hin- und Rückflug und Rundreise durch Yucatan mit Gruppe.
Die Absprache mit Karlheinz klappt, so wird es eine kombinierte Individual- und Gruppenreise; er wohnt mit Frau und Kind am Rand der Stadt und nimmt mich jeden Morgen mit ins Zentrum, wo das Büro seiner Firma ist, tagsüber kann ich dann tun und lassen was ich will, um mit nach Hause zu fahren habe ich mich gegen 17 Uhr wieder einzufinden; ich bin immer sehr bemüht, mich daran zu halten, denn ich habe keine Ahnung wie ich in der Zehn-Millionen-Stadt sonst jemals dorthin finden soll.
Also, Mexiko ist eine Bundesrepublik mit einem Präsidenten an der Spitze; Präsident Juárez sei der einzige reinrassige Indianer in diesem Amt bisher gewesen, im Staatswappen des Landes schlägt der Königsadler über einem Kaktus schwebend eine Schlange; die Hauptstadt ist **Mexiko City** „Ciudad de Mexico", die in ca. 2 300 m Höhe gelegene größte Stadt der Welt, die Vorgängerin das „Tenochtitlan" der Azteken mit gleicher Funktion im 14./15. Jahrhundert war auf Inseln im See Texcoco erbaut worden, die „Schwimmenden Gärten" sind heutige Reste der Technik für Landgewinnung. Was macht man an einem fremden Ort zuerst? Richtig, eine Stadtrundfahrt, um sich zu orientieren, welche Stellen man später noch einmal in Ruhe aufsuchen möchte, ein österreichisches Reisebüro bietet diese und andere Touren an, ich nehme es öfter in Anspruch, da es sehr günstig liegt, von Karlheinz' Abladestelle aus kann ich es zu Fuß erreichen, den Platz der Revolution überquerend mit Denkmal, im Volksmund „Elefantendusche", gleich die nächste Seitenstraße rechts; zunächst befasse ich mich aber mit der Stadt selbst näher und verbringe einen ganzen Tag in dem herrlichen „Nationalmuseum für Anthropologie", dessen stündliches Muschel-Signal mir noch in den Ohren klingt: besonders beeindruckt mich der „Azteken-Kalender", Monolith mit Symbolen, besser „Sonnenstein", im Mittelpunkt der Sonnengott „Huitzilopochtli" nährt sich von Blut und menschlichen Herzen, aber auch eine Skulptur mit ‚Hamsterbäckchen' und ‚Bierbauch' „Chac Mool" der Makabere mit dem drolligen Gesicht, dann das „Baby-Face" mit rundem Schädel negroid, Olmekenkopf, dem ich

später erneut begegne; sie unterscheiden vier Menschentypen, alle haben sich deutlich abzeichnende Backenknochen, Mongolen sollen vor 25 000 Jahren über die Beringstraße nach Mexiko gekommen sein, las ich einmal, erscheint glaubhaft - die Ureinwohner lebten vom Maisanbau, Fischen, Jagen, von Früchten und Kakteen.

Ausgerüstet mit einem Plan der Mitte des Stadtzentrums setze ich mich anderntags wieder in Bewegung, entdecke so nach und nach: die Kathedrale „San Hippolito" an der Avinia Hidalgo, eine Kirche mit etwas Schlagseite was hier wegen des morastigen Untergrundes öfter vorkommt, den Platz, mit dem Goldengel auf der Säule, der für mich dem 'Place d´ Etoiles' in Paris ähnelt, bei einem Erdbeben sei der Engel einmal heruntergeflogen, die Kirche „San Fernandes" und die von „San Francisco Acatepec", nahe dem Alameda-Park; ich besuche den „Palacio de Bellas Artes", mit Kolossalgemälden von Diego de Rivera, dem Lebensgefährten von Frieda Kahlo, viele alte Druckplatten, Jugendstilwerke, sehr grausame Szenen aus der Geschichte Mexikos in Bildern - und gehe auf die Post, die in einem alten Prachtbau gegenüber untergebracht ist, ein freundlicher Polizist sieht mich nach einem Briefkasten suchen, er erklärt mir in einwandfreiem Englisch wo einer zu finden ist, ihm vertrauend laufe ich in die dunkle Ecke des Gebäudes und siehe da - zwei breite Schlitze in der Wand, einer für Stadtpost und einer für auswärtige, beim Hineinwerfen meiner Karten sehe ich allerdings einen Berg von Sendungen auf dem Boden liegen und gebe alle Hoffnung auf, dass jemals von meinen Mitteilungen etwas daheim ankommt - aber es kam - alles! Der Platz der Drei Kulturen = „Tlatelolco" heißt so wegen aztekischer Ruinen mit Kampfbahnen wie bei den Gladiatoren, Reste spanischer Architektur und futuristischer Gebäude der Gegenwart, die hier aufeinandertreffen; um den „Zocalo" - Name des Hauptplatzes in jedem mexikanischen Ort, gruppieren sich hier vor allem die „Kathedrale" und der „Nationalpalast"; einen Platz mit Beethoven-Denkmal gibt es und die Prachtstraße „Reforma" bin ich jetzt schon so oft hinauf- und heruntergelaufen, dass ich sie inzwischen recht gut kenne; anfangs versuchte ich jemanden nach einer Straße zu fragen, alle waren sehr freundlich und hilfsbereit, doch der eine deutete in diese Richtung der nächste in die entgegengesetzte, nur Polizisten erweisen sich als zuverlässig - wenn man einen zu fassen bekommt.

Heute habe ich einen Halbtags-Ausflug gebucht, d. h. den Vormittag frei, also auf in den Chapultepec-Park (chapultepec = Heuschrecke), in ihm das Schloss des Kaiserpaares 'Maximilian und Charlotte', in dem sich nun das „Nationalmuseum für Geschichte" befindet; ein Aufzug führt nach oben, ich bin die erste die frühmorgens auf Beförderung wartet, dann gesellen sich ein paar Schulkinder dazu, später einige Touristen; der Aufzugführer fragt: „Inglesi?" „No, Aleman" antworte ich - und ein zartes Stimmchen hinter mir sagt: „Guten Morgen", es ist eines der Kinder, schnell stellt sich heraus, dass damit die Deutschkenntnisse erschöpft sind, macht nichts, der Kontakt ist hergestellt; die Gruppe, drei Mädchen und ein Knabe, wartet bis ich an der Kasse eine Eintrittskarte erworben habe um gemeinsam durch das Museum zu gehen mit „Ah" und „Oh" und Gelächter, zum Beispiel zieht mich Maria vor eine hübsche holzgeschnitzte Tür und fragt „dog?" Ich schüttele den Kopf, „no, dog ist (ich belle) wau, wau, wau", alles lacht, auch der Aufseher, „door, aleman Tür", andächtig wird Aussprache geübt;

jetzt werde ich belehrt, dass das an die Decke gemalte Pferd „cavallo" heißt und wir machen uns miteinander bekannt: ich bin also mit Maria, der Ältesten und Wortführerin, Lucia und Anna unterwegs, der Name des Jungen ist wohl Juanito, er flüstert ihn nur und wird von Maria gleich energisch weggeschoben, der arme Kerl hängt ständig hintendran, aber er kann ja auch nicht mit zur Toilette gehen, was die Freundschaft erheblich festigt, denn die Haare der Mädchen sind zu kämmen, Anna möchte ihren Zopf nachgeflochten haben, erst wenn die Spangen alle wieder schön sitzen, sind die Kinder zufrieden; der Museumsbesuch ist wenig erkenntnisreich, aber sehr vergnüglich, nach knapp zwei Stunden haben wir alle genug davon; draußen ist wunderbares Wetter, die Kinder purzeln, ich rutsche einen Hang hinunter, man sucht sich eine Bank, Essen wird ausgepackt; das liebgemeinte Angebot mir etwas zu nehmen, schlage ich besser aus, „Montezumas Rache" lauert für uns Europäer fast überall und hier ganz bestimmt! Als Nachtisch habe ich nur ein paar Kaugummis zu bieten, die ich noch halbieren muss, damit sie für alle reichen, doch sie werden freudig akzeptiert - warum ich ein Kopftuch aufhabe, fehlen mir die Haare? Ich nehme es ab, der erblondete Schopf kommt zum Vorschein, allgemeines „aah", keine Glatze, befriedigend geklärt; das Grüppchen will noch zum Zoo und ich zu meinem Reisebüro-Treffpunkt, Abschied ist angesagt, er wird tränenreich mit Umarmungen und feuchten Küsschen, und Maria verspricht mich zu besuchen; so hatte ich noch die eine oder andere Begegnung mit Einheimischen, mehr oder weniger erfreulich, die man nur erlebt, wenn man auf eigene Faust loszieht; in Ländern mit viel Armut trage ich meistens einfache Röcke und T-Shirts, sparsamst Modeschmuck und ‚Latschen' an den Füßen, wenn's dafür warm genug ist, Holzsandalen erweisen sich als äußerst praktisch bei Sonne - klar, regnet es läuft das Wasser einfach ab und sobald es aufhört trocknen die Füße wieder, wichtig in der Regenzeit bei täglichen Wolkenbrüchen am Nachmittag, das ist viel besser und gesünder als in nassen Strümpfen herumzulaufen oder zu sitzen, hölzerne Pantinen haben hier noch einen Vorteil: die Sohlen reichen in der Regel etwas über die Höhe der Soße hinaus, die in öffentlichen Toiletten um die Schlitze im Boden herum steht - hinein und daneben geht anscheinend viel, an einem Ort gab es neulich sogar Papier von einer Indianerin, die in einem Kassenhäuschen zwischen den zwei Eingängen saß, sie sah mich abschätzend an und reichte mir dann zur üblichen Portion noch zwei Blättchen nach - was sie wohl dachte? Mir fällt auf, dass mich manche Mexikaner unverhohlen von oben bis unten mustern, Gleichgültigkeit oder Skepsis kennzeichnet die Mienen, doch sobald der Blick die Sandalen erreicht erhellt ein Lächeln ihr Gesicht, Spanisch verstehen die Leute auf der Straße nicht; das Heftchen 'Spanisch für Urlaub und Reise' ist nur als Sitzunterlage auf kaltem Stein zu gebrauchen. Die Mexikaner kopieren die Amerikaner, die „Gringos", obwohl sie diese emotional nicht mögen mit Jogging, Rollschuhlaufen, Jazzmusik, „American Style" etc., es sieht irgendwie rührend aus, wenn in dem Smog entlang der Hauptverkehrsader Menschen Dauerlauf machen - übrigens: man fährt was man will und wie man will, ich bemerke verbogene Auspuffe wie Wildschweinhauer mit den Enden steil nach oben, Rücklichter mit Heftpflasterstreifen angeklebt, per Kordel angebundenen Auspuff, eine wehende Heckklappe an einem Bus - Karlheinz meint, schlimmer seien Klappen, die plötzlich nach der Seite ausschlagen und ‚Dosenöffner'-Zierkappen, die wie große Flügelschrauben aussehen; gefahren wird in Dreier- bis Fünferreihen auf drei Spuren und dazwischen, wo eine Lücke entsteht, saust man hinein, war man schnell genug hat man gewonnen und es kracht auch nicht; ich lerne, dass manchmal Straßen-Hinweisschilder am Abend in die entgegengesetzte Richtung von der am Morgen zeigen, weil sie von ‚Geisterhänden' umgedreht wurden, Wahrzeichen der Stadt sind die Wassertanks auf den Dächern und die Seitenstraßen sind gespickt mit Schwellen, „schlafenden Polizisten" oder „Toppes".

Die Deutschen hier haben Kontakt untereinander und pflegen ihn auch, bei einer dieser Gelegenheiten komme ich in den Genuss ein Stück auf der 'längsten Straße der Welt' der „Insurgentes", zu fahren, sie ist 48 km lang und geht quer durch Mexiko City; anlässlich solcher Besuche erfahre ich wie schwer es ist in einem fremden Land zu leben, Verhaltensweisen der Einheimischen muten teilweise sehr exotisch an heißt es, Sitten und Gebräuche seien unterschiedlich, sie als Deutsche würden deshalb untereinander ganz bewusst die strikte Einhaltung von gewohnten Regeln des Umgangs mit Sachen und Situationen pflegen, das gibt wohl Sicherheit, hilft die eigene Identität nicht zu verlieren, sich nicht wurzellos zu fühlen; einmal werde ich auch über die Benutzung der „Grauen-Hunde"- Busse informiert: es gibt weder Fahrpläne noch Haltestellen, Daumen hoch wird man mitgenommen, laut schreien, wenn man aussteigen will - das bedeutet, man muss genau wissen wo man hinmöchte mit dieser Linie. Auf solche Weise vorab aufgeklärt, habe ich's lieber nicht ausprobiert, vielleicht wäre ich sonst heute noch unterwegs! In anderem Gespräch erwähnt ein junger Mann, sein ihn besuchender Sohn sei von den Palmen zuerst enttäuscht gewesen, „das sind ja Plastikpalmen, unten grau nur oben grün", die mit völlig glattem Stamm und grüner Blätterkrone, in natura hatte er solche noch nie gesehen; irgendwo esse ich zum ersten Mal Austern und finde sie nicht umwerfend - eher, dass hier alles andersherum geht: Schlüssel, Wasserhähne und die Toilettenspülung sind ein System für sich, glücklicherweise einfach zu 'reparieren'; es gibt „Finnischen Wodka" und Anthony Quinn wirbt bei seinen Landsleuten auf großen Plakaten für „Kirsch-Brandy".

Der erste Reisebüro-Ausflug gilt den Pyramiden „Himmelsleitern" denen von **Teotihuacan** (Tetuakan phon.) = „Stadt der Götter" (Menschenopfer), dem Tempel des „Quetzalcoatl" ketsal = einfarbiger Vogel grün oder blau, mit glänzendem Gefieder und langen Schwanzfedern, die als Kopfschmuck dienten, coatl = Jaguar, beides heilige Tiere, trotz dieses Übersetzungsangebots soll dieser Tempel einer der „Gefiederten Schlange" sein; in der Maya-Kultur „Maya" = Menschen aus Mais, wurde Quetzalcoatl „Kukulcán" genannt; übrigens gab es einen Flugdinosaurier phonetisch namens Ketsalcuadlus; Mond- und Sonnenpyramide, letztere gleicher Grundriss wie 'Cheops' ca. 70 m hoch, über einer Höhle errichtet, der „Heimat des Erdgottes". Sonnenstrahlen sind Seile nach oben, Opfer wurden dargebracht aus Angst, die Sonne käme nicht wieder; die Zahl vier galt als heilig wegen der vier Elemente: Wasser, Erde, Luft, Feuer und der vier Himmelsrichtungen, dem Sinnbild für die Pyramidenkanten; sonstige Vorstellungen entsprachen dualistischem System: Himmel - Erde, hell - dunkel, Sonne - Mond, Leben -Tod; alle diese Erklärungen spielen für mich im

Augenblick eine untergeordnete Rolle, die Bauwerke sind unglaublich beeindruckend - und ich stehe wirklich davor! Am Tempel des „Quetzalcoatl" wurden 52 Nischen gezählt, einer Lebensperiode des Menschen gemäß oder der Anzahl der Jahre bis zum Weltuntergang, andernorts stieß man auf vier Treppen zu je 13 Stufen = 52 und 366 Skulpturen - Vorfahren wussten schon vieles, haben vor undenkbar langer Zeit Staunenswertes geschaffen, das uneingeschränkte Bewunderung verdient, leider gibt es dort keine Aufzeichnungen zu besserem Verstehen; steige auf die „Sonnenpyramide" hinauf, erfüllt von dem Erleben, das ich mir so sehr gewünscht hatte, am 21. März, der Tages- und Nachtgleiche, pilgern unzählige Mexikaner hierher, um die Wiederkehr der Sonne hautnah in sich aufzunehmen, das Areal ist umgeben von Hügeln mit niedrigem Baumbewuchs obendrauf wie kleine Haarbüschel; die Stadt war Handelsmittelpunkt da Fundort von reichlich Obsidian, dem Lavaglas, sehr begehrt als Material für Schneidewerkzeug; auf dem Rückweg besuchen wir noch die „Basilika von Guadalupe", die bedeutendste Wallfahrtsstation der überwiegend katholischen Mexikaner.

Eine andere Ganztagstour führt Richtung Acapulco am Pazifik, auf dem Weg dorthin beeindruckt eine Tropfsteinhöhle mit besonderen Gebilden und Formen, dann geht es über **Ixtapan** nach **Taxco,** der Silberstadt, die komplett unter Denkmalschutz steht, in der Mitte des „Zocalo" ist ein Pavillon üblich, darin spielen oft Musikanten und ich entdecke 'Bloody Mary' als ein mir bekömmliches Getränk; die nächste Unternehmung geht zum Popocatepetl: wo es Wasser gibt, weist die Landschaft tropische Vegetation auf: üppig, mit Orchideen, Kolibris, Sittichen und großen Schmetterlingen, Weihnachtsstern-Büschen, doch existieren auch ausgedehnte Trockenflächen; nahe der Bergregion wachsen Agaven, und „Muchachos" suchen auf mageren Pferden unter Bäumen deren Schatten; in der Mittellage sind die Steilhänge grün überzogen, Mais, Zuckerrohr und Agaven werden angebaut: die „Magai"-Agave, aus der „Meskal" gewonnen wird, die „Tequila"-Agave erklärt ihren Zweck selbst und die „Sisal"-Agave welche starke Fasern liefert zu vielfältiger Verarbeitung; Affenbrotbäume gedeihen hier und Mexikanische Kakteen, die wie nach oben stehende Gurken aussehen; ab etwa 3 000 m Höhe lediglich Pinien, die auch als Weihnachtsbäume dienen; Graskissen, Flächen von Blumen u. a. Lupinen, Kartoffeln zu ziehen ist möglich; der Cortez-Pass endet an der Bergstation „Tlamacas" auf 3 800 m, umgeben von hohen Bäumen, Hängen aus Lavaasche mit Grasbüscheln dazwischen - ich staune, wenn ich mich recht erinnere, hat man uns in der Schule etwas anderes über die Baumgrenze erzählt, so um mindestens 1 000 m niedriger würde sie verlaufen, aber da dachte ja keiner an Mexiko! Das Atmen fällt schwer, die Stiche sind unangenehm, der „Tequila", den man uns anbietet, reizt mich nicht stelle ich nach kurzer Probe fest - lieber herumlaufen, gucken, knipsen: neben dem schneebedeckten, majestätisch aufragenden Vulkan, ein zweiter Berg, der „Siuatel", die „Schlafende Weisse Frau", ihr Vater lehnte die Verbindung ab und als „Popocatepetl" in den Krieg gezogen war, teilte er eines Tages seiner Tochter mit, dieser sei in einer Schlacht gefallen, sie starb an gebrochenem Herzen wie Popocatepetl bei seiner Rückkehr erfuhr, seitdem bewacht er mit einer brennenden Fackel in der Hand ihren Schlaf. Auf der Rückfahrt - Gott sei Dank die Stiche hören auf - informiert man uns darüber, dass im Land hauptsächlich Mestizen leben, 10% Kreolen, ebensoviele Indios; die Mexikaner bezeichnen Amerikaner als Mars, die Russen als Mond und sich selbst als Sonne; Mais das Hauptnahrungsmittel muss eingeführt werden, die Ernteerträge im Land reichen nicht aus, und den Herrscher der Azteken nannten sie „Quanthemoc" = herabstoßender Adler; zum Mittagessen kehren wir im Luxus-Hotel „Hacienda Cocoyoc" ein, das Bade- und Reitmöglichkeit bietet, herrlich sich im dortigen Pool zu erfrischen - ehemalige Zuckerrohr-Plantage mit dem Wahrzeichen eines Tieres wie ein Kojote, beim Umziehen im Doppelbett-Gästezimmer dürfen wir einen bewundernden Blick auf die holzgeschnitzten Rahmen der Spiegel und Bettenden riskieren, die wallenden Vorhänge und schweren Übergardinen - so stelle ich mir ein elegantes Schlafzimmer in typisch spanischem Stil vor; die Anlage, umgeben von einer hohen Mauer und geschlossenem eisernem Tor, wird von bewaffnetem Personal gesichert - auf diese ‚Oasen' trifft man öfter, die Abschirmung stört mich, doch es scheint nicht anders zu gehen wegen zu großer Besitzunterschiede und der Heißblütigkeit, Sonne und „Tequila" täten Zusätzliches; ich sehe zum ersten Mal 'live' eine Bananenblüte, außerdem wachsen hier Boja-, Mimosen-, Affenbrot- und Margeritenbäume, auch Eukalyptus, der nach Hustenbonbons riecht und wenig Pflege braucht, zudem Exemplare des Mexikanischen Tulpenbaums, Feigenkakteenbäumchen und Unmengen von Papageienschnabelblumen, Oleander, Hibiskus mit handtellergroßen Blüten; wir kommen auf der weiteren Rückfahrt an einem Friedhof vorbei, wo sich die Menschen an den Gräbern ihrer Angehörigen zu fröhlichem Picknick niedergelassen haben, Kerzenlichter anzündeten, Totenfeste - eine Hoffnung; der Nachmittag reicht noch für einen Bummel über den Markt: die Früchte ziehen mich magisch an, Papaya, Quanawana, Mango, Quawa, außerdem wird überall gebrutzelt und gekocht, es duftet verführerisch - als ich allerdings in den Wassereimer sehe, in dem die Frauen ihre Hände waschen, danach mit der Essenszubereitung fortfahren, die Hände erneut eintauchen und anschließend damit die Fladen umdrehen, fällt es mir leicht meinem Appetit nicht nachzugeben.

Tula steht auf dem Programm, die Atlanten dort befinden sich auf einer Plattform, deren Mauerwerk dem 'Adobe'-Stil ähnlich ist; diese „Sonnenkrieger" bewachten einst die Heiligtümer der „Tolteken", die eine lange Nase und fliehende Stirn hatten, Papier aus Feigenbaumrinde herstellten, es soll zudem der Ursprungsort des „Quetzalcoatl" sein; die Tempelstätte liegt in einem lieblichen Tal mit falschen Pfefferbäumen, man hat ein kleines Museum eingerichtet für Ausgrabungsgegenstände und da - ich traue meinen Augen kaum steht eine ‚Negervase' aus Ton, eine 'Kopfvase' von der gleichen Art wie die etruskische glasierte im Museum von Karlsruhe - die Etrusker sollen von den Phöniziern abstammen, kam das orientalische Seefahrervolk bis hierher? Jedenfalls bis Karthago - ich bin fasziniert! Draußen bietet ein freundliches Paar für wenige Pfennige frisch gepressten Orangensaft an, jetzt genau das Richtige, 'Montezuma's Rache' hin oder her, die Vitamine werden Durchfallbakterien schon entgegenwirken - taten sie; ein Bus mit Amerikanern trifft ein, die Damen strömen, wie wir vor der Abfahrt, zur Toilette, die Schlitze im Boden sind durch halbhohe Zementmäuerchen voneinander getrennt, Türen nicht vorhanden - wir haben uns längst daran gewöhnt, den Amerikanerinnen scheint das noch neu zu sein, die teilweise verzweifelten „ooh"s beweisen es, eine alte Frau schüttelt den Kopf, nein, das kann sie nicht, wirklich nicht - ich winke sie ins ‚Örtchen' und stelle mich mit weit ausgebreitetem Rock davor, damit den Eingang ausfüllend, sie bedankt sich sehr, die anderen klatschen Beifall - Problem gelöst! Heute ist Samstag, Karlheinz arbeitet nicht, bringt mich aber zum Ausflugstreffpunkt und für die Rückkehr erhalte ich die Anweisung am Plaza de Satelite auszusteigen, um von dort aus ein Taxi zu seiner Behausung zu nehmen; der Busfahrer lässt mich wunschgemäß heraus, nun rechts um die Ecke und ein Stück geradeaus stehen die Taxis: ich sage mein eingeübtes Versen auf, er nickt, frage noch, ob er Englisch spricht, er nickt, na denn los, ich steige ein - damit beginnt das Drama: der Fahrer kurvt in ein paar Straßen herum, die Richtung war schon falsch, er hält dann vor einem Haus und meint „das ist es" - das ist es nicht und von Englisch hat er keine Ahnung! In der nächsten halben Stunde werden mir noch etliche Häuser als Ziel angeboten, ich habe längst gemerkt, dass der Mensch ständig im Kreis fährt, offensichtlich nicht einmal weiß wo das Stadtviertel sein soll - es befindet sich am anderen Ende, mir gelingt eine Bretterbude mit Telefon ins Auge zu fassen und den Fahrer zum Halten zu bewegen; ein Mädchen hat Erbarmen und lässt mich telefonieren, Karlheinz ist zu Hause, bin ich glücklich seine Stimme zu hören! Er will mit dem Mann sprechen, der sagt zu allem „si, si", da nehme ich den Hörer aus der Hand: „Um Himmels willen, glaub' dem doch nicht, der hat keinen Schimmer wo das ist, wir fahren schon die ganze Zeit hier herum und überall will er mich abladen!" „Ok, ich komme, wo bist du jetzt?" Die Beschreibung gelingt mir einigermaßen, ich bezahle Telefon und Taxi, stelle mich auf die Straße und halte Ausschau, erlöst fühle ich mich erst als ich in den Beifahrersitz falle, Karlheinz hatte die Verzweiflung in meiner Stimme gehört, war in Hausschuhen losgefahren und ganz rasch da.

Von der Ankunftsgruppe für zehn Tage abgeseilt, finde ich für die „Yucatan-Rundreise" den Anschluss im Hotel „Geneve", in der „Zona Rosa", bekannt für ihre Einkaufsläden: Kleider, Blusen mit wundervollen Stickereien, Gemälde, Schmuck aus Gold und Silber, Jade - dem „kostbaren Stein der Götter und der Unsterblichkeit", sonstigen Edelsteinen, von Bildhauern Geschaffenes auch aus Obsidian, in verschiedenen Größen alles sehr kunstfertig und manchmal von zauberhaftem Geschmack, bezüglich der Preise bin ich allerdings froh, in kleinen Geschäften der Seitenstraßen das erworben zu haben was ich gerne wollte; den Abend verbringe ich in der traumhaft schönen Bar des Hotels, umgeben von edlen Skulpturen und hübschen, bunten Mobiles in kräftigen Farben wie auch bei Gemälden und Stickereien üblich. Yucatan, ein Kalksteinplateau, sechs bis zwölf Meter über dem Meeresspiegel gelegen, das „Land des Hirsches und des Truthahns" wie es die Mayas nannten, war ihre Heimat und das Hochland von Guatemala; die Geschichte dieses Volkes geht über ein halbes Jahrtausend v. Chr. zurück, sie entwickelten eine hohe Kultur, kannten Kalender, Schrift- und Zahlensystem, bauten Steintempel und -paläste, stellten kunstvolle Töpfer-, Web-, Mosaikarbeiten her und Goldschmuck; die Halbinsel hat tropisches Klima, meistens feucht-heiß und ist sehr fruchtbar, den oberen Teil durchziehen allerdings nur unterirdische Flüsse, weil Wasser sofort versickert; bei **Cancun** = aus dem Regenbogen geboren, handelt es sich um einen aus dem Boden gestampften Touristenort, sehenswert ist **Merida**, die „Weiße

Stadt" mit Regierungspalais, Universität, Denkmal zu Ehren von Benito Juárez, Archäologischem Museum, beeindruckendem Vaterlands-Denkmal, Kathedrale und etlichen Parks - wir sind geflogen und beziehen nach ersten Besichtigungen unser Domizil „Hotel Club Akumal", gegenüber der Insel Cozumel; in Einzel-Bungalows untergebracht, unmittelbar am Strand, gönnt man uns eine Verschnaufpause; ich frage, ob man beim Schwimmen etwas beachten muss: Strömungen, Muschelbänke oder ähnliches. „Haie kommen hier keine hin" heißt es, „mir klar, die Barriere, da draußen zu sehen, dürfte das verhindern". Wasser trüb und mit Algenfeldern besetzt, doch - nichts wie hinein! Nach einigen Schwimmstößen ‚ratsch' - mein linker Oberschenkel brennt, zurück und raus - ein gutes Dutzend leicht blutender Längsstreifen ziert das Bein, Reaktion der Auskunftsperson: „Kommt vor, Korallen", bin sauer; die Risse heilen schlecht, machen mir lange Zeit zu schaffen, doch bei den übrigen in der Gruppe geht eine Durchfallinfektion von einem zum andern, davon bleibe ich wenigstens verschont. **Uxmal** = dreimal gebaut, von einem Zwerg in drei Tagen, Bezirk Las Monjas u. a. mit dem „Venus-Tempel"; überall hängt 'Spanisch Moos' von den Bäumen, diese hellgrauen Fäden; die „Pyramide des Wahrsagers" (Zauberers) hat einen Neigungswinkel von 51° wie die Cheops-Pyramide in Ägypten, voller Anerkennung erzählt unser einheimischer Reisebegleiter, der Freunde in Wiesbaden hat, dass die Frau des letzten Kaisers, also 'Charlotte', in langem Gewand und mit Sonnenschirm diese Pyramide emporstieg, was ihr die Bewunderung des Volkes eintrug - meiner kann sie ebenfalls sicher sein, nach dem Abstieg, hinauf geht´s ja noch, aber runter: ich fing rückwärts an, die großen Füße seitlich auf die schmalen Stufen gestellt, doch die Mühe hat sich gelohnt, eine ältere Mitreisende blieb traurig unten stehen, „das kann ich nicht mehr" - diese Bemerkung wird für mich zum Anstoß: anstrengende Fernreisen jetzt, nicht nach Beendigung des Arbeitslebens, denn wenn ich irgendwo davorstehe, möchte ich auch hinauf; das kleine „Hazienda"-Hotel, in dem wir abgestiegen sind, liegt mitten im Regenwald. Den P(f)ool benutze ich lieber nicht, aber die „Mariachis" spielen offensichtlich gern und schön für uns und ich beobachte die Geier die sich am nahen See einen Schlafbaum suchen; nachher im Bett liegend lausche ich noch lange fasziniert den Nachtgeräuschen des Dschungels. **Tulum** eine Festung über der Karibik scheint eine größere Siedlung gewesen zu sein, einen kleinen Bau nennt man „die Sonnenuhr", weil er so errichtet wurde, dass der Einfall der Sonnenstrahlen die Stunden des Tages anzeigt; auf alten Steinen zu sitzen und über das Wasser zu schauen ist ein besonderes Erlebnis, übrigens glaubten die Mayas, Himmel und Meer würden am Horizont zu einer Einheit verschmelzen. **Chichen Itza** = am Rande des Brunnens der Itza: die Tolteken kamen von Tula, das mehr als 1 000 km entfernt ist, besiegten die Mayas hier und machten diesen Ort zur gemeinsamen Hauptstadt, heißt es; die „Kukulkan-Pyramide", die des „Quetzalcoatl", ist wieder die „der Gefiederten Schlange", aber darin steht diesmal wie ein Altar ein roter Jaguar, 365 Stufen insgesamt führen hinauf. „Tempel der Krieger" oder der Tausend Säulen in Schlangenform, davor ein „Chac Mool", Opfertisch für Blut und menschliche Herzen, Gaben um die Gottheit milde zu stimmen, Gott „Chac" sollen die Mayas „Tlaloc" genannt haben, ihn gab es vierfach: weiss = süd, schwarz = nord, gelb = west, rot = ost.; zwischen den auf einem Platz ausgetragenen Ballspielen und den

Menschenopfern soll ein direkter Zusammenhang bestanden haben, ob die Sieger die ‚Ehre' hatten zu sterben oder es das Los der Verlierer war, darüber besteht keine Klarheit; das Observatorium „Caracol" (= Schnecke, spanisch) und der natürliche ‚Brunnen' (Teil eines unterirdischen Flusses?), welcher als Opferteich = „Cenote" (Zenote, phon.) diente, sind Besonderheiten; abends mache ich noch einen Spaziergang 'um die vier Ecken', so weit wie der Lampenschein des Hotels reicht und bleibe unter einem Baum stehen, zufällig geht mein Blick nach oben, da liegt unmittelbar neben meinem Kopf eine grüne Baumschlange auf einem Ast, ganz langsam ziehe ich mich zurück, um dann ziemlich schnell in meinem Hotelzimmer zu verschwinden. Wir sitzen im Flughafen von **Merida**, warten auf eine Maschine, die nach Mexiko City fliegt und uns bei einer Zwischenlandung in Villahermosa ausspuckt, „es dauert mindestens noch eine Stunde" informiert man uns, ich genehmige mir eine Limo und Geplauder, nach Ablauf der angegebenen Zeit ist es tatsächlich soweit, wir steigen ein und im Handumdrehen sind wir da - beim Hinausgehen höre ich, dass alle Passagiere das Flugzeug verlassen sollen - Erstaunen, Rückfragen, uns berührt das zwar nicht weiter, trotzdem schaue ich nach ein paar Schritten draußen noch einmal zurück, weil mich interessiert, ob wirklich <u>alle</u> aussteigen. Da sehe ich, dass eine Tragfläche unseres Transportmittels abgefallen ist, der Reiseleiter steht neben mir und ich mache die Bemerkung der Defekt sei wohl die Ursache für die Reiseunterbrechung der anderen, er nickt: „Das war ja auch schon der Grund für die Verspätung, der Flügel ist schon einmal abgebrochen", ich komme mir vor wie der 'Reiter über den Bodensee', der erst auf festem Boden merkt, dass er eine unsichere Eisfläche überquert hat!

Villahermosa, Erdöl-Stadt, Regen das ganze Jahr hindurch, ca. 3 m Niederschlag, keine Trockenzeit, Früchtekammer Mexikos; Reiherbäume' am Grijalva, einem Fluss von streckenweise glasgrüner dann dunkelbrauner Farbe, der häufig Überschwemmungen verursacht, der Laventa-Park mit dem „Baby-Face" – Olmekenkopf; Ausflug: in der Umgebung wachsen hohes Gras, niedrige Büsche und Bäume, Zebu-Rinderherden gibt's und Rundhütten wie in Afrika; die Region Chiapas kennzeichnet kurzes Gras, trockenes Hügelland, ganz kühle Orte und dann plötzlich tropische Vegetation; **Palenque** liegt in einem der Indianer-Reservate: „Tempel der Inschriften", darin die Verschlussplatte eines Grabmals - einzige Pyramide dieser Art, Palast, Turm, „Der Kleine Tempel" auf dem Hügel, Fluss Otolum und der „Sonnentempel"; das Geschrei der Brüllaffen begleitet uns auf dem Rundgang, es soll hier auch noch Pumas, Jaguare, Krokodile, Schlangen und wilde Fasane geben, Truthähnen sind wir begegnet, am Wasser haben sich Aronstabgewächse mit riesigen Blättern entwickelt und ‚Elefantenohren' ‚Taro' benutzen die Einheimischen als Regenschirm; ich habe den Eindruck, dass man bisher nur wenige Schriftzeichen fand und sogar deren Bedeutung ist nicht klar außer dem Kreuz = Symbol für Mais und Leben, dem Hakenkreuz für Fruchtbarkeit, sowie einer Hieroglyphe für Wind; mit den Zahlen kam man wohl eher zurecht, erkannte Daten von Baujahren und Listen der Ernteergebnisse mit besonderen Zeichen, Palenque soll die Schlangenstadt mit den haarlosen Hunden gewesen sein; zurück im Hotel verzichte ich auch hier auf das Bad im Pool wegen der Schicht von Schnaken auf dem Wasser, doch der Anblick der Pflanzenanlagen innerhalb des

Gebäudes versöhnt: kleine Bananen, große Blüten vor allem Orchideen; die Zimmer im Kellergeschoss sind noch nicht wieder getrocknet nach der jetzigen Überflutung, es riecht modrig und kleine Tausendfüßler rennen in Mengen überall herum, man muss ja nicht barfuß laufen und in der Dusche spüle ich sie weg, dort stören sie mich also nicht, aber im Bett würde ich gern ohne sie schlafen, noch ist es sauber, was tun? Insektenspray! Ich imprägniere damit Matratzenränder und Zugangswege - die Störenfriede verziehen sich sogar aus dem Raum, ihnen stinkt es - mir nicht, wie schön!

Frühmorgens fliegen wir nach **Mexiko City,** um von da aus die Heimreise anzutreten, erneut mit Orlando (USA) als Umsteigestation, der niedrige Flug über Mexiko beschert einen phantastischen Blick auf einige Berge mit Rauchwölkchen, nicht nur im Popocatepetl brodelt' s.

Ein Traum ist wahr geworden, nun darf ich einen neuen suchen.

Über Jordanien nach Ägypten (1981)

Mein Wunsch war Ägypten zu besuchen - über Jordanien, noch besser; der Flug geht direkt nach **Amman,** der Hauptstadt des „Haschemidischen Königreiches", auf sieben Hügeln erbaut - ich dachte bisher, das sei nur Rom, aber das hier war ja ursprünglich ein römischer Garnison-Standort, neuerdings sagt man, es seien 70 Hügel; die Sicht von einer Erhebung aus vermittelt diesen Eindruck nicht, sondern von bebauter Talsenke ohne besonderen Blickfang, eine Million Menschen soll hier leben, 50% der Einwohner des Landes, seit der Gründung Israels 60% Palästinenser, deren schwarzgekleidete Frauen mit wunderschön gesticktem farbigem Brusteinsatz prägen das Straßenbild, 90% sind Muslime, 10% Christen, Zahlungsmittel das Jordanische Pfund = 100 Fils; uns hat man im „Grand Palace Hotel" untergebracht, meinen Schlafraum kann ich nur mit stark eingezogenem Genick betreten, sonst hängt der Kopf an der Decke, aber was soll's, stehend schlafe ich ja nicht und es ist nur für eine Nacht; nebenan das „Sheraton" sieht schon erheblich besser aus, angucken kann man es doch mal, beide liegen auf dem Dschebel Aman; Stadtrundfahrt: wir stehen an der geschichtsträchtigen Allenby-Brücke, der Verbindung zum außerordentlich fruchtbaren West-Jordantal, jetzt israelische Flussuferregion, bitter zu entbehren; auf der Weiterfahrt fällt mir ein Polizist auf mit Pickelhaube! Im Museum beeindrucken besonders schöne eingebrannte Malereien alter Keramiken, danach erleben wir noch einen echten Höhepunkt: arabisches Essen aus etlichen Gängen bestehend, also reichlich und in ganz vorzüglichen Geschmacksrichtungen, Gemüse und Fleisch sind von mir allerdings nicht einzuordnen, außer Reis nichts Bekanntes - aber soo gut! In der Nacht über mir Getrappel von dem ich aufwache, Mäuse oder Ratten dürften das sein - horchen, kleine Füße also eher Mäuse, man hat wahrscheinlich Stroh mit Lehm als Baumaterial verwendet da fühlen sich die Tierchen wohl – weiterschlafen.

Ausflug nach **Petra,** der alten Nabatäer-Metropole, ich bin sehr gespannt - da heißt es „heute nicht machbar, Staatsgast-Reservierung", wir protestieren „was heißt heute nicht, wenn wir morgen schon in Kairo sind" und bestehen auf der Fahrt dorthin, vor Ort wird sich zeigen, ob die Besichtigung möglich ist oder nicht, „insch'allah" = so Gott will, hoffentlich ja; Reiseleitung beugt sich unserem Druck, so durchqueren wir zunächst steiniges Hügelland mit teilweise großen Felsbrocken, nun weiden auf kargen Grünflächen Schaf- und Ziegenherden, kleine bis mittelgroße Nadelbäume kommen dazu, danach Akazien- und Mimosenbäume, Klatschmohn, rapsähnliche gelbe Blüten und Erika, dann Fläche mit Hilfe von Wasserrohrleitungen bestellter Felder, auch werden hier Amphoren getöpfert; Sanddünen mit dünnem grünen Flaum gehen in Steinwüste über, ausgetrocknete Flussbetten folgen; Querbarrieren aus aufgetürmtem, hellem Sand, wie Rübenmieten, haben dunklen Schotter obendrauf - ‚Schokoladenstreusel' - was für schön gearbeitete, große Kupfer- und Messingplatten stellen sie her! Phosphatabbau - übrigens gibt es ab **Akaba** am Roten Meer, parallel zur Hidschasbahn und zum King´s Highway eine Nord-Süd-Verbindung, den Desert-Highway, erzählt man uns und die Menschen von Petra in den Scherabergen verehrten den Sonnengott 'Duschara' sowie die Göttin 'Allat', Menschen brachte man selten als Opfer dar, üblicherweise Tiere oder sonstige Nahrungsmittel z. B. Brot; kurz vor dem Ziel halten Soldaten unseren Kleinbus an, der Fahrer erklärt etwas, Wortfetzen fliegen hin und her, wir rollen schließlich weiter bis zu einem Flachbau am Straßenrand, zwei Patrouillierende beachten uns nicht, im Gebäude wird vereinbart wir dürfen zeitlich begrenzt besichtigen: also zu Fuß ein Stück bergab bis zu den Arabern die Pferde anbieten als bequemste Art des Zugangs und der Erkundung, gottergeben lässt sich ein Gaul mein Gewicht aufhalsen, ein gutmütiges Tier das mir leid tut, aber ich bin ihm sehr dankbar als ich den grobsteinigen Boden aus Bruchplatten und Felsbrocken in der Schlucht sehe, mit dem es prima zurechtkommt ohne sich die Füße einzuklemmen; ich brauche mich nicht um den Weg zu kümmern, meine Augen können ungestört die Steilwände abtasten welche Schatten und damit Kühle spenden - was ist das? Eine Hand auf meinem Oberschenkel! Schnicke sie weg und sehe verärgert in das schelmisch-hämisch lachende Gesicht des Pferdeführers, noch einmal unterbricht sein Getatsche meine entrückten Gedanken, nun reicht's: Klaps und Schnick, er hat begriffen, beide Hände bleiben von jetzt ab an den Zügeln wo sie hingehören - später im Bus erwähnt unsere Reisebegleiterin von sich aus, es komme vor, dass ein muslimischer Araber Lust habe ein Christinnenbein zu tätscheln, den Spaß könne man ihm ruhig gönnen - ich sagte nichts, dachte aber, so siehst du grade aus, meins nicht, wieso denn, ich untersuche ja auch nicht seinen Turban und fasse Schwarzen nicht in die Haare, nur weil das interessant sein könnte! Die grelle Sonne hat uns leider schnell wieder, aber was sie in der Mittagshitze optimal beleuchtet verschlägt mir den Atem: einen kleinen offenen Platz, den „Al Khazneh Fara´un" abschließt, das Schatzhaus des Pharao, von Bildern her bekannt, als Originalanblick unbeschreiblich; der zusätzliche Effekt nach Durchquerung der etwas beklemmend wirkenden Schlucht verursacht völlige Fassungslosigkeit mit Gänsehaut - erstmal nur schauen, staunen, wirken lassen; entlang der von da ab weiterführenden Straße befindet sich noch etliche, im Fels verwirklichte Architektur wie Wohn- und Verwaltungsgebäude, Tempel, Grabstätten, oft bereits an der künstlerisch gestalteten Fassade erkennbar, Freiluft-Theater, „nefesh" = spitze Grabtafeln, „Zeus-Hadat", Höhlen aus verschiedenfarbigem Kalkstein, „Mosesquelle" und „-Bach", Blaue Eidechsen gibt es hier in der „rosaroten" Felsenstadt der Nabatäer, **Petra** (= Fels, griech.) im „Wadi Musa" (Moses-Tal); zwei Einheimische, von nirgendwo plötzlich gekommen, bieten antike Figuren und Gegenstände unklarer Herkunft zum Kauf an; nebenbei erfahren wir, ein Dr. Hasney habe herausgefunden, die uns als lothringisch vermittelte Kreuzform stamme ursprünglich aus Nordarabien; die Untersuchung von mehr als der Hälfte des Tales fehlt noch als der Rückzug befohlen wird - hier müsste man einen ganzen Tag bleiben dürfen! Flüssigkeits-Nachfüllpause unter einer Plane, Araber in der Nähe haben für sich gerade Tee aus frisch gepflückter Pfefferminze aufgebrüht und fragen an, wer von uns davon möchte, "ich gern", bekomme eine große Tasse „shukran" (schukran, phon.) = danke, wenn die, die hier leben Heißes trinken wird das schon sinnvoll sein, sie wissen bestimmt was sie tun! Die anderen der Gruppe halten sich an Cola, Fanta etc. aus der mitgebrachten Kühlbox - und klagen bald wieder über starken Durst, ich fühle mich bis zum Eintreffen im Hotel angenehm wohl und erfrischt – innerlich, ansonsten total verschwitzt wie alle, dabei hat heute „ramsin" der heiße Wüstenwind gar nicht geweht; duschen, umziehen, packen, Fahrt zum Flughafen, leb' wohl Jordanien - letzte erklärende Erkenntnis: Die Gebetskette der Islamisten hat 99 Kugeln welche die Eigenschaften des Propheten preisen, die Bedeutung der 100. Kugel kennt nur das Kamel, darum hat es diesen hochmütigen Blick.

Sei gegrüßt Ägypten, du bekanntes kulturgeschichtlich bedeutendes Land, in der Hauptstadt **Kairo** wohnen acht bis zehn (heute zwölf?) Millionen Menschen, ca. 60% Muslime und 20% Christen (Kopten); Steindenkmal „Das moderne Ägypten": Frau hält mit angewinkeltem linkem Arm ein langes Tuch das den Hinterkopf abdeckt, der rechte liegt auf dem Halsschild einer Sphinx mit Nase und hübschen bekrallten Tatzen - wirkt wuchtig, „Kolossalstatue Ramses II."; viele Peugeots, mehrere Toyotas und Datsuns unterwegs, 1/3 Mercedes; im Museum herrliche Stücke, kostbare Alabastergefäße, Sitzwürfel, bemalte Figuren. „El Azhar-Moschee" des Sultans Hassan aus dem 14. Jahrhundert, in deren Zentrum auch Ausbildungsstätte, Koranstudium ab dem 12. Lebensjahr, 17 Jahre lang; „Saida-Zeinab-" und „Mohamed-Ali-" oder „Alabaster-Moschee" mit wunderschönem Deckenmosaik, ich wasche meine Hände am fließenden Wasser im Hof, es ist sehr heiß, eine junge Frau beobachtet mich, „salam aleikum", „aleikum salam" erwidert sie lächelnd, deutet auf sich „Efeifa", ich sage ihr meinen Namen - mehr wird's leider nicht. Wir sind für ein paar Tage hier bestens untergebracht im „Holiday Inn Sphinx", nahe den Pyramiden, Swimmingpool zur Abkühlung vorhanden nur - wer kam denn auf die glorreiche Idee auch die Bettdecke fest einzustecken? Jedes Mal, und nicht allein hier, muss man abends erst sein Bett zurechtmachen, damit man morgens nicht unrettbar in Tuch verwickelt als Mumie aufwacht - sollte wohl den Verdauungsspaziergang ersetzen wenn ich den geschwänzt habe!

Heute geht's zu „Chefren-" „Cheops-" und „Mykerinos-Pyramide", angeordnet wie die drei Sonnen des Sternbildes Orion, ihre Größe entspricht jeweils genau deren Helligkeit; zur „Sphinx" per Kamel, huch wie hoch, ich könnte auf ein Busdach spucken, auf dem Tier zu sitzen ist ganz angenehm, aber das Auf- und Absteigen - nie wieder so ein Ritt, die Beine des Kamels sind einfach zu lang! Sehenswürdigkeiten entschädigen, allein schon die Steinblöcke der „Cheops-Pyramide", deren unterste Reihe etwa 1 m Höhe misst, die nächste ca. 1,70 m, gefolgt von 1,50 m und 50 cm und das innere Labyrinth. Entwicklung der Pyramiden: Block-Grabbau-Mastaba (= Bank, arabisch), Stufen-Mastaba, dann Stufenausfüllung, Knickpyramide, Flachpyramide, Stufenpyramide von **Sakkara**, Cheopspyramide; später genießen wir von **Sahara-City** aus unter schattenspendendem Dach bei kühlen Getränken den Blick auf die ‚drei Grazien', plötzlich sprengt ein Mann auf einem Kamel durch den Sand daher – na so was, und er bleibt nicht der einzige, die Tiere können ja richtig wie Pferde galoppieren, das hätte ich ihnen nicht zugetraut! Der Nachmittag steht zur freien Verfügung, außer mir will keiner ins „Koptische Museum", frage deshalb an der Rezeption wie das machbar ist: Taxi draußen aussuchen, Portier des Hotels notiert zur Absicherung die Nummer, meinen Namen und die Abfahrtszeit - wähle den dicken gemütlichen Fahrer zu annehmbarem Pauschalpreis, das erweist sich als richtig: er ist ein Familienvater erfahre ich auf Englisch und offenbar verlässlich, „Kopten", Bezeichnung vom griechischen Wort für Ägypten abgeleitet, Museum soll um 13 Uhr öffnen, wir sind da – nichts, 13.30 Uhr nichts, frage ‚meinen' Fahrer, der inzwischen mit einem anderen vor einem Brettspiel sitzt - am Hotel waren's Karten, er zuckt die Achseln, lächelt, nickt, „warten", aha, das scheint normal zu sein, ich habe etwas zum Lesen dabei wie von dem Rezeptionsmensch empfohlen, jetzt weiß ich warum; gegen 14.30 Uhr kommt jemand und schließt auf: erinnere mich an „Mater dolorosa", den „12-jährigen Jesus im Tempel", eine Kreuzigungsszene in Hell-Dunkel-Malerei, Gemälde zum Teil sehr naiv, aus 10. Jahrhundert: große Augen und arg hohe Augenbrauen; herrliche Glasmosaik-Fenster: Pfaue, Blumenkörbe, Traubengirlanden; auf dem Rückweg liegt rechts ein mehrstöckiges Haus in Trümmern, das vorhin da gestanden hat, mir wird auf meine Frage erklärt, dass jeder bauen kann wie er möchte, stimmen die Berechnungen bzw. das Augenmaß nicht fällt halt mal ein Gebäude zusammen, Pech; zum Abendessen werden „Omar Kayam", eine Rotwein- und „Cru des Ptolémées" eine Weißweinsorte angeboten, nun täte ein kleiner Rundgang noch gut: dem Hotel direkt gegenüber steht ein Jacaranda, eine Kreppmyrte, voller blaßlila Blüten, ich bleibe aber auf unserer Straßenseite, erst einmal sondieren, ob man hier allein herumlaufen kann und merke schnell - man kann nicht, ein paar Kleintransporter fahren vorbei und fallen fast um, weil die Männer darauf verrückt herumhüpfen, meinetwegen? Muss wohl so sein, sonst ist ja niemand unterwegs, dabei habe ich normal langen Rock und geschlossene Bluse an - schade, zurück marsch marsch. Mittags aßen wir gern im „Filfilla", gut und billig: „Schisch-Kebab", „Tahina" oder „Aisch beladi", helles und dunkles Fladenbrot, Namen einprägen, denn wir kommen am Ende der Reise noch einmal nach Kairo!

Fortsetzung der Tour: **Heliopolis** nördlich von hier und **Memphis** am anderen Nilufer im nahen Süden: vollständige „Sphinx", extrem große „Ramses-Statue" mit sehr schön gestaltetem Kopf, Ramses II. regierte über 60 Jahre, baute an den Tempeln etwas an oder gestaltete sie um und tat dann so als sei das Ganze sein Werk; Kapokbaum und eine Unmenge Palmen am Ort; Blick auf die „Pyramide von Sakkara", unser nächstes Ziel, sie ist mit fast 5 000 Jahren die älteste, Pharao Djoser ließ sie 2600 v. Chr. von seinem Baumeister Imhotep errichten, hatte ursprünglich eine glättende Steinplattenauflage, Verwitterung machte inzwischen vier Reihen von bröckeligen Schotterstufen bis zur abschließenden Plattform sichtbar, erste farbige Malereien in einem Grab; zur Knickpyramide in **Dashur** darf man nicht - nur hinübersehen, da militärisches Sperrgebiet; Weiterfahrt: Informationen darüber, dass zur Zeit der Hyksos (16. Jahrhundert v. Chr.) das Sumpfgebiet südlich von Kairo trockengelegt und somit nutzbar gemacht wurde; wir setzen auf die Insel Elefantine über, Hotelzimmer haben beiderseits Blick auf grün schimmerndes Nilwasser, wunderbar anzuschauen, aber nicht zum Baden geeignet wegen krankmachender Schnecken (Bilharziose); Blick auf ein Mausoleum, Telefon ohne Wählscheibe und Laken mit ‚Kamelfuß'-Abdruck; Kellner und Zimmermädchen sind freundliche, hochgewachsene Nubier, Krokodile gibt's noch, aber nur hier und - in Käfigen; tagsüber gleicht die Mondsichel einem Mandelauge, sie dreht sich abends in eine Schräge und - der rötliche Karkadé (Tee) schmeckt vorzüglich; es geht weiter in südlicher Richtung, dürfen eine Familie, die in einer Siedlung wohnt, besuchen: Ärmliche Hütte, jedoch ausgestattet mit Kühlschrank, Fernsehapparat und mehr - unser Segelschiffchen mit dem wir kamen, legt wieder ab, da bewerfen uns Jugendliche mit Steinen, wir können ausweichen und der Ägypter, der das Boot steuert, registriert das Ganze mit Gleichmut - sehr komisch.

Zeit für weitere Mitteilungen: das Land hat zwei Häfen am Mittelmeer Alexandria und Port Said, Verbindung zum Roten Meer besteht durch den Suez-Kanal von Ingenieur Negrelli, Lesseps führte lediglich dessen Pläne aus, Eröffnung bekanntlich mit Verdis 'Aida', daraus der Triumphmarsch wurde die „zweite Nationalhymne" des Landes; Fellachen, Beduinen, Nubier und wenige Europäer leben hier; es gibt Büffel, Schafe, Esel, Kamele, die Palmen sind fast ausschließlich Feigenpalmen, zum Kochen und Heizen wird Taubenmist verwendet, grüner schwarzer und roter Granit von **Assuan** als Baumaterial, Kupfer vom Sinai, Gold aus Nubien, Eisenerzvorkommen; vor dem Bau des Assuan-Staudamms erntete man einmal pro Jahr, jetzt fünfmal, alle zwei Jahre jedoch nur noch durch Zusatz von künstlichem Dünger, wegen fehlender Überschwemmungen gibt es keinen fruchtbaren Nilschlamm mehr, der Boden versalzt zunehmend - offensichtlich, mit eigenen Augen wahrnehmbar, es bestehen Überlegungen, Drainagen zu ziehen! Gepflügt wird mit Hilfe von Ochsengespann oder Ochse mit Kamel, die Hütten sind aus aufgeschichtetem Lehm und haben Strohdächer; Bauwerke aus alter Zeit: Stufenpyramiden des Mittleren Reiches, Pyramiden aus Lehmziegeln über Mastabas errichtet, alle Tempel wurden mit Lehmmauern umgeben, Säulen zunächst mit ptolemäischen Blütenkapitelen, später verschiedenartig abgeschlossen, häufig vollständige Beschriftung des Schaftes - à propos Schriftzeichen: erste Entzifferung 1822 durch M. Chapollion nach Rosettenfund des Französischen Offiziers aus Napoleons Armee 1799 in Alexandria; in Amana, der Residenz Echnatons, wurden viele Tafeln mit Keilschrift gefunden, die wohl vom Handel herrühren; Mameluken bauten als erste runde Kuppeldächer, zunächst über die Brunnen, ihre Totenhäuser auf den Friedhöfen werden heute teilweise als Slums bewohnt; **Abydos:** Königsliste und detaillierte Beschreibung von 40 Tempelriten; **Theben:** das eigentliche - manchmal auch andere Orte so genannt; „Ramesseum" (ramesse = Re hat ihn geboren), Reste von kolossaler Riesenstatue, Säulen mit glatten Tellerkapitälen; nicht weit davon das „Tal der Könige": Grab Ramses I., von Tut ench Amun, Minister Senedgem und des Nacht, die Wandgemälde beeindrucken: z. B. die Göttin Nut welche abends die Sonne verschlingt um sie morgens erneut zu gebären und die „Königskartusche"; wir laufen in der prallen Mittagssonne herum – Touristen, sogar die Hunde legen sich in den Schatten! Auf der anderen Seite der Berge im Tal: der „Tempel der Königin Hapshesut", ist Göttin mit dem Löwenkopf (auch geierköpfig?), bedeutet Mut, auf der weiten Ebene vor dem Tempel die „Memnon-Kolosse", 15 m hohe Abbilder Amenophis III. (ca. 1400 v. Chr.), die ehemals den Totentempel des Pharao flankierten; Grab von Ramose: Sonne - Strahlen - Hände = Lebenszeichen, Zug zum Grab: Priester lässt sich in Pantherfell einnähen, springt am Grab heraus als Symbol der Auferstehung; auch Auferstehungsbildnis im Grab des Amenophis, Schleierkleider im Grab der Mesataris, Frau Ramses II., der Horizont gebiert die Sonne, Menschenkopf, darunter Tatze und das Ganze noch einmal; Osiris Symbol: Mandelauge und Arme, Gemahl der Isis und Vater des Horus, dessen „Tempel" in **Edfu,** der des Horus-Falken, steil aufragende, glatte Wände seitlich des Eingangstors, von Innenterrasse aus weiter Fernblick; die Tempelruine „Kom-Ombo" mit ähnlichen Säulen wie in Theben, aber nicht glatten Kapitälen sondern verzierten - Schluss für heute, schlafen!

Unser Ausgangspunkt für die nächsten Tage ist eines der internationalen Hotels „ETAP" in **Luxor**, kam man bisher mit Englisch ab und zu weiter ist jetzt Französisch hilfreich, aber die meisten Kellner im Hotelrestaurant verstehen Deutsch, viele Lehrer sind darunter, haben Zweit-Jobs weil sie so wenig verdienen; Arbeitslose gibt es in Ägypten nicht, wer ohne Stelle ist erhält in den städtischen oder staatlichen Verwaltungen eine Beschäftigung, böse Zungen behaupten, deshalb würden behördliche Überprüfungen aller Art ewig lange dauern, denn jeder gäbe ‚seinen Senf dazu'; von meinem Balkönchen aus habe ich wieder Nilblick: was fährt denn da heute Abend für ein ‚Nebel' verbreitendes Auto herum? Ah ja, es wurde erzählt, man sprühe gegen die Moskitos - sieht aber scheußlich aus dieses milchig weiße Zeug, der Wind weht nach dem Wasser zu, von mir weg, „hamdulilah" = Gott sei Dank! Im Nilbogen oberhalb Luxor und Karnak liegt **Dendera**: „Hathor-Tempel" der Totengöttin mit Kuhkopf und -hörnern sowie Schutzgöttin der Bergleute. Bau von Sethos begonnen, vollendet von Ramses II., galt als des Osiris Begräbnisstätte; Tierkreis-Replik, Original im Louvre in Paris und Biologiebuch, eine wohlgenährte ‚Mops'-Figur; **Karnak**: „Amun-Tempel" hat beeindruckende Galerie von 134 Säulen und Obelisken, ist fantastische Kulisse für Freilichtaufführungen am „Heiligen See", auch hier ein Biologiebuch; Reliefs u. a. „Pharao im Streitwagen" oder als Doppelsymbol dargestellt: Gott und Mensch; Tempel in **Luxor** selbst mit etlichen Statuen und Obelisk am Eingang - von hier wurde ein zweiter nach Frankreich verschleppt, steht heute noch auf dem 'Place de la Concorde' in Paris; auf den Straßen nur französische Automarken vertreten und kleine japanische Motorräder - Fahrt zur üppigen Gartenanlage der Lord-Kitchener Insel; in **Assuan** wurde viel Rosengranit verbaut, unfertiger, da geborstener Obelisk liegt in der Nähe – anschauen, Möglichkeit einen Blick über den Nil zum „Mausoleum des Aga Khan" zu werfen, Schiffe und Felucken auf dem Fluss unterwegs; herrlich rotblühender Johannisbrotbaum und „Sudanesische Bohnen" = Erdnüsse gibt´s hier; Staudamm von Russen gebaut, mussten angeblich Sicherungen reduzieren, weil der ägyptische Staat aus Kostengründen die Pläne zusammenstrich, man hofft dass er hält, sonst gäbe es eine Flutwelle die bis Kairo alles verschlänge! Auf dem Damm ein großes Rundbogentor, gespreizter Winkel mit Spitze nach unten am oberen Teil, hübsche Grünanlagen darauf und Flammenbäume in voller Blüte; Stausee, 500 km lang, 2/3 zu Ägypten und 1/3 zum Sudan gehörig; **Philae**: Ortschaft vom Wasser des Sees überflutet, „Isis-Tempel" zuvor auf die Insel verlegt, am massiven Block-Eingangstor Figuren herausgearbeitet z. B. Isis mit den Hörnern der heiligen Kuh als Kopfschmuck und Horus, weiter im Inneren u. a. Isis mit dem Horusknaben, erinnert stark an Maria mit dem Jesuskind - nur per Boot erreichbar, doch es lohnt sich; wir stapfen durch Wüste, Einheimische nennen sie „Feuerofen", gelegentlich ein Baum, ein Strauch, ein Mensch auf Dromedar der sich in geringem Schatten ausruht, mühsam das Laufen auf dem rutschigen Untergrund, erreichen schließlich das „Simeon- Kloster" inmitten einer völlig kahlen Sandfläche, hier wird hauptsächlich Archäologie betrieben, auf dem Weg zurück zum Bus achten wir bewusst auf Besonderheiten, nun erst fallen uns die reichlich herumliegenden Tonscherben auf, die man natürlich nicht aufheben darf. Nein, nach der Spuckerei heute in dem einen Tempelgelände, wo ich das Mittagessen ‚nachgemessen' habe, möchte ich nur Kamillentee, muss ihn am gemeinsamen Abendbrottisch bestellen - na gut, das Essen wurde vorher annuliert, da hält mich der Chefkellner beim Hinausgehen an und will den Tee bezahlt haben – nein, diesmal siegt Frechheit nicht!

Anderntags bin ich wieder in Ordnung, wie sagte am Vortag unsere bayrische Reisebegleiterin: „Wer gut is´ der packt´s, wer´s net packt, um den is´ net schood"; den „Abu Simbel" erreicht man zu Fuß durch Sand, von einer Anhöhe aus fällt der Blick zuerst auf den Stausee, zwischen den kahlen hügeligen Wüsten überraschend, erstaunlich; auf unserer Seite ein einziger tapferer Baumstreifen - dann nehmen die enormen Ausmaße der Bauwerke gefangen: „Tempel Ramses II.", daneben der von „Nefertari", 20 m hohe Statuen, Gesichter teilweise oder ganz zerschlagen; Wandgemälde, Kreuz = Lebenszeichen, auf Spitze stehendes Dreieck Sinnbild für Ober- , großes T für Unter-Ägypten, Kombination bedeutet also das ganze Land; Raum mit eindeutigem Lichtstrahleinfall der Sonne am 21. Oktober und 21. Februar - und so vieles mehr, man lässt uns Zeit, aber meine Aufnahmefähigkeit ist nun erschöpft, versuche die Eindrücke zu ordnen, zu verarbeiten, während sich die Augen auf der Wasserfläche ausruhen.

Wir haben in den zwei Wochen eine Menge gesehen, alles festzuhalten war gar nicht möglich, auch die Aufzählung der Götter ist nicht vollständig, aber es gibt ja genug Bücher zum Nachlesen, zum Vertiefen wenn man möchte; es erfolgt der Flug von **Luxor** nach **Kairo**, Unterbringung im selben Hotel - wo ist denn Ahmed der 'Shoe-shine-boy' geblieben? Sein Stammplatz in der Eingangshalle ist leer - zum Pagen aufgestiegen, in der schmucken Uniform und mit kurzem Haarschnitt habe ich ihn zuerst gar nicht wiedererkannt, gratuliere ihm zu seiner Beförderung, auf die er zu recht stolz ist, er verdankt die feste Anstellung seiner regelmäßigen Anwesenheit und Pünktlichkeit, dem Beweis für Zuverlässigkeit, berichtet er; Einkaufsbummel im Kern des Stadtzentrums: enge Gassen, vollgestopfte kleine Läden, Männer in langen Gewändern drängen vorbei und fahren einer Touristin vor mir über das Hinterteil - ach so ist das hier, aha, von da an schwenke ich meinen ‚Alexanderplatz' zur Seite wenn hinter mir jemand naht und sehe ab und zu in ein verblüfftes Gesicht, Hand in der Luft; Wasserpfeifen werden in Straßen-Cafés geraucht, mein Tee schmeckt auch nicht schlecht; Grünzeugmarkt, wohl Würzkräuter, mir durchweg unbekannt; übrigens - zur Selbstverpflegung sind „Falafel", kleine gefüllte Teigtaschen, zu empfehlen, bekommt man überall wo es arabisches Essen gibt, preiswert und schmackhaft.

Vorbereitung der Abreise, oh weh, die Alabastervasen als Mitbringsel würden leicht zerbröseln sagt man, sie werden besonders liebevoll in getragene Wäsche eingewickelt, aber nicht nur darin, die Stola tut auch gute Dienste; letzter Abend, Bilanz: die uneingeschränkte Bewunderung gilt den bautechnischen und künstlerischen Leistungen, den geisteswissenschaftlichen Erkenntnissen welche auch die Auseinandersetzung mit den Grundfragen der menschlichen Existenz berühren; leider blieben mir die Leute im Land fremd, ich wurde nie das Gefühl los, dass man das Geld der Touristen gerne nimmt, aber sonst nichts mit ihnen zu tun haben möchte, Motto: strömt herbei, liefert euer Geld ab und verschwindet wieder - sehr schade!

Zunächst geht es mir im Flugzeug gut, die Reisezeit ist ja auch nicht lang - aber können wir jetzt nicht endlich runter? Mir rumort's auf einmal sehr blöd im Magen, doch wir kreisen und kreisen, alle Tricks versagen, Spucktüten füllen sich, die Stewardess mault, meint sie mir macht das Vergnügen? Minuten dehnen sich zu Ewigkeiten, lieber sofort auf der Stelle sterben als hundeelend noch weiterzufliegen - wir landen tatsächlich irgendwann in Frankfurt und ich lebe sogar noch, Koffer holen und Fahrt mit der S-Bahn sind diesmal fast Heldentaten; zu Hause massiver Durchfall, Samstag/Sonntag zum Ausruhen und in ‚schwarzer Voraussicht' habe ich noch eine Woche Urlaub vor mir. Montag zum Arzt: „Sie hatten einen schweren Infekt, aber was ist nicht mehr feststellbar" - ich komme mir vor wie die Polizei am Tatort: Folgen des Übels sichtbar, Verursacher weg - was es auch war, es heilte von alleine rasch aus, doch seitdem stabilisierte ich meinen Magen vorsichtshalber zumindest auf Langstreckenflügen.

Die Rekonstruktion dieser Reise gelang hoffentlich einigermaßen, schwierig nach fast 20 Jahren, ich begann nicht gleich mit dem Verfassen von Berichten, anfangs fehlte auch die Zeit dazu, nun will ich aber diese Erinnerung ebenso festhalten wie die anderen und außerdem nachweisen, dass ich, einmal damit begonnen keine große Lücke zwischen den Reisen gelassen habe.

Eine Anmerkung zur Kunst des Pyramidenbaus ist nachzutragen: 2003 werden solche Bauten im Sudan, früher Nubien entdeckt, in damaliger Hauptstadt Kerma (phon.), die aus der Zeit 6000 v. Chr. stammen sollen, aus dieser Region kamen auch etwa 100 Jahre lang 'Schwarze Pharaoninnen', die über das gesamte Gebiet herrschten, Ägypten eingeschlossen.

Israel - Reise (März 1982)

Für diese Reise benötige ich einen neuen Reisepass, da niemand das Land mit einem Nachweis dass er in Jordanien war betreten darf, umgekehrt ist es genauso und nicht nur in Jordanien mag man Israel-Touristen nicht - bin trotzdem nicht schizophren, sondern immer noch dieselbe.

Der Inlandflug von Frankfurt nach München ist unproblematisch und kurz, kaum oben geht`s wieder runter; die Abfertigungsbaracke für die Flüge nach Israel liegt abgesondert von den anderen Hallen; wir, die Reisegruppe, betreten sie und reihen uns in die Schlange ein, die sich vor den Kontrolltischen gebildet hat, es wird alles genauestens untersucht, Thermoskannen aufgeschraubt, ein Foto in der Kamera muss sinnlos verknipst werden, bei jedem wird viel Zeit verbraucht - das dauert, einige fangen an zu murren, doch es dient unser aller Sicherheit und ich möchte auch ganz gern in Israel ankommen; die längste Wartezeit hat einmal ein Ende, so auch hier: Einstieg, Abflug, Ankunft in Tel Aviv: vom Flughafen „Ben Gurion" fahren wir per Bus in die Stadt, zum „Hotel City", es bleibt Zeit für einen Bummel: **Tel Aviv** ist die heimliche Hauptstadt, eine jüdische Stadt europäischer Prägung, da sich viele „Aschkinasen", Juden aus Europa stammend, hier niederließen; man fühlt sich nicht fremd, beeindruckend sind das „Glas-", „Keramik-", „Diasporamuseum" und einiges mehr, im „Keramikmuseum" stoße ich wieder auf 'Kopf-Vasen', sie stammen aus dem 1. bis 4. Jahrhundert und sind phönizischen Ursprungs; die Stadt liegt am Fluss Jaron, ist Kultur- und Handelszentrum, Warenumschlagplatz, mit der alten arabischen Siedlung **Jaffa** wuchs sie inzwischen zusammen, das Wahrzeichen von Jaffa, der „Uhrenturm", steht mitten in der Altstadt - sobald man Jaffa betritt, weiß man dass man sich im Orient befindet.

Der erste Ausflug führt uns zur „Weißen Moschee" nach **Ramalla,** deren Turm „Shalom-Turm" genannt, hat eine Höhe von 132 Metern, es ist heiß, wir sind durstig und als wir von der Besichtigung zurückkommen, bietet unser arabischer Busfahrer Tee an den er in der Zwischenzeit gekocht hat; die meisten wollen etwas Kaltes, ich freue mich über den Tee, der herrlich schmeckt und erfrischt, Imre versichert es sei Gesundheitstee für den Hals; wir fahren weiter zum Hafen **Ashdod,** dann nach **Ashkelon** oder Ashkalon: Nationalpark „Aqua bella", Ausgrabungen aus byzantinischer und Römerzeit: „Abu Gauche" die Kreuzritterkirche und die „Yad Moschee"; als nächstes Ziel steht **Gaza** auf dem Programm, vor der Stadt halten uns Soldaten an, Imre der seinen Kopf mit dem Palästinenserschal bedeckt hat verhandelt mit ihnen, nach längerer Diskussion erklärt er nicht nach Gaza hineinzufahren, sondern zurückzukehren; viele protestieren - das verstehe ich nicht, ich vertraue dem Ortskundigen, der Busfahrer kümmert sich nicht um das Gemaule er biegt einfach ab - später stellt sich heraus dass einige Tage zuvor ein Bus voller Touristen mit Steinen beworfen wurde, es Verletzte gab, mir ist es lieber etwas nicht zu sehen aber ganz zu bleiben! Nördlich von Tel Aviv erreichen wir über **Nathania,** dem Badeort mit Heilquellen, **Caesarea** die alte Kreuzritterstadt deren Ruinen heute noch unschwer den Eindruck einer früheren Festung vermitteln; ihren römischen Ursprung kann sie ebenfalls nicht verleugnen, besonders beeindruckend erscheinen mir die Reste des Aquädukts und die Arena die gut erhalten für Veranstaltungen, vor allem Konzerte, genutzt wird, die Akustik ist, wie in anderen Arenen auch, ausgezeichnet; unsere nächste Station **Haifa** liegt an und oberhalb einer herrlichen Bucht, Wohn- und Industriebezirk sind getrennt, es gibt ein altes deutsches Viertel, Teile des Carmel wurden bebaut, dort steht auch eine schöne Kirche, sie besitzt 'Crasso-Figuren' wie sie in Spanien bei Prozessionen durch die Straßen getragen werden; wir nehmen im Hotel „Shulamit" Quartier, setzen dann die Tour fort, um zum Weltzentrum der 'Bahai' zu kommen benutzen wir den öffentlichen Verkehrsmittel-Omnibus: der Tempel birgt den „Bahai-Schrein" das Heiligtum der Anhänger dieser Religion, er steht innerhalb eines hübschen persischen Gartens, die Büsche nach französischer Manier gestutzt; jetzt erinnere ich mich daran dass unser örtlicher Reiseleiter in Yucatan (Mexiko) Bahai war, er rauchte nicht, trank keinen Alkohol und sagte er setze sich für das Verständnis der Völker untereinander ein, er wünschte sich so sehr, einmal diesen Tempel zu besuchen.

Abends ist die Fahrt an eine Stelle vorgesehen die den schönsten Blick über Stadt und Bucht vermitteln soll; ich hatte einen guten Bekannten angerufen, einen jüdischen Araber oder arabischen Juden, aber nur seine Tochter sprechen können, sie versicherte den Vater zu informieren der mich zurückrufen werde - bis zum Zeitpunkt der Abend-Abfahrt erfolgt nichts, an der Rezeption heißt es für mich sei kein Anruf gekommen, so bleibe ich bei der Gruppe und genieße den zauberhaften Anblick der nächtlichen Lichter die sich im Wasser spiegeln; wieder im Hotel frage ich erneut nach und erhalte negativen Bescheid, ich bin enttäuscht und setze mich zu den anderen, wir trinken noch etwas vor dem Schlafengehen, unser Busfahrer steht an der Tür, wir laden ihn zu uns ein, nach einigem Zögern nimmt er Platz, die Unterhaltung in Englisch bereitet keine Schwierigkeiten, er beherrscht diese Sprache gut obwohl er nie eine Schule besuchte, Imre ist Analphabet - er befragt mich wegen meines Telefonats, ohne mein Erstaunen merken zu lassen gebe ich Auskunft und stelle fest, dass er alles genau beobachtet hat; anderntags erkundigt er sich nochmals danach, wir reisen weiter ohne dass ich eine Nachricht erhalten hatte, es war ein Versuch, schade - was soll`s! Wir fahren nach **Akko,** Stadt aus der Zeit der Kreuzzüge, sehen u. a. die massive Ritterburg und die „Ahmed-Jezzar-Moschee"; nun nach **Safed,** dem heiligen Ort für jüdische 'Kabbalisten', 800 m hoch gelegen, dort besuchen wir einen nahen „Kibbuz" und ich höre die Gazelle sei das Nationaltier Israels; am Spätnachmittag sitzen wir oberhalb vom See Genezareth im Gras die „Seligpreisungskirche" vor Augen auf dem Platz der Bergpredigt, rechts befindet sich die Hügelkette der Hörner des Hattin wo die Entscheidungsschlacht von Saladin gegen die Kreuzritter stattfand, die Berge wären früher erheblich höher gewesen, hätten sich stark verändert, sie bestehen aus bröckeligem Kalkstein der in der Landschaft häufig anzutreffen ist - auch in Jerusalem; „St. Petersfisch", der See Genezareth liegt 200 m unter dem Meeresspiegel, hat die Form einer Harfe, ist 21 km lang und 12 km breit, bis 48 m tief, hat zumindest eine Quelle nahe dem Jordanzufluss und stellt das Wasserreservoir des Landes dar, der Jordan fließt hindurch wie der Rhein durch den Bodensee, seine Anfangswasser bezieht der Fluss aus dem Hermon-Gebirge; es geht hinunter nach **Tiberias** ins Hotel

„Golan", von meinem Zimmer aus habe ich einen wunderschönen Blick über den See - man hat vor einen Kneipenbummel zu machen; ich genieße nach einem Abendspaziergang lieber den Ausblick - der Vollmond spiegelt sich im Wasser.

An Resten römischer Vergangenheit vorbei fahren wir anderntags nach **Capernaum**, man zeigt uns die steinerne Bundeslade, **Tabgha:** naive Mosaike christlicher Motive; **Nazareth** ist ein kleiner Ort mit Straßen aus festgestampfter Erde, der Brunnen an dem Frauen Wasser holen, Kinder spielen, Tiere trinken, vermittelt den Eindruck als sei die Uhr am Beginn unserer Zeitrechnung stehengeblieben, Maria, Josef und Jesus sollen in einer solchen Höhlenwohnung gelebt haben wie heute noch zu sehen - gut vorstellbar, die „Verkündigungskirche" prägt den Ortskern; unser nächstes Ziel ist **Meggido** die ehemalige Verwaltungsstadt Salomos, sie liegt im Jesrel-Tal - wir wollen nach Jerusalem, eine Bergkette kommt in Sicht mit dem Tafelberg Tabor linkerhand, in Richtung Nablus weiterzufahren hat keinen Sinn, die Unruhen dort würden uns in Schwierigkeiten bringen, es geht deshalb quer hinüber ins Jordantal, 260 m unter dem Meeresspiegel - das Gewitter zieht nach Jordanien, zu den dortigen Bergen, wir merken nichts davon außer einem wunderschönen doppelten Regenbogen der sich über das Tal wölbt, dieses erscheint menschenleer, verlassene Häuser stehen entlang der Straße, ab und zu hat sich ein Schaf oder Esel hierher verirrt - die Szene wirkt gespenstisch; **Jerusalem,** arabisch „El-Kuds", liegt 800 m hoch, bedeckt eine Fläche von einem Quadratkilometer und wird zu einem Drittel von Arabern bewohnt, sie leben außerhalb der Stadtmauer auf separatem Gelände, eng begrenzt mit Bauverbot für Erweiterungen; das „Goldene Tor", welches früher als Ausgang zum Kidron-Tal diente, ist zugemauert worden, Araber die ins Zentrum der Stadt wollen, müssen also einen Umweg machen, der direkte Zugang ist versperrt; Jerusalem, die Stadt der drei Religionen: Judentum, Islam, Christentum hat viele Stätten die ihren Anhängern in gleicher Weise wichtig sind, z. B. möchten alle Juden im Kidron-Tal begraben werden, dem Ort späterer Auferstehung; der „Felsendom" mit goldener Kuppel ist um einen Steinblock herum gebaut - an dem Platz sollte Isaak geopfert werden, von dem sei Mohamed in den Himmel aufgestiegen, ohne Schuhe und Handtasche darf man zur Besichtigung eintreten; geht man über den Tempelplatz zur gegenüberliegenden Seite kommt man an die „Al-Aksa-Moschee" mit silberner Kuppel, innen mit Teppichen ausgelegt; die Westmauer, „Klagemauer", war Stützmauer des alten Tempels mit der Bundeslade; besucht wird außerdem der Ölberg, Garten Gethsemane, Golgatha, das Grab Mariens, der Zionsberg, „Abendmahlssaal", Stephanstor, das Davidgrab, die „Kirche der Nationen und der Todesangst"; über die Via Dolorosa geht es zur „Grabeskirche" an deren Tür bereits jeder von Priestern mit Opfertellern empfangen wird, wehe man reagiert nicht darauf – Verfolgung, Geschubse und böse Blicke, erst nach einem Obolus geben sie Ruhe, doch schon läuft man der nächsten Gruppe in die Hände, die Kirche ist in Bereiche für alle religiösen Richtungen des Christentums aufgeteilt, jede möchte von den Besuchern profitieren und macht das nachdrücklich deutlich, ich würde am liebsten eine Peitsche nehmen und alle hinausjagen - so etwas gab es doch schon einmal! Direkt hinter dem Eingang liegt ein großer Stein, ein alter Altar Abrahams, im Zentrum mit separatem Zugang befindet sich die eigentliche

Anbetungsstätte, nur wenige dürfen jeweils hinein, die Decke ist niedrig, ich haue mir den Kopf am Fels an, da sagt ein arabischer Begleiter „watch your head", ich antworte „too late" und bin sauer auf ihn, für eine Kerze die angezündet wird muss ich bezahlen ob ich will oder nicht – nein, Andacht kann in dieser Atmosphäre bei mir nicht aufkommen, schade, an solchen Plätzen möchte man sich mit anderen Gedanken beschäftigen, sicher sind die Stellen nicht immer authentisch aber ihnen wahrscheinlich doch sehr nahe; der Teich Bethesda liegt nicht weit von der „Grabeskirche" entfernt, er enttäuscht da wasserlos, eine umgestürzte Säule überquert den Grund.

Wir sind in dem arabischen Hotel „St. Georg" einquartiert, kaum bin ich im Zimmer klingelt das Telefon, ich denke an eine falsche Verbindung als ich den Hörer abnehme, wer soll mich hier schon anrufen und unmittelbar nach dem Eintreffen - diese Stimme erkenne ich allerdings sofort: es ist mein Bekannter, Dani aus Haifa, über Hotel und Reisebüro fand er heraus wo ich zu erreichen bin, die Überraschung ist ihm geglückt, ich bin verblüfft, er erzählt dass seine Familie mich an jenem Abend in Haifa um 20 Uhr zum Essen erwartete, das sollte mir der Mensch an der Rezeption ausrichten und tat es nicht, das Missverständnis lässt sich schnell aufklären, ich bin traurig, was nun? Dani will anderntags nach Jerusalem kommen, mittags sei er da; ich sage unserem Reiseleiter Bescheid, morgen würde ich nicht bei der Gruppe sein und ziehe am nächsten Vormittag alleine los: Einkäufe sind unproblematisch, man verständigt sich auf Englisch, bald bietet ein Araber seine Begleitung an, später will er sie bezahlt haben, am Ende verlangt er viel zu viel Geld, ich handele ihn herunter bis für mich der Preis tragbar ist, gemessen an ‚seinen Diensten' immer noch zu hoch, aber es reut mich nicht, Josef wusste zwar nicht viel, aber er kannte alle Plätze die für Touristen interessant sind und wie man rasch dorthin kommt, es blieb sogar Zeit für ein Teepäuschen im Kidron-Tal wo ein UN-Auto Position bezog bis wir es verließen - meinetwegen hätte das nicht sein müssen denn ich fühlte mich recht sicher, von den Israelis hat eine europäische Touristin sowieso nichts zu befürchten und von den Arabern ebenfalls nicht wenn man einen an seiner Seite hat; die Auseinandersetzung wegen Josefs Bezahlung verläuft meinerseits etwas unwirsch, das macht ihm wohl ein schlechtes Gewissen, wir verabreden uns für den nächsten Tag erneut - gratis! Mittags ist Dani da, die Rezeption teilt mir telefonisch mit Besucher seien in der Halle, ich werde mit arabischen Bruderküssen auf beide Wangen empfangen, wir freuen uns riesig! Dani hat einen männlichen Verwandten als ‚Anstandswauwau' mitgebracht, um mich nicht zu kompromittieren (und seine Frau zu beruhigen?); in den folgenden Stunden tut mir der Begleiter sehr leid denn wir reden Englisch und der arme Mensch versteht kein Wort, "fahren wir nach Betlehem zum Essen" fragt Dani, ich zucke innerlich zusammen - dieser Ort und so etwas Profanes, „ja klar", höre ich mich antworten; habe Zeit meine Gedanken zu ordnen weil israelische Soldaten uns wieder einmal anhalten, um die Papiere von Dani zu überprüfen, er wird öfter kontrolliert, sieht halt sehr arabisch aus; **Betlehem** ist ja nicht nur der Platz der „Geburtskirche Jesu", sondern auch eine Ansiedlung heutiger Zeit in der Menschen ganz normalen Alltag leben, mein Gefühl bleibt zwiegespalten, aber das Essen ist vorzüglich und Dani erzählt von seiner Frau, den fünf Kindern auf die er sehr stolz ist - schöne Töchter und einen Sohn der gerade seinen Armeedienst ableistet; mich interessiert das Verhältnis der Israelis zu den Arabern, ich möchte mehr darüber wissen, erfahre dass letztere nur schwer Arbeit finden und mit geringerer Bezahlung zufrieden sein müssen, der Umgang mit Dani ist schwierig da leicht reizbar, Reaktionen bei ihm vorauszusehen ist unmöglich, glücklicherweise nimmt er mir so schnell nichts übel, unterwürfig bin ich absolut nicht und Dani ein richtiger Pascha Typ; in der Umgebung gibt es noch manches zu sehen, auch „Rachels Grab" direkt an der Verbindungsstraße beider Orte; abends werde ich zurückgebracht, herzliche Verabschiedung, die beiden fahren ca. 100 km wieder heim nach Haifa; in der Hotelhalle treffe ich vor der Rezeption auf einen großen Pulk von Leuten, sie alle wollen ihre Zimmerschlüssel - zuerst und sofort, da hält der Mann hinter der Theke meinen Schlüssel hoch und schreit meinen Namen, achtungsvoll wird mir eine Gasse gebahnt - es ist mir etwas peinlich und doch angenehm nicht lange stehen zu müssen; seit dem Besuch werde ich bis zur Abreise vom Hotelpersonal mit ausgesuchter Höflichkeit behandelt, unser Busfahrer hat natürlich auch wieder alles mitbekommen, er kümmert sich für den Rest der Reise sehr nett um mich, was von den anderen Gruppenmitgliedern nicht immer freundlich registriert wird, durch Imres Vermittlung erwerbe ich eine Dia-Serie mit Kassette über das Land in ausgezeichneter Qualität zu seriösem Preis die mir heute noch Freude bereitet, auch sonst profitierte ich von seinen Ratschlägen.

Am anderen Tag regnet es, Josef hat deswegen ein Auto organisiert mit einem Fahrer und dessen Bruder, das sind mir etwas viele Araber, da ich aber einen Sitzplatz an der Tür nehmen kann steige ich ein; der Tag verläuft dann auch für mich, nicht nur ‚unsere' Gruppe, sehr informativ, beim späteren Austausch von Besichtigungserlebnissen stellt sich heraus dass ich einiges mehr gesehen habe; bleiben noch die „Knesset" und Museen zu erwähnen, der kanalisierte Kidron - Fluss mit dem angeblich heilbringenden Wasser: Blinde wurden z. B. wieder sehend; die gemeinsame Besichtigung der „Geburtskirche" in **Betlehem** läuft fast genauso ab wie die der „Grabeskirche", mit etwas geringerem Rummel.

Manche lassen bei unserer Weiterreise im Hotel einen Teil ihres Gepäcks zurück, da wir auf dem Rückweg dort wieder untergebracht sein werden heißt es; heute steht als erstes das **„Herodion"** auf dem Programm, ein kegelförmiger Berg, zu dem Palast bzw. dessen Ruinen kommt man auf einer Straße die sich wie die Rillen eines Schneckenhauses hinaufwindet, die frühere Pracht in der gekappten Bergspitze kann man sich noch gut vorstellen, mit Hilfe verbliebener Säulen; auf dem Weg nach **Hebron,** der Glasbläserstadt, sehen wir uns eine dieser Produktionsstätten an, einige von uns versuchen sich in diesem Handwerk, am Eingang zur Stadt werden wir von Soldaten angehalten - dürfen aussteigen und uns die Füße vertreten, sonst nichts, es gab Unruhen mit Schießerei, die Kirche sehen wir nur von außen; ein Händler nähert sich mit Schmuck, der ist hübsch ich möchte ihn kaufen - wir ‚quandeln', ein zweiter kommt dazu und mischt sich ein, unterbietet enorm doch ich lehne ab, bleibe bei dem ersten, dieser ist darüber so erfreut dass er mir den Schmuck billig überlässt und ein anderes Armband dazuschenkt; eine Mitreisende blickt sehnsüchtig auf meinen Erwerb, hat nur noch zwei kleine Geldscheine und möchte aus der Kollektion lediglich die Halskette, die Araber verkaufen aber nur den ganzen Satz: Halskette, Ohrringe, Armband, also gehe ich zurück zu ‚meinem' Händler der zunächst auch völlig verweigert, „na gut, denn nicht", ich drehe mich um und gehe Richtung Bus zurück - schon ist er da, ich bekomme die Halskette für nur einen Schein, die jüdische Mitreisende ist überglücklich, sie hat ihre Halskette und noch Geld zurück, sagt es geniere sie um einen Preis zu feilschen - ich konnte mir auch nicht vorstellen dass ich das fertigbringen würde, aber da es der ‚anderen Seite' so viel Spaß macht habe ich es schnell gelernt; wir fahren nach **Beersheva,** am Rand der Wüste gelegen, ist besonders wegen eines römischen Grabes mit alten Malereien interessant; **Avdad,** ein Ort in dem vom 1. Jahrhundert v. Chr. bis zum 1. Jahrhundert n. Chr. Nabatäer lebten die durch Handelsreisen hierher kamen, ihre Hauptstadt war Petra im heutigen Jordanien - es freut mich, ihren Spuren wiederzubegegnen, dieses Mal beim Nachbarn, die jüngeren Ruinen stammen von muslimischen Bewohnern; **Horvot** oder **Shivta:** Ort der Nabatäer in der Negev-Wüste mit ehemals 1 000 bis 2 000 Einwohnern, syrischer Tempel und Moschee, die Wüstenhügel haben verschiedene Farben, braun-schwarz, grau-schwarz, schwarz-braun; auf dem Weg nach Eilath fahren wir am Mitzpen Ramon vorbei, der Kraterabsenkung im Negev und besuchen das „Grab Ben Gurions" in Sede Boquer; weiter durch die Wüste gibt es unterwegs Hügel mit ‚Grünspanüberzug' oder einer ‚Burg' obendrauf, einen glatten Felsberg mit ‚Lacküberzug' und Tafelberge aus rot-braunen Lagen oder grüner Schicht und schwarzem Dach; **Eilath** und **Akaba** sind eine israelische und eine jordanische Stadt die eine Straße trennt, gegen Abend kommen wir im Hotel an; nach dem Essen möchte ich noch einen Rundgang machen denn heute haben wir zu viel gesessen; in der Halle treffe ich auf den Arzt aus unserer Gruppe der mit seiner Frau zusammen das Gleiche vorhat, nach einiger Zeit vergeblichen Wartens auf seine Ehehälfte schlägt er vor dass wir gehen - gesagt getan, wir unterhalten uns über ‚Gott und die Welt', ich will geradeaus weiter da sagt mein Begleiter „wir biegen hier rechts ab, auf der anderen Straßenseite ist jordanisches Gebiet", gut dass er das weiß - kein Zaun, kein Soldat, nichts lässt dies erkennen, beim Weiterschlendern war mir nur aufgefallen dass die wenigen Leute auf der anderen Seite, die uns begegneten, etwas erstaunt und misstrauisch herüberschauten, wir schwenken also bald ab in einen ‚Park' hinein, der sich als Garten entpuppt mit Drahtzaun umgeben, zur Straße hin finden wir ein Loch durch das wir schlüpfen und befinden uns so wieder ordnungsgemäß auf dem Rückweg, seine Frau machen wir in der Hotelbar ausfindig, sie lacht als ich mich dafür bedanke dass sie mir ihren Mann ausgeliehen hat.

Dieses Ehepaar bleibt zurück als wir uns aufmachen zwei Tage im Sinai zuzubringen, wir wollen das „St. Katharinenkloster" aufsuchen, es soll der Ort der Begegnung von Moses mit Gott in der Gestalt eines brennenden Dornbusches gewesen sein, haben vor den Sonnenaufgang auf dem Horeb zu erleben; in und um ein kleines hölzernes Grenzerhäuschen herum stehen ein paar ägyptische Soldaten: Passkontrolle, man hat Zeit, alle Pässe werden eingesammelt, später drinnen jedem wieder ausgehändigt - einzeln versteht sich, genüsslich betrachtet ein ‚Mister' jedes Passbild um dann festzustellen, ‚in natura' sähe man viel besser aus; anschließend gibt es unterwegs ab und zu Aufenthalt mit palavernden Soldaten die uns dann doch durch eine Sperre fahren lassen oder einen Umweg anweisen, es geht durch Sand- und Steinwüste, am späten Nachmittag sind wir am Ziel; die großen Felsformationen des Sinai-Gebirges wirken beeindruckend, in der Kirche des Klosters kann ich mich an den herrlichen alten Ikonen kaum sattsehen, es sind Kostbarkeiten! Unsere Unterbringung erfolgt in weißgetünchten Flachbauten, Schlafräume für Gruppen mit doppelstöckigen Hochbetten, als Matratze dient ein überzogener Strohsack, dazu gibt's ein flaches hartes Kopfkissen und eine dünne Wolldecke - mir tun schon beim Anblick die Knochen weh; solange es draußen noch warm ist ziehen es viele vor sich auf der geräumigen Steinterrasse aufzuhalten, der nächtliche Wüstenhimmel bleibt eine unvergessliche Erinnerung, die Sterne strahlen wirklich nirgends heller, ihr Glitzern ist eine Pracht! Italienische Pilger sind angekommen, sie halten eine Abendandacht und verschwinden dann wie wir in ihren Unterkünften; gegen 3 Uhr werden wir vom Reiseleiter geweckt, leicht angefroren klettere ich aus meinem Bett, es ist kalt, bald marschieren wir los, die Mitreisenden stürmen davon als gelte es einen Wettlauf zu gewinnen, nicht lange und ich bin abgehängt, der Reiseleiter kommt zurück und meint ich solle mich beeilen - das geht aber nicht, ich habe bei solchen Anstrengungen einen bestimmten Rhythmus den ich nicht gefahrlos verändern kann, die anderen denken nicht daran langsamer zu gehen und irgendwann verliere ich sie aus den Augen - ich sehe noch einmal kurz die Taschenlampe des Reiseleiters leuchten, dann bin ich allein, es ist dunkel, die Helligkeit des Mondes reicht nicht aus einen Weg zu erkennen, was tun? Der Fels fällt an den Seiten steil ab, wenn man also den gangbaren Pfad verlässt ist man ganz schnell wieder unten; ich setze mich nieder, ruhe mich aus, genieße die Stille und den nächtlichen Himmel, nach einer Weile kommt ein Licht auf mich zu - ein baumlanger Nubier trägt eine Laterne, hinter ihm gehen drei Leute, sie machen in der Nähe Rast; als sie weitermarschieren, stapfe ich mit etwas Abstand hinterdrein, doch auf Dauer kann ich auch deren Tempo nicht durchhalten - bin aber ein ganzes Stück weitergekommen, für mich gibt es wieder eine Ruhepause die ich gut brauchen kann, ich habe Durst vermisse meine Wasserflasche, hätte ich sie nur mitgenommen! Es wird ein Bonbon gelutscht, das hilft ein bisschen - da fallen mir die Italiener ein, sie wollen doch bestimmt auch zum Horeb, dem „Mosesberg", und sind gewiss nicht vor uns aufgebrochen - jetzt sehe ich wie sich ein Fackelzug ganz langsam heraufbewegt, manchmal verschwindet, erneut und deutlicher auftaucht - also doch keine Schlagzeile zu Hause „Verschollen im Sinai"; ich muss Geduld haben - es sind die Italiener, sie lesen mich auf, machen eine verächtliche Bemerkung über die Deutschen und ich denke sie haben recht, sie rasten öfter, trinken etwas, ein Arzt kontrolliert bei den Älteren den Puls, er bestimmt auch die Länge der Pausen, mühelos kann ich mithalten; wir sind am letzten Aufstiegspunkt angekommen, zum Gipfel führen Stufen, noch ca. 1/2 Stunde - meine Kräfte sind aufgezehrt, ich bin müde, habe Herzstiche und entschließe mich nicht weiter zu steigen, die Sonne geht auch hier auf, bin hoch genug bei ca. 2 000 m, es reicht, ich bedanke mich bei den Italienern, es dämmert bereits - auf einmal höre ich eine leise Stimme „ist da jemand?" Eine ältere Dame aus unserer Gruppe wurde hier verloren, beim Herumgehen entdecken wir einen Spalt zwischen zwei Felswänden, ich schlüpfe hindurch und befinde mich auf einem schmalen Stück Erde über einer Schlucht, der Blick geht frei über etliche Berggipfel bis zum Horizont, an den letzten Höhen zieht sich die Sonne langsam hoch, die Berge heben sich schwarz gegen den heller werdenden Himmel ab bis sie Glanz überstrahlt gleißendes Licht blendet, ein Hauch von Wärme wird spürbar, ich gehe zurück, an unserem Rastplatz sind die Schatten noch lang, klettere auf einen Felsvorsprung und erwarte hockend die Sonne, bald taucht sie auch hier die Landschaft in orangene schließlich gelbe Farbe, wir erleben einen wunderschönen Sonnenaufgang und haben Zeit Kräfte für den Abstieg zu sammeln; an unserem Sitzplatz, dem Knotenpunkt, treffen wir mit unserer Gruppe wieder zusammen, wie sich herausstellt ist das wichtig weil die Rückroute eine andere ist, alleine hätten wir weder den einen noch den anderen Weg gefunden, später erfahre ich, dass das ältere mitreisende Ehepaar Hobby-Bergsteiger sind, sie und die Jungen bestimmten das Tempo, kamen viel zu früh auf dem Gipfel an, saßen im Schnee und froren erbärmlich; nach der Ankunft im Flachbau legt sich ‚meine' ältere Dame sofort aufs Bett, sie ist fix und fertig, mir geht es wieder gut; zurück in Eilath wird von dem Aufstieg erzählt, ich bitte den Arzt sich um die ältere Frau zu kümmern die immer noch angeschlagen ist, glücklicherweise haben wir ein paar Tage Aufenthalt am Roten Meer sodass sich ihr Kreislauf erholen kann, der Arzt regt sich über das Verhalten des Reiseleiters sehr auf und versichert den Veranstalter zu unterrichten, so vorzugehen sei gesundheitsriskant und unverantwortlich, nach seinem lautstarken Ausbruch verstummen stolze Erzählungen und das Gelächter über uns ‚Schnecken'.

Im Golf-Zufluss zum Roten Meer („Bahr el-Ahmar") zu baden ist angenehm, schwimmen kann man das nicht nennen denn der Salzgehalt ist hoch, Bewegung kaum nötig, die sollte man auch gering halten um kein Wasser in die Augen zu bekommen, im Gesicht und an den Lippen beißt es schon unschön genug, als ich vom Ufer barfuß ins Hotel zurücklaufe, fällt unser Bus der dort parkt fast um, weil der Fahrer und einige seiner Freunde die dort sitzen begeistert herumspringen, bei mir dauert es eine Weile bis ich begreife was sie so aus dem Häuschen bringt: ohne Schuhe könne kein Europäer gehen hätten sie bisher gedacht, gestikuliert der Fahrer, für mich ist es nichts besonderes, meine Füße sind aus der Zeit des Krieges vom Ährenlesen ‚stoppelackergehärtet'; nachmittags sitzen einige von uns und ich am Meer im Café, jemand liest aus der Zeitung vor in München sei Glatteis und Schnee vorausgesagt - alle lachen, es ist so unvorstellbar wenn man hier im Sommerkleid und mit Sandalen an den nackten Füßen bei leichter Brise Eiskaffee trinkt; das „Unterwasser-Aquarium" und die Edelsteinschleifereien sind als sehenswert noch zu erwähnen, ich lerne dass sich die Bezeichnung 'Karat' aus dem griechischen Wort 'karaton' = Johannisbrotbaum entwickelte, seine Bohnen haben alle das gleiche Gewicht deshalb waren sie als Maßeinheit ideal; beide Städte, Eilath sowie Akaba, haben je einen kleinen Flugplatz, wir fahren weiter in Richtung Beersheva vorbei an einer Reihe heller Berge, dunkler mit roter Schicht, wieder hellen hinter- oder nebeneinander gestaffelt, Hochplateaus wie mit dem Lineal gezogen, manchmal auch eine ‚Kappe' darauf in grün, rotbraun, dunkel-, hell-braun, rot; im Negev sehen wir die „Säulen Salomos", dann führt unser Weg quer hinüber nach **Sedom** (Sodom), an Bergen vorbei die wie eine Dünenlandschaft wirken, gelegentlich stoßen wir auf ein Bewässerungssystem, den Versuch die Wüste fruchtbar zu machen, das gelingt zumindest auf durch Abholzung verkarstetem Boden - es könnte schon sein dass der Glaube der Islamisten dem Bäumefällen ohne Wiederaufforstung Vorschub leistete: „Wenn Allah will, dass hier wieder ein Baum wächst, wird er schon dafür sorgen", Sumpfgebiete entwässert man indem Eukalyptusbäume angepflanzt werden die sehr viel Wasser brauchen; die Höhenunterschiede in Israel ergeben sich durch den Wechsel des Niveaus von tief unter dem Meeresspiegel bis zu 800 m darüberliegend; bei **Arad** besuchen wir den „Kibbuz Gad Mordechai", die Gedenkstätte für den Befreiungskampf; in **Sedom** wird Pottasche gefördert, über **Beersheva** zum Hafen **Ashdod** transportiert für den Export, Salzpfannen gibt es an der schlechten Straße von **Sedom** bis fast **Massada**; die Kamin- oder Schornsteinhöhlen links sehen imponierend aus, im Sommer wird das Tal von **Sedom** zur Hitzehölle; das Tote Meer („Bahr Lut") ist 70 bis 80 km lang, 16 km breit, bis 800 m tief und liegt fast 400 m unter dem Meeresspiegel, es entstand durch Depression, sein Salzgehalt beträgt 28% außerdem enthält es Kaliumchlorid, Brom, Asphalt, Magnesiumchlorid, da Austrocknung droht soll die Lagune von Sedom mit dem Mittelmeer verbunden und das Tote Meer dadurch als Wasserstelle erhalten werden, Pumpstationen sind geplant eine bereits gebaut, evtl. Solarteiche? Im Norden entstehen noch „Salzdome" die das Jordanwasser allmählich auflöst, zudem gibt es dort Schwefelquellen; **Massada,** die Palastfestung von Herodes weist eine Breite von 150 m auf, hat an der Steilseite eine Höhe von 300 m, an der von der römischen Rampe nochmals 150 m, Zisternen für Quellen und Sturzfluten wurden gebaut, sie dienten zur Füllung von Bädern und dem Schwimmbassin für die Soldaten, zu den außen liegenden Auffangbecken führt ein 'water gate'; auf der Fahrt nach **Qumran** machen wir in der **Oase Engedi** Station, dem dortigen Kibbuz, es gibt 240 bis 250 Kibbuzim im Land, 3% der Einwohner leben darin, wirtschaftliche Unsicherheit und Arbeitslosigkeit geben neue Impulse zum Ausbau, teilweise erfolgt aber auch in der zweiten Generation die Rückkehr in die Auswanderungsländer, in Israel wohnen 2,3 Millionen Araber und 3 Millionen Juden: Aschkinasen und Sefarden, letztere aus orientalischen Ländern stammend, 60% des Landes ist Wüste; **Qumran,** die alten Ruinen des Klosters beeindrucken durch ihre Ausmaße, auf der anderen Seite der Schlucht sind Höhlen zu erkennen, hier wurden über 200 Schriftrollen gefunden die nun im Museum in Jerusalem aufbewahrt werden; **Jericho** steuern wir an und fahren wieder durchs Jordantal, auch dieses Teilstück wirkt deprimierend da verlassen, menschenleer; vor der Stadt hält der Bus an, Reiseleiter und Fahrer reden miteinander dann rollen wir langsam weiter, biegen in die erste Querstraße rechts ein und verschwinden im Hof eines abgelegenen Restaurants, die arabische Bevölkerung streikt erfahren wir, Mittagessen fällt aus - wie man die ‚unnormale' Situation bemerkte weiß ich nicht, mir war nichts aufgefallen, jedenfalls hat man uns an einen sicheren Platz geschleust, wir dürfen im Schatten eines Laubenganges sitzen und im blühenden Garten umherspazieren, nach Ablauf einer Stunde gibt es doch zu essen - einheitlich schlicht, sehr schmackhaft und reichlich, nach meiner Beobachtung ist es das Ergebnis der ständigen Bemühungen unseres Busfahrers, er lächelt verschmitzt als ich mich im Vorbeigehen bei ihm bedanke; durch Seitenstraßen schleichen wir aus der Stadt ohne einem Menschen zu begegnen, nur gelegentlich geht eine Tür einen Spalt breit auf eine Frau lächelt und hebt die Hand zum Siegeszeichen, ich grüße zurück, unbehelligt führen wir unsere Besichtigungen in der Umgebung durch: „Hishams Palast des Kalifen Vahd" mit u.a. herrlichen Mosaiken und die Ausgrabungen des „Tell", der ältesten Siedlung der Welt; **Jericho** ist eine wunderschöne Oasenstadt insbesondere bedingt durch eine Quelle, das ganze Jahr über blüht hier etwas; erneut benutzen wir die Straße die sich durch das Jordantal zieht, Obstplantagen haben hier Tradition und Weinberge, angelegt und seit Generationen von Arabern gemäß persischen Anfängen bewirtschaftet - man erzählte uns doch ständig es sei im ganzen Land nichts Brauchbares gewachsen bevor die Israelis kamen ..., die Allenby Bridge kommt in Sicht, das andere Ende liegt auf jordanischem Boden, in **Amman,** wie ich aus eigener Anschauung weiß, über sie läuft reger Handel; gegen Abend treffen wir wieder in **Jerusalem** ein, wie in Jericho keine Menschen auf den Straßen und mit Brettern zugenagelte Schaufenster, die Atmosphäre wirkt unheimlich Spannung ist spürbar, normalerweise wimmelt es hier von Leben, wir fahren durch bis fast an den Ortsausgang zum Hotel „Ambassador", werden dort an der Halle abgeladen – sitzen, warten: wegen Unruhen konnten wir nicht ins „St. Georg" zurück, Gepäck welches dagelassen wurde soll bis morgen hier sein, sagt der Reiseleiter, ich bin nicht betroffen aber es klappt; nach längerer Zeit finden sich irgendwie Zimmer für uns, mir fallen schon ständig die Augen zu, trotzdem bleibe ich für einen letzten Blick über die Stadt einen Moment am Fenster stehen denn morgen ist Rückreise, stündlich hört man den Gesang des Muezzins, das störte mich schon beim vorigen Aufenthalt und ich fühle Verständnis für die Kreuzritter in diesem Punkt.

Bereits um 5.30 Uhr werden wir geweckt, um 6 Uhr ist Aufbruch, das war eine kurze Nacht - und das Flugzeug geht doch erst um 10 Uhr, ich habe den Eindruck man ist froh uns loszuwerden; Imre und ich verabschieden uns herzlich voneinander, was mir abfällige Bemerkungen einiger Leute aus der Gruppe einträgt mir aber völlig gleichgültig ist, er hatte sich auf der ganzen Tour als guter Freund erwiesen, bei Gelegenheit erzählte er einmal dass er mit einem Kameraden, mit Zelt und Kochgerät, zwei Wochen in Frankreich an einem Gewässer verbrachte, sie würden das gerne wiederholen; bis zum Abflug bleibt viel Zeit zur Nachverarbeitung der vielen Eindrücke: da waren die freien Stunden in einem Hotel ausgefüllt mit dem Spaziergang in dessen Garten, laute Jubelschreie veranlassten zur Straße zu laufen um die Ursache zu erkunden, eine kleine Panzerabteilung voller Soldaten wird von jungen Leuten begeistert begrüßt, ich fühlte Beklemmung, beim Abendessen saßen Gruppen aus verschiedenen Ländern jeweils zusammen an langen Tafeln im Speisesaal eines Kibbuz: Stimmengewirr, unser Tisch war der fröhlichste, als das Mahl fast zu Ende ist kommt eine Frau vom Nachbartisch herüber: „Ich bin zuerst erschrocken als ich hörte dass sie deutsch sprechen und etwas krampfte sich in mir zusammen, wenn gelacht wurde, dann sah ich mir die Gesichter genauer an, sie sind jünger als die Nazigeneration, warum sollen sie hier im Land keine Freude empfinden, ich wollte nur sagen, ich habe durch die

Begegnung etwas gelernt und bin froh darüber, ich habe Ängste abgebaut und danke ihnen", sie hatte in flüssigem Deutsch gesprochen, ohne Akzent, erwartete keine Entgegnung, trotzdem sage ich in die Stille hinein die entstanden war: „Wir danken Ihnen", nun hatte sie Tränen in den Augen und das bisher starre Gesicht überzog ein warmes Lächeln; überhaupt beeindruckte mich die Freundlichkeit der Israelis, besonders der älteren, die nach kurzer Überwindung einer gewissen Distanz echt wurde – nein, die Auffassung unseres Reiseleiters, eine Israel-Reise sei eine Unternehmung wie jede andere teile ich nicht, der Umgang miteinander bei menschlichen Begegnungen erfordert noch mehr Fingerspitzengefühl als anderswo und gefährliche Zwischenfälle zu vermeiden indem man auf eine Besichtigung verzichtet ist normalerweise auch nicht Bestandteil einer mit Programm festgelegten Reise; Soldaten mit Maschinengewehren gehörten zum alltäglichen Straßenbild, sie patroullieren regelmäßig, daran gewöhnte man sich schnell, doch das ist m. E. ebenso eine Besonderheit wie die strenge Handtaschenkontrolle vor dem weiträumig abgesperrten Platz an der „Klagemauer", danach erst darf man das Areal überhaupt betreten; was sahen sich eigentlich die Leute abends im Fernsehen an? „Dallas!" Das Land hat die Form eines Handtuchs, es gibt nur wenige ausgebaute Straßen, sie verlaufen längs oder quer ohne nennenswerte Kreuzungen - jetzt verstand ich warum Dani sagte die Straßen in Deutschland mit den vielen Richtungsmöglichkeiten würden ihn verwirren - ich werde aus meinen Gedanken gerissen, ein Soldat will einen Handgepäck-Rucksack wegtragen der einem jungen Mann aus unserer Gruppe gehört, er hatte ihn abgestellt, es erfolgt eine scharfe Belehrung dass wegen etwaiger deponierter Bomben alles abtransportiert wird was ‚herrenlos' erscheint, er ist verwirrt, ich versuche ihn zu trösten: „Nehmen Sie es nicht so zu Herzen, wir sind Menschen, Menschen machen Fehler, doch nur aus ihnen lernt man, was wir richtig machen, können wir ja schon", das tut ihm offenbar gut; die Gepäckkontrolle verläuft noch penibler als in München, jedes einzelne Stück muss aus dem Koffer, den Taschen genommen und neben hingelegt werden, die schmutzige Wäsche wird geschüttelt, Verschlossenes wie das Necessaire geöffnet, wir befolgen barsche Anweisungen, werden außerdem zu Hektik angetrieben, am Ende steht man vor einem leeren Koffer und einem Haufen wüsten Durcheinanders, die Kontrolldamen mit umgehängten Maschinenpistolen palavern untereinander in geringschätzigem Ton, es drängt und schiebt nach, einige nehmen hastig ihre Sachen und packen langsam auf dem Boden hockend alles wieder ein, als mein Koffer beinahe herunterfällt stoße ich ihn etwas zurück, das bringt mir den bitterbösen Blick einer Soldatin ein - ich gucke ebenfalls böse und habe meine Ruhe; natürlich ist Schmutzwäsche schnell verpackt, aber die zerbrechlichen Souvenirs sollen mir nicht bröckchenweise daheim ankommen - ob man mit unfreundlicher Abfertigung den Abschied erleichtern will? Ein zweiter Tisch hätte das Problem gelöst, den gibt es aber nicht.

Noch ein paar grundsätzliche Anmerkungen: der Jordan ist der größte Fluss Israels und Jordaniens, ca. 250 km lang, entspringt im jordanischen Hermon, durchfließt Hule-See und See Genezareth und mündet ins Tote Meer, er dient zur Bewässerung der Negev; unterwegs blühten überall Anemonen wie bei uns Klatschmohn, auffällig dass auf den Häusern keine Wassertanks zu entdecken waren, nur Zisternenröhren zum Auffangen des Regenwassers und Solare für die Warmwasserbereitung evtl. auch Heizung, exportiert werden u. a. geschliffene Diamanten, um Rohdiamanten zu erhalten wird Waffenhandel mit Südafrika und Südamerika betrieben; Juden, falls Rasse dann semitischen Ursprungs, heute ist es eine Religionsgemeinschaft ohne Missionierung, trotzdem gibt es inzwischen Anhänger in Afrika und China, der Messias wird als theologischer und politischer Mensch angesehen, letztere Strömung hat eine vergeistigte Auffassung: Friede allen Menschen dann ist der Messias unter ihnen, Mizwah = Erfüllung der Gesetze, Jomkipur = Versöhnungstag, Purim(fest) Fastnacht ähnlich, „in Jerusalem wird gebetet, in Haifa gearbeitet und in Tel Aviv gefeiert" hieß es.

Es war schwer die einzelnen Etappen der Reise zu rekonstruieren, möglich dass die Reihenfolge durcheinandergeriet, die Erlebnisse nicht.

USA-Rundreise (Mitte Mai bis Anfang Juni 1983)

Die erste Amerikareise - danach gab es zwischen speziellen Reisen immer wieder einmal einen Sprung über den 'Großen Teich': Nonstop Frankfurt - New York über Le Havre, Labrador, Neufundland, Halifax, Maine, Boston und Long Island, zur Anpassung wird die Uhr um 6 Stunden zurückgestellt; **New York,** Stadt in gleichnamigem Staat, 5th Avenue trennt East- und Westside von Manhattan der größten Insel, 21 km lang, 3 km breit, man hattan = harter Stein der die Wolkenkratzer ermöglicht, nach Branchen sortierte Straßenzüge: Restaurant-Straße, Geschäfte-Straße bzw. Bezirke, Hauptsitz der Bekleidungs- und Modeindustrie ein Drittel aller Herstellung von Kleidung in einem Gebäude; Zentrum des Verlagswesens, der Werbung, des finanziellen Lebens: Wall Street, der Kunst und der Musik, der Theater: MET, Carnegie-Hall, Brodway; Stadtrundfahrt: „Freiheitsstatue" auf Liberty Island von dem Franzosen Bartholdi, am dortigen Hafen legen nur noch Luxusdampfer an, aber nicht über Nacht da zu teuer, alle anderen Schiffe in Brooklyn, Landaufschüttung für den Battery Park; der Hudson, die „George-Washington-Bridge" verbindet das nördliche Manhattan mit Fort Lee in New Jersey (Hauptstadt Trenton), im „Empire State Building" ca. 15 000 Beschäftigte, „Rockefeller Center", „St. Patrick's" Kathedrale, „Hauptquartier der Vereinten Nationen" am East River, „Central Park": Eintrittsfreie Sommerkonzerte auf hohem Niveau, Park Avenue stößt in gerader Linie auf's „PANAM" oder beginnt da,. „Welt-Handelszentrum", zwei Türme mit je 110 Stockwerken u. a. dem höchsten Observatorium der Welt, „Lincoln-Center" mit „MET" (Metropolitan Opera), im Bogen rechts und links Wandgemälde von Chagall, Greenwich Village: normale Straßen, kleinere Geschäfte, überschaubar, teilweise Wassertanks auf den Dächern ohne Pumpen - andernorts in den Gärten, an den Häusern außen häufig Feuerleitern, was Vorschrift war bei mehr als fünf Etagen, kleine Glühbirnen-Dekoration an den Bäumen, elegantes Villenviertel; Soho, „South of Houston", „Manhattan-Bridge", „Chinatown": Buddha-Tempel, Chinesisches Neujahrsfest am 2. Vollmond nach dem 15.01. Brooklyn: Bridge gleichen Namens, ärmliches Wohngebiet, Harlem: „Kirche Johannes des Täufers" Kölner Dom nachgebildet, wir dürfen den Beginn eines Gottesdienstes miterleben, vor allem auch den rhythmischen und fröhlichen Gesang des Chores, Spirituals und Gospels sind christliche Lieder in Jazzform - leider bleiben wir nur kurz, werden von der Reiseleitung hinauskomplimentiert; „Rockefeller-Kirche" scheint aus Zementblöcken gebaut zu sein, Herumlungernde auf den Straßen, ungepflegte Häuser, 40% Arbeitslose, Besuch der historisch bedeutenden „Morris-Jumel-Villa"; Schiffstour. Zum ersten Mal in Amerika, in New York City, abends könne man ein Musical am Brodway besuchen, die „Carnegie-Hall" habe Sommerferien - „und die MET" möchte ich wissen? Unsere Begleiterin hat keine Ahnung, an der Rezeption im Hotel weiß man nur dass sie keine Pause macht, also marschiere ich mit Stadtplan in der Tasche los zum „Lincoln-Center", finde die MET und deren Kasse an der eine freundliche Dame sitzt, sie eröffnet mir bedauernd es gäbe nur Ballett - was heißt hier ‚nur', mein Herz macht einen Freudensprung, für wenig Geld erstehe ich eine Karte und bin selig; jetzt kann ich das Gebäude mit den Chagall-Gemälden anschauen, die ganze hübsche Gestaltung des

Platzes, meine Füße möchten eine Pause, da ist eine Bank, von hier aus kann ich den Anblick genießen und vertiefen, ich freu' mich auf den Abend; plötzlich steht ein junges Mädchen vor mir und fragt nach einer Münze, die sie zum Telefonieren benötigt - oh weh, ich habe noch keine Ahnung welche was ist, so sage ich es ihr ehrlich, schütte meine wenigen Münzen auf die Hand und fordere sie auf sich zu nehmen was sie braucht - sie stutzt, zögert, „ich bin zum ersten Mal in den Staaten und kenne mich damit wirklich noch nicht aus", da lächelt sie und nimmt sich vorsichtig eine heraus, nach dem Telefonat in der nahen Zelle setzt sie sich einen Moment zu mir, erzählt wie dankbar sie sei, das Gespräch wäre wichtig gewesen, wo ich denn herkäme, Deutschland? Sie habe vermutet aus Kanada wegen der hellen Haare, „ah, europe?" Ich nicke, angestrengtes Nachdenken, das Gesicht erhellt sich „do you come from Paris?" Später lerne ich dass die Amerikaner auf die Frage ‚woher' als Antwort den Namen einer ihrer vielen vereinigten Staaten erwarten, denken man spreche Dialekt, auf einen echten Ausländer zu treffen, damit rechnet kaum jemand, besonders wenn man ‚sträflich' allein herumläuft ohne Gruppe und auch noch ohne Fotoapparat! Die abendliche Aufführung wird zum unvergesslichen Erlebnis, nicht nur wegen der agierenden Künstler auf der Bühne und im Orchestergraben sondern ebenso bezüglich der Räumlichkeiten und Innenausstattung, die durch einfache Eleganz beeindrucken, die Kassenfrau hat mir zudem einen schönen Platz verkauft; in der Pause erfreut mich draußen das wunderbar erleuchtete Zentrum und nach der Vorstellung gehe ich in einem Strom von Menschen zu Fuß zum Hotel zurück - also manche Amerikaner haben das Laufen noch nicht verlernt!

Eine Kollegin, die vor mir hierher reiste und ebenfalls im „Sheraton-Hotel" untergebracht war, hatte mir gesagt ständig sei Polizei vorbeigefahren und sie befolgte deshalb den Rat der Reiseleitung nie etwas allein zu unternehmen, das fällt mir ein als ich oft das Heulen von Autosirenen höre, darum sehe ich eine zeitlang aus dem Fenster und stelle dabei fest es sind Ambulanzwagen vom Roten Kreuz, in der Nähe befinden sich große Krankenhäuser, das Hotel liegt an der Zufahrtsstraße; schräg gegenüber „Tiffany's", ich wage nicht hineinzugehen, was soll ich in dem teuren Laden - später unterwegs zeigt mir eine junge Mitreisende einen Kugelschreiber den sie dort sehr preiswert erstanden hat und erzählt, es gäbe da noch mehr ähnlich günstige Artikel - nun bereue ich meine Zurückhaltung, na ja, notfalls im nächsten Leben! Hier verpflegt sich jeder selbst, lediglich die Übernachtung war vorab gebucht: „Coffee-Shop" - kein Problem, mittags und abends? Die Restaurant-Angebote sind für mich viel zu teuer, doch nicht weit entfernt von der Unterkunft gibt es einen kleinen Lebensmittelladen der ein paar warme Speisen anbietet und zwei bis drei Salate - wunderbar, die Auswahl ist zwar begrenzt, aber preisgünstig und wie ich bald feststellen kann, äußerst schmackhaft, jeden Mittag hole ich mir dort mein Essenspäckchen, natürlich hygienisch einwandfrei verpackt, ergänzt mit Serviette und Besteck, anfangs schleiche ich mich damit verstohlen in mein Hotelzimmer, das eine von 1 800, wo ich dann auf dem Bett die Beine langgestreckt fernsehend die Mahlzeit genüsslich verzehre, jedes Mal, wenn ich unten durch die Halle gehe, erwarte ich eine Beanstandung durch das Personal, in einem guten deutschen Hotel könnte man nicht mit einer Essenspackung ankommen ohne schief angesehen oder sogar diskret ermahnt zu werden dass so etwas hier eigentlich nicht üblich sei, in Amerika kommt da nicht nur nichts, es ist sogar offenbar völlig normal sich so zu verhalten, als ich sehe, dass mittags eine Menge Hotelgäste mit Päckchen herumlaufen geniere ich mich auch nicht mehr; das erwähnte Geschäft versorgt mich zusätzlich mit Abendverpflegung, ab Nachmittag ist Schluss mit Warmem, dann kann man dort Baguette-Sandwiches kaufen, belegt mit vorgefertigtem Eier-, Gemüse-, Fisch-, oder Fleischsalat - eines der Riesenbrötchen reicht mir vollauf zum Sattwerden, aufgeschnitten reichlich mit Salat belegt und Deckel drauf, dann geht's in den „Central-Park" zum Vertilgen, der Park ist aber auch ohne Funktionserfüllung sehenswert, allerdings sollte man bei Beginn der Dämmerung daraus verschwinden wegen der An- und Verkäufe die dort abgewickelt werden; bei einem dieser Unternehmungsgänge laufe ich zufällig einer Fernsehreporterin in die Hände, werde gefragt, ob es auch bei uns Steuerhinterziehung gäbe, sage das komme wohl vor - woher ich das wisse, gemäß Medienberichten, „persönlich bekannt ist mir niemand", wir lachen; Niagara-Fälle: Niagara = donnerndes Wasser, gleichnamiger Fluss verbindet Erie- und Ontariosee, dazwischen befinden sich die Fälle durch Goat Island getrennt, Grenze von Staat New York und Kanada, amerikanischer Wasserfall: 323 m breit, ging jährlich um 1/2 m zurück, nach technischem Eingriff auf 2 cm Abtragung herabgesetzt, Staat New York (Hauptstadt Albany), Blumenuhr; kanadischer Horseshoe-Fall, 660 m breit, sehr viele Generatoren nutzen das Wasser zur Stromerzeugung, Kalk-, Schiefer- und Sandstein, 6 cm Zurückweichung pro Jahr, Brückenverbindung zwischen den beiden Staaten; **Buffalo** am Eriesee, bedeutender Binnenhafen, Industriestadt Düsseldorf vergleichbar, Kanal nach **Albany** am Hudson, besteht somit Kontakt zum Atlantik auf dieser Seite, auf der anderen durch St. Lorenzstrom, der den Ontariosee durchfließt, Seensystem fast so groß wie alte BRD, Verbindungsstrecke der zwei Seen 40 km lang; Flug nach Washington D.C. (District of Columbia), Maryland und Virginia gaben Land ab für diese Gründung, Fluss Potomac trennt **Washington** von **Georgetown,** wo wir im „Holiday Inn" einquartiert sind, 80% Schwarze in diesem Farbigenviertel; Washington - Achse: „Kapitol-Obelisk-Memorial", kein Gebäude darf höher sein als das Kapitol zu dem die Pennsylvania Avenue kerzengerade führt, „Weißes Haus", „Washington-Denkmal", „Lincoln- und Jefferson-Memorial", 170 m hoher Obelisk, „Pentagon", „Watergate-Komplex", Kennedy-Center: „Smithsonian Institute", „Luftfahrt- und Weltraum-Museum", Hope-Diamant etc.; älteste katholische Universität der USA von Jesuiten eingerichtet, Zentralbibliothek: „Wissenschaft sind organisierte Kenntnisse", Gutenberg-Bibel, alle Telefonbücher der Welt, in den obersten Gerichtshof dürfen Richter ihren Stuhl mitbringen, nur schwarz muss er sein; „Freiheitsglocke", Friedhof Arlington mit u. a. Grab Kennedy's, Anbau von Baumwolle, Tabak und Mais.

Wir fliegen nach **Salt Lake City,** Hauptstadt des Mormonenstaates Utah, etwas mehr als 900 m über dem Meeresspiegel gelegen, 1847 gegründet, Utah = auf der Spitze des Berges (wieder aus der Sprache der Indianer), kleiner als alte BRD, seit 1848 Teil der Vereinigten Staaten: liebliche Landschaft, helle Felsberge mit kahlen Teilstücken an den Hängen, Birkenwäldchen und wunderschöner Mischwald, Salzsee von 126 km

Länge, 16 km Breite, 25% Salzgehalt; reich an Mineralien und anderen Bodenschätzen: Kupfer, Silber, Eisenerz, Uran und mehr, wichtigste Industrien sind Metallgewinnung und -verarbeitung, „Bingham Mine", größte Tagebau-Mine der Welt für Kupferförderung - Empire State Building würde zweimal hineinpassen; der Staat versorgt sich selbst, autark, Bienenkörbe als Zeichen des Fleißes, Möwendenkmal zur Erinnerung und zum Dank an die Vögel welche die Grillenplage im zweiten Gründungsjahr beendeten, sie hätte die Ernte vernichtet; Land der Wüste, Wasser wurde vom Wasatsch-Gebirge geholt an dessen Westfuß die Stadt liegt; Mormonen, „Kirche Jesu Christi von den Heiligen der letzten Tage", Weltverwaltungsgebäude, Temple Square: Tempel aus Granit und Zement mit „Engel Moroni" auf höchstem der sechs Türme in 60 Metern Höhe, erbaut 1853 - 1893, wirkt neugotisch, „Howard Johnson's Tabernakel" größtes Gewölbe der Welt, fasst 8 000 Personen, berühmter Chor, Universität, ca. 20 000 Studenten. Da nur Übernachtung gebucht ist, suche ich am Morgen einen Coffee-Shop, mein Blick fällt auf „Fred's familian restaurant" oberhalb der Straßenkreuzung auf der anderen Seite - ob die Frühstück anbieten? Hingehen, gucken, die Tür steht offen, reingehen, umsehen, ja da sitzen Leute die kauen, ich finde einen hübschen Platz, bestelle und bekomme prompt „Muffins", Butter, Marmelade, Tee und zwei Scheiben fest gebackenes Brot mit Kruste - was für ein Frühstück! Ich will zur Kasse, dann ins Hotel zurück, dabei komme ich an einem Tisch vorbei mit einem jungen Ehepaar das zu unserer Gruppe gehört, wir wechseln ein paar Worte, bestätigen uns die Brotbegeisterung; beim Bezahlen fragt mich der junge Mann an der Kasse, der mich auch bedient hatte, ob ich aus Deutschland sei und als ich nicke woher - oh ja, Mainz kennt er, da sei er als Missionar gewesen und natürlich in Frankfurt, Mainz habe ihm gut gefallen und im Andenken daran schenkt er mir zwei kleine Kuchen für unterwegs; Busreise zum Bryce Canyon über Red Canyon und **Richfield** als Mittagessen-Station: Sand- und Kalkstein durch Eis, Schnee und Regen geformt, zwischen 2 400 und 2 700 m hoch vom Grund bis zum oberen Plateau, ca. 600 m sind bereits abgetragen, Indianer sagen „Schüssel mit versteinerten Menschen", Weg hinunter „Navaho loop trail", Übernachtung in Lodges, habe eine für mich allein; die Canyons vergleicht man mit Komponisten: Grand Canyon = Beethoven, Bryce Canyon = Mozart, Zion National = Wagner; die Steinmassen des „Zion National Parks", im „Bienenhausstaat" Utah, ragen über 2 400 m auf vom Canyonboden des Virgin River, das Munave-Sediment ist 250 bis 300 Millionen Jahre alt, Fossilien und Ablagerungen aus der Dinosaurier-Zeit vorhanden, Navaho-Sandstein bis 650 m dick, teilweise rot durch Eisenoxyd, versteinerte Riesendüne; blühende Kakteen und Yucca, Schachbrett-Hochebene, Makarundplateau 594 km² groß mit vier Klimazonen, Anasazi lebten hier, ein Mormone nannte es „Klein Zion", durch ein Fenster im Tunnel sieht man den 1 350 m hohen „Osttempel": „Die Drei Patriarchen": Abraham, Isaak, Jakob und den Mount Moroni; die nächste Station ist der Glen Canyon Dam, der den „Colorado" (= farbig), von Schleusen gezähmt zum „Lake Powell" anstaut, der See wurde nach dem ersten Bezwinger des Flusses benannt, künstlicher Stausee, blau durch manganhaltiges Gestein, 285 km lang und am 200 m hohen Damm 150 m tief; in der Nähe ein Indianer-Reservat so groß wie Bayern, Ebene des „Kleinen Colorado"; von der Yucca verwenden die Indianer alles: Blüten und Früchte für Süßspeisen, Dornen und Fasern als Nadeln und Nähgarn, Wurzeln und Blätter werden zu Seife und Shampoo, den Rest verarbeiten sie zu Mokassins und Korbwaren, Tee aus Blättern der Salbeibüsche bereiten haben die Siedler-Mormonen übernommen; wir übernachten in einem „Holiday-Inn" mit Seeblick in **Page** (Arizona), im „Steak House" habe ich das bisher beste Steak meines Lebens gegessen, butterzart und mit herrlicher Soße.

Heute erreichen wir den Grand Canyon, zeitig genug für einen Hubschrauber-Flug und ausgedehnten Spaziergang; der Canyon ist 450 km lang und zwischen 8 und 27 km breit, „Bright Angel Point" eine weite Stelle; geologische Geschichte des Landes an Felsschichten ablesbar, über 5 Millionen Jahre arbeitete sich der Colorado durch das Gestein bis zu der Schicht die 2 Milliarden Jahre alt ist, erste Lebensspuren unseres Planeten wurden darin gefunden, am „Moran Point" hat der Canyon eine Tiefe von fast 1 800 m; der Colorado galt bis zu Mr. Powell's Erfolg als unbefahrbar bei einer Fließgeschwindigkeit von 19 km/h und vielen reißenden Stromschnellen; „Mother Point" Zentrum der Lodges, kleine einfache langgestreckte massive Holzbauten mit Gittern vor den Fenstern wegen der Bären; anderntags beim Frühstück erzählt unser gewichtigster Mitreisender traurig, dass er den Canyon nicht aus der Vogelperspektive anschauen konnte weil kein passender Gurt für ihn zu finden war.

Auf der Weiterfahrt von Arizona nach Nevada links noch lange ein schneebedeckter Berg, **Flintstone Badrock City** Nevada (Hauptstadt Carson City), Staat seit 1848 amerikanisch; Nevada, Kalifornien, Utah, größter Teil Arizonas - Reststück von Colorado, Teil Neumexikos als Resultat des Krieges mit Mexiko angeeignet, einige Teilgebiete von Arizona und Nevada 1853 den Mexikanern abgekauft; **Las Vegas,** nach Gold- und Silberrausch eine sterbende Stadt in der Wüste, 1931 Legalisierung des Glücksspiels - aufgeblüht, Wassertransport erfolgt in riesigen Pipelines aus den Bergen, Elektrizität wird vom Colorado bzw. seinen Stausee-Turbinen bezogen - die Glitzerwelt der Stadt bricht über uns herein: Spielerzentrum „The Strip" mit Cowboy und -girl, „Golden Nugget"; gehe natürlich auch zum „Circus Circus" und „Caesar's Palace", habe einen Dollar verspielt bei freien Getränken, Restaurants sehr preiswert - wer dem Spielen widersteht kann hier sehr gut leben; Abendessen mit Show im Saal des „Flamingo Hilton", „City Lights", befinden uns in diesem Hotel, Bett also nicht weit, wenn man's gleich findet bei 3 000 Zimmern und entsprechend vielen Aufzügen, „Hochzeitskapellen", blühender Oleander überall, 40 bis 45°C.

Sind nach **San Francisco,** Kalifornien (Hauptstadt Sacramento) geflogen, auf 40 Hügeln erbaut, der Bucht abgerungenem aufgefülltem Boden, nebelverhangen, noch nicht lange ein paar Hochhäuser, angeblich erdbebensicher, Grand- und Lombardstreet, „Peter- und Paulskirche", moderne „St. Mary's", „Lutherkirche" Kopie der von Chartres mit Schrein: „Lady of Guadalupe" einer Gestalt wie im Wallfahrtsort in Mexiko; „Capitol", knapp 138 m hoch, dem Petersdom in Rom nachgebaut, „Trans American Building", Versicherungsgebäude und „Bank of America"; im Zentrum 15 000 Einwohner, auch hier überall Briefkästen mit Fähnchen, Benzin in Gallonen 1 = 3,78 Liter, Dolores Avenue hat Palmstreifen in der Mitte, sonstige Bäume: Australischer Bluegam, Bottlebrushtree oder Korallenbaum von Neuseeland, Mount Davidson höchster Punkt mit 279 m hohem Turm; Nachtfahrt zu den „Twin Peaks" und herrlicher Blick auf das

Lichtermeer der Stadt, „Bay-" oder „Oakland-Bridge", zwei Etagen für jede Fahrtrichtung, eine als Verbindung nach Berkeley bzw. **Oakland**: schwarzer Bürgermeister, „Black Panther" wurden dort gegründet, „Treasure Island" größte künstliche Insel der Welt, Temperaturunterschied zwischen San Francisco und Oakland ca. 20°C, sind es z. B. in S. F. 10°C hat man in O. 30°C; St. Andreasgraben bedingt ständig leichte Erdbeben, dachte das Rumpelgeräusch komme von dem nahen Busdepot, sehe aus dem Hotelfenster und stelle fest - gar kein Fahrzeug da! Frage später ein Zimmermädchen danach wie die Menschen hier mit den Erdschwankungen umgehen – „wenn das Geschirr im Küchenschrank nicht mehr klappert, laufen wir sofort zum nächsten Fenster, ob wir sehen können warum", meint sie lachend; wegen der steilen Straßen Cable Cars, „Golden Gate Park" ist 5 km lang hat 10 künstlich angelegte Seen, „Golden Gate Bridge" überquert die Meerenge zum Pazifik und stellt den Kontakt mit dem Festland her, konkret **Sausalito**, 1933 - 1937 von Strauß gebaut, der auch in St. Petersburg tätig war, ca. 2,8 km lang, einstöckig, sechs Bahnen mit Plastikhüten zum Versetzen je nach Verkehrsaufkommen, zentrale Spannweite 1 400 m, Pylone jeweils 227,5 m hoch, lichte Höhe = Wasserfläche bis Brücke 67,1 m, Durchschnitt eines Kabels 92,4 m; 'unser' Hotel liegt unweit von „Fisherman's Wharf", sich hier zu verpflegen macht richtig Spaß wenn man Fisch und Schalentiere mag, am Hafen gibt es in dieser Art was das Herz begehrt und - frisch gekocht, gesotten, gebraten, frittiert oder zu Salaten verarbeitet, mit verschiedenen Sorten Brötchen auch Pommes, Ketchup und Majo sowieso dazu; am breiten Ufer einfache Sitzgelegenheit für den Verzehr zu finden ist kein Problem mit Blick aufs Wasser und den Schiffsverkehr, Solist-Musiker, Gaukler, Clowns sorgen für eine lockere heitere Atmosphäre, gestärkt und entspannt lohnt sich ein Besuch des kleinen feinen „Wachsfiguren-Kabinetts" und der „Baclutha" = Star of Alaska, dem einzigen Segelschiff das von einer Flotte übrigblieb die kalifornisches Getreide nach Europa brachte, 14 000 Meilen weit, hat 17-mal Kap Horn umrundet und als die Frau des Kapitäns dominierte, nannte man es eine „Hen frigate"; Rundflug über die Stadt und den Sund mit dem Hubschrauber: hübscher Anblick, auch auf die „Insel Alcatraz", strafverschärfend die geringe Entfernung zu S. F., selbst wenn es bei einer Flucht einmal gelang das Wasser zu erreichen war es unüberwindbar wegen Strömungen mit tödlichen Strudeln; ich möchte nach „Chinatown", habe den kleinen Stadtplan, der im Hotelzimmer lag eingesteckt und mache mich auf den Weg, es gibt so viel Neues zu sehen: die Straßen bis teilweise 33% Steigung auf denen man das Auto nur quer abstellen darf, Häuser in unterschiedlichen Baustilen - stimmt die Richtung eigentlich noch oder hab' ich mich verfranzt? Plan gucken, aha ja, die Straße auf der ich bin ist hier und da kam ich her, „have you lost your groop," ein besorgt blickender junger Mann sieht mich voller Mitgefühl durch seine Brillengläser an, „nein, ich habe meine Gruppe nicht verloren, bitte wo geht's nach Chinatown?" Alles richtig und in Ordnung, ich bedanke mich, voller Zweifel sieht er mich fröhlich weiterziehen, sicher denkt er ich sei nicht ganz normal: eine Frau – allein, geht zu Fuß nach Chinatown, für Durchschnittsamerikaner eine unmögliche Vorstellung, wenn es sich gar nicht vermeiden lässt in irgendeiner Großstadt mit dem Auto dieses Viertel zu berühren werden Türen und Fenster fest verriegelt und nichts wie durch wegen gefährlicher Überfälle mit Messern, heißt es! Am nächsten Tag hält mich ein Italiener an mit einem Zettel in der Hand, der Name der Straße darauf ist mir unbekannt, ich schüttele deshalb den Kopf, er ist hartnäckig, so hängen alsbald eine Deutsche und ein Italiener, die sich sprachlich nicht verständigen können in einer amerikanischen Stadt über deren Plan auf einer Autokühlerhaube und suchen den Weg zu irgendeiner Straße - und finden ihn sogar - verrückt, aber es zeigt wieder einmal, die Menschen hätten genug damit zu tun sich gegenseitig zu helfen anstatt sich umzubringen. S. F. ist Finanz-, Industrie-, Kulturzentrum und nur Auserwählte dürfen „Frisco" sagen, Ausflug zu dem gepflegten **Sausalito** mit Parallelstraßen in Stufen am Hang, Hausbooten, Yachthafen, Eukalyptusbäumen die gegen Moskitos anstinken, hier ist es 10°C wärmer als in S. F., riesiges Naturschutzgebiet „Muir Woods": kleiner Rest Rotholzbäume die früher entlang der ganzen Küste wuchsen, werden in der Regel 800 Jahre alt, können es auf 2 000 Jahre bringen, bis zu 73 m hoch Durchmesser bis 4 m, brauchen viel Feuchtigkeit, auch die Nadeln. Nach knapp drei Tagen heißt es Abschied nehmen, hier wäre ich gerne noch geblieben, fühlte mich unwahrscheinlich wohl - vielleicht kann ich wiederkommen? Busfahrt nach „Monterey", 120 Meilen-Tour über **Santa Cruz**, Halbmondbucht, dürres Gras, Bäume in allen Größen überwiegend Nadelhölzer, Ginster, „Los Altos Hills" - die Amerikaner haben keinerlei Probleme mit Sprachvermischungen; **Castroville,** massenhaft Artischocken; „Monterey": Halbinsel mit drei Ortschaften außer der mit identischem Namen **Carmel**: Mission, Basilika und die Künstlerkolonie, **Saolito**: Clint Eastwood gerade Bürgermeister, Dünenlandschaft, Blumen nur da wo angepflanzt und gepflegt, Pinien; Land der „Tschibola" = Goldland, erst der Indianer dann der Spanier, „Aquarium" und teils in natura Grauwale, Seelöwen, Kormorane, Pelikane, Seeotter, Seemöwen so groß wie Gänse; Spuren von John Steinbeck's 'Canary Row', entlang der Küste der 17-Mile-Drive, „The Lone Cypresse" am Midway Point und oberhalb einer Klippe das Haus vom Hitchcock-Film 'Die Vögel'; Übernachtung im Garden-Hotel „Casa Munras", verzehre dort das Sonderangebot des Tages, meinen ersten - wahrscheinlich auch den letzten - Hummer meines Lebens, offenbar Geschmackssache.

Anderntags geht es weiter in Richtung Los Angeles: Ölpumpen mit Wasserdampf betrieben? Morror Bay; „Highway One", nicht mehr passierbar wegen Erdrutsches nach 100 cm Niederschlag (normal 40 - 50 cm) verschüttet, Damm hat sich gebildet mit See dahinter; vom Meer weg über die Berge geht's ins Land hinein, rechts ab: Kloster „San Luis Obispo", dort sehenswerter Garten, **Sovenga:** Windmühle und dänische Bäckerei, nun die Berge von Santa Ynez, Stausee Lake Cachuma an der 154. Straße mit Bootsverleih, Pferdegestüte, „Vista Point", erreichen **Santa Barbara**, Kurzaufenthalt: viele schöne Strände von breitblättrigen Laubbäumen und Ponderosakiefern umgeben, auf dem Sand ganze Teppiche von dickfleischigen Blattgewächsen mit Blüten in verschiedenen Farben – wunderschön; **Los Angeles**, sind im „Hyatt Wilshire Hotel" einquartiert - immer noch in Kalifornien: fruchtbare Täler, reiche Lager an Erdöl und -gas, L. A. ist Mittelpunkt der Luftfahrt- und Filmindustrie, zudem anderer Branchen, ausgezeichneter Fischfang; Hauptzweig der Universität des Landes (UCLA), eine der größten Unis der Welt, Kunstmuseum; die Stadt setzt sich aus über 80 unterschiedlichen Orten zusammen, die ihre Eigenheit bewahrten z. B. Marina Bay, Venice, Santa Monica mit abgestufter Strandfläche: Sand am Meer geht in flachen hübschen Blumenbewuchs über; hier Endpunkt des „Highway 66", der „Mother Rood" welche mit Chicago verbindet, von 3 934 km Länge; **Brentwood**, eine 500 km lange Wasserpipeline versorgt die insgesamt 3 Millionen, mit Vororten 8 Millionen Einwohner; Stadtrundfahrt: u. a. Sunset Strip, Beverley Hills und Showplace of Hollywood, das „Chinese Theater" davor die Hand- und Fußabdrücke besonders bekannter berühmter Filmschauspieler und der Star-Stern-Bürgersteig; Aufsuchen des kleinen Filmgeländes in Hollywood: Freiluft-Amphitheater und dessen überdachte Bühne die mit vielen technischen Raffinessen ausgestattet ist, anschließend ausgiebige Fahrt durch ein zweites großes Filmgelände: ganzes Dorf, „brennendes" Haus, Sturzbach erwischt uns - fast, das Meer teilt sich und gibt den Weg frei, plötzlich taucht ein weißer Hai auf, Film mit Michael Jackson läuft, wir sehen Bühnen für die Conan-Filme und dürfen einen Blick in das eine oder andere Trickkästchen werfen, 'King Kong' besuchen; „Disneyland" in **Anaheim**: ein spezielles Vergnügen - aber aufpassen wo der Bus steht auf dem uferlosen übervollen Parkplatz! Abends falle ich unangenehm auf als ich nach dem Abendessen in L. A. zu Fuß um die ‚vier Ecken' gehe und ziehe mich schleunigst wieder ins Hotel zurück.

Flug nach **New Orleans,** „Big Easy" in Sumpfhölle gebaut, liegt 1 m unter dem Meeresspiegel im Staat Louisiana mit Hauptstadt Baton Rouge, Mischung aus französischen, spanischen, afrikanischen Lebenselementen; „French Quarter" - Vieux Carré, Jazz: Bourbon Street, „Preservation Hall", „Superdome" die überdachte Sportarena, Ziergitter an den Häusern und kreolische Küche; wichtiger Mississippi-Hafen, Fischerei, Hölzer, bedeutende Landwirtschaft u. a. natürlich Baumwolle, Erdöl- und Erdgasfelder; den Abend beginnen wir gemeinsam mit dem Besuch des „Maison Bourbon", 641 Bourbon Street, ich schlürfe genüsslich das obligatorische Getränk im Erinnerungsglas zum Mitnehmen und bald erfreut uns eine Band mit New-Orleans-Jazz, sie spielen gut und die typischen Soli kommen zu ihrem Recht; die Gläser sind leer, man ‚lässt uns von der Leine', jeder kann machen was er möchte - „wo ist die Preservation Hall?" Um die Ecke, ein Stück geradeaus, rechts steht geduckt zwischen größeren Gebäuden ein flaches altes Häuschen, völlig unscheinbar, über einen sehr schmalen dunklen Gang Ankunft am Seiteneingang, man zahlt Eintritt - auch schon Touristen-Attraktion, nichts mehr Ursprüngliches? Wäre schade! Ich betrete eine kleine Halle mit wenigen Sitzmöbeln, an der Schmalseite nach der Straße zu stehen verschiedene Musikinstrumente, auch ein Klavier mit Mensch, der vor sich hinspielt, auf der breiten Fensterbank finde ich einen Platz zum Sitzen, zwei weitere Schwarze erscheinen am Piano, begrüßen den bereits Vorhandenen und greifen zu ihren Instrumenten: Geige und Saxophon, später kommt noch der Cellospieler dazu – ja, das ist noch die naturgewachsene Musik wie ich sie erhoffte, ohne vorgegebene Melodie: einer fängt an irgendetwas zu spielen, die anderen fügen sich harmonisch ein, dann läuft die Begeisterung mit einem Instrument davon, die Mitakteure verstummen, schließen sich erst viel später wieder an, um irgendwann einen anderen seinem Solo zu überlassen; die Halle ist voller Leute, sie sitzen auf dem Boden, stehen an den Wänden und folgen gebannt den Rhythmen, spenden den jeweiligen Alleingängen begeistert Beifall, kommen und gehen, ich hocke da wie angewurzelt ohne Zeitgefühl, die Uhr ist mir völlig egal; der Cellist, der als letzter kam, geht zuerst hinaus, nach einer Weile sagt der Saxophonist der auch Trompete spielt uns Zuhörern, es gefalle ihnen heute Abend mit uns zusammen zu sein, der Cellospieler sei erstaunlich lange geblieben, evtl. komme er sogar noch einmal, aber das wisse niemand - die Künstler nicken sich zu und machen weiter; nach ca. 1/2 Stunde kehrt der vierte Mann tatsächlich zurück, tosender Applaus empfängt ihn, sein Gesicht bleibt unbeweglich, nur an den Mienen der Kollegen ist abzulesen dass dies offenbar ungewöhnlich ist, erst gegen 1 Uhr, nach ca. 2 1/2 Stunden, packen alle ihre Instrumente ein oder stellen sie zur Seite und der Pianist klappt den Deckel über den schonbetuchten Tasten zu, wir bilden Spalier und verabschieden frenetisch und dankbar die Akteure, leeren danach langsam das Gebäude; bin völlig benommen, unfähig das betriebsame Gewoge auf der Straße wirklich wahrzunehmen, sehe es, höre Musik aus den Bars quellen - doch mich berührt nichts, ich will mir den Abstand auch erhalten und damit den Eindruck dieses herrlichen Erlebnisses der letzten Stunden, schlafwandelnd komme ich bis zum Hotel „Monteleone", schleiche in mein Zimmer und träume die ganze Nacht von echtem New-Orleans-Jazz.

Man kann auf dem Zimmer frühstücken wenn abends der ‚Wunschzettel' dafür draußen an die Tür gehängt wurde, diese Bequemlichkeit nutze ich, begebe mich nach gehabter Stärkung hinunter in die Halle um an der Besichtigung des Superdoms teilzunehmen, ein Ehepaar findet sich noch ein, sonst keiner der an dem trüben verregneten Morgen Lust dazu hätte, unsere Reisebegleiterin erledigt ihre Arbeit mit uns drei Figuren dann geht jeder seiner Wege - ich zum Mississippi-Ufer, wenn schon kein Raddampfer-Ausflug stattfindet möchte ich wenigstens ein solches Schiff genau gesehen und am Rand dieses besonderen Flusses gestanden haben, mir gelingt beides, das Wasser ist hellbraun, erdig; mein Schirm schützt oben herum vor Nässe aber die nackten Füße in den Holzpantinen nicht, der Regen ist zwar nicht kalt trotzdem fühle ich mich langsam ungemütlich, an einem trockenen Platz etwas Warmes zu trinken wäre nicht übel, also zurück in die Stadt; bald strahlt mir an einer Ecke verheißungsvoll ein Schild entgegen: „Fresh donuts" darunter eine offene Tür, nichts wie hinein, es duftet nach Kaffee und Gebackenem, an der langen Theke sind etliche Barhocker besetzt, ein paar noch frei, ich setze mich, bekomme einen heißen prima Kakao und phantastischen Donut, da tönt in meine Zufriedenheit hinein eine schrille Stimme von der Tür her „morning folks, how are you? Oh, that horrible rain!" Offenbar kennt man die ältere fast völlig zahnlose Frau gut die da hereinschlurft, vom Personal hinter der Theke wird sie fröhlich, freundlich und mit Späßen begrüßt, sie klettert auf den Hocker neben mir und schaut sich im Raum um, „immer dieselben Gesichter" stellt sie fest, nippt dann an dem rabenschwarzen Kaffee der inzwischen vor ihr steht; nun mustert sie mich, erst aus dem Augenwinkel dann direkt und sagt mir ich sei neu hier - stimmt, woher ich komme möchte sie wissen und mit „Germany" kann sie nichts anfangen, ich frage sie ob sie hier wohnt, nach Familie, Kindern - bin fertig mit Kauen und stecke mir eine Zigarette an, das Päckchen liegt auf der Theke, ihre Augen wandern immer wieder dorthin während sie bereitwillig von sich erzählt, als ich ihr eine Zigarette anbiete nimmt sie diese voller Dankbarkeit und gezügeltem heißem Verlangen an, raucht genussvoll und bedächtig ich interessiere mich noch für ihre finanzielle Situation: die Frau lebt von kümmerlicher Sozialhilfezahlung, mittags isst sie für ein geringes Entgelt in einer caritativen Einrichtung eine warme Mahlzeit, wahrscheinlich das einzige vernünftige Essen pro Tag - eine ganz arme Person, doch nicht ohne Würde, ihre Art mit mir zu sprechen lässt es m. E. nicht zu dass ich ihr die restlichen Zigaretten schenke, ich stecke sie ein, bezahle und schicke mich an zu gehen, da wünscht sie mir „alles Gute" und bemerkt wiederholt glücklich strahlend was für ein wunderbares Gespräch wir miteinander hatten.

Wieder Koffer packen und vor die Tür stellen, heute fliegen wir nach Miami = großes Wasser und fahren per Bus nach **Fort Lauderdale** ins „Sheraton Yankee Clipper", vorm Hotel ein Swimmingpool, aber auch Strand und Meerwasser ohne Chlor ziehe ich vor; bayrisches Abendessen in spezieller Gaststätte, ehemaliger Fußballspieler Müller habe auch ein Restaurant hier; Florida: 30 000 Seen, eine echte und etliche künstliche Inseln, Yacaranda = Kreppmyrthe-Baum mit blauen Blüten vorhanden wie in Ägypten und „blewing oaks", Gemüse, Obst: Orangen, Haupt-Zitrusfrüchte-Produzent mit zum Teil vier Ernten jährlich, Hauptstadt Tallahassee, Kanäle durchziehen Fort Lauderdale, „Pier 66 Tower", TÜV an Tankstellen mit Zentralregister, Mietwagen „U-Haul"; auf solchen Reisen braucht man eine strapazierfähige Uhr, sie muss öfter umgestellt werden, hier z. B. zwei Stunden vorwärts; Ausflug in die Everglades, die zwölf mal so groß sind wie der Bodensee, Heimat geflohener Indianer: Creek, Muscogee, Miccosukee, Samiolen = Leute von weit her, sie leben heute noch auf manchmal winzigen Inselchen im Sumpfgebiet in „Tschikees", mit Palmblättern gedeckten meist offenen Hütten auf kurzen Pfählen, Wasserhyazinthen, Krokodilgehege, Weiterfahrt nach **Orlando,** Orlando? Der Name weckt die Erinnerung an die Zwischenlandung auf dem Flug nach Mexiko, „Sea Aquarium": eine Menge verschiedenartigster Meeresbewohner, freilaufende Echse, Shows mit Delphinen und Orka, Stunts.

Die Rundreise geht zu Ende, wer jetzt nach New York weiterreist, hat insgesamt 13 000 km in den USA zurückgelegt, es sind schon enorme Entfernungen; ich will ab 07.06. in eigener Regie noch einige Tage bei meinen Freunden in Louisville/Kentucky verbringen, dafür finde ich mich am Flughafen ein für die gebuchte Direktverbindung, denkste! Koffer abgeben, Bordkarte kriegen, zunächst verläuft alles normal, aber dann - die Abflughalle füllt sich zum Bersten mit Menschen, niemand verschwindet, da eine Lautsprecheransage, viel zu schnell für mich, außer „Flug gestrichen" verstehe ich nichts, bei der nächsten Durchsage bekomme ich schon mit in Miami sei ein Gewitter und kein Start möglich, aha wir sind demnach Zwischenstation, von dortigen Maschinen abhängig; neben mir sitzt eine ältere Frau, der wohl aufgefallen war wie angestrengt ich mich bemühte zu begreifen was da lauthals bekanntgegeben wurde, „haben Sie alles verstanden" und langsam wiederholt sie den Inhalt, „vielen Dank, nein, alles hatte ich nicht mitbekommen, es ging mir zu rasch und Lautsprecher verändern eine Stimme sowieso, nochmals danke", jetzt fällt sie mir fröhlich ins Wort: „Sie sind aus Deutschland wie meine Schwiegertochter, den Akzent erkenne ich sofort", „richtig – ah, das ist die Erklärung, ich wollte mich schon darüber wundern dass Sie mich so exakt einordnen konnten, bitte würden Sie mir die Ansagen immer wiederholen? Dann fühle ich mich sicherer", sie tut es und erzählt dass sie mit ihrer 80-jährigen Mutter nach Chicago zurück will; fünf Stunden später kommt nach der 'zigsten Information Bewegung in die Massen, „ein Flug nach Atlanta wird in Kürze ermöglicht" laut Nachbarin, „den nehmen wir, tun Sie das auch", „aber da will ich doch gar nicht hin", hastig steht sie auf um die Bordkarten umschreiben zu lassen, „würden Sie so lange nach meiner Mutter sehen, ich bin gleich zurück", ich nicke, sie geht und stellt sich in die Schlange vor einem Pult mitten in der Halle, „gehen Sie jetzt auch sonst kommen Sie heute hier gar nicht mehr weg, Atlanta ist ein Knotenpunkt von dort aus können Sie überall hin", „Dank für die Hilfe, alles Gute", nun reihe ich mich ein und ruck-zuck erfolgt kurzes Geschreibsel auf meinem Flugschein - fertig, einsteigen, abfliegen; die beiden Frauen habe ich in dem Gewühl längst aus den Augen verloren, die Maschine ist ‚voll wie eine Wursthaut' und in **Atlanta** wimmelt es im Flughafengebäude von Leuten, Massen wogen hierhin und dorthin, man wird einfach geschoben nach irgendwo vorwärts, mit den Augen eine Informationsquelle suchend erspähe ich tatsächlich in einiger Entfernung einen Beamten der mitten im Gewühl wie ein Fels in der Brandung wirkt und offenbar geduldig Auskünfte erteilt, der große breitschultrige Texaner der nun neben ihm steht ist mir vorhin schon aufgefallen wegen seines Hutes und der typischen ‚Krawatte', als er mich mit langen Schritten in seinen Cowboystiefeln überholte, bei dem ‚Volksgemurmel' das den Raum erfüllt verstehe ich nicht alles was er mit dem ‚Bemützten' spricht, der Abstand ist dafür zu ungünstig, aber ein halb verschlucktes „Luville" genügt mir, ich boxe mich in die Richtung durch, die ‚mein' Texaner einschlägt, der Orientierungspunkt ist ideal, er überragt seine Umgebung und ist nicht zu verwechseln - längere Zeit folge ich im Gewoge diesem Mann, auf einmal sehe ich ihn rechts abbiegen, dann ist er weg weiter geradeaus gehend erreiche ich in etwa die Stelle seines Verschwindens und sehe nach der Seite - Toiletten! Was nun? Dahin kann ich ihm nicht hinterherlaufen, aber wenn er sich Zeit nimmt seinen Bedürfnissen nachzugeben darf ich das auch und nötig haben es jetzt viele, ich ebenso, aus stundenlangem Mangel an Gelegenheit; wieder zu dem Menschenstrom zurückgekehrt ist natürlich von meinem Wegweiser keine Spur mehr zu sehen, ich behalte einfach die Richtung bei, ‚schwimme' mit und marschiere tapfer weiter im Widerstreit der Gefühle zwischen Zweifeln und Hoffen, da - als ich erneut um eine Ecke biege steht ‚mein' Texaner in der Schlange am Schalter eines Flugsteigs wenn ich jetzt noch etwas Glück habe ist es wirklich das passende Flugzeug das hier gefüllt wird, ich schließe mich an, erfahre ich bin am richtigen Platz und danke stumm dem Lotsen der von seiner Funktion gar nichts gemerkt hat - der Rest ist problemlos. Oh Wunder, mein Koffer ist da und ich werde abgeholt, Lance und Kathy hatten einen zweiten Anlauf genommen nach dem ersten vergeblichen; gemeinsame Tage, die uns Freude machen, werde in der Familie besuchsmäßig herumgereicht, auch gibt es ein gemeinsames Mittagessen mit einem anderen Ehepaar, die Frau ist von meiner Aussprache begeistert „oh, she is speaking such a wonderful Oxford-English" - und woher stammt eigentlich das Wort „Karneval?" „Es ist vom lateinischen übernommen" kann ich beisteuern „carne vale =

Fleisch, lebe wohl"; bei den verschiedenen Unterhaltungen wurde gelegentlich auch über Politik geredet z. B. das „Gleichstellungsgesetz" aus den 60er Jahren, erwähnt, mit der stolzen Feststellung des erfolgreichen Vollzugs, das war besonders die einhellige Meinung der Frauen, die auch sonst gegenüber Aussagen der Regierung etwas unkritisch zu sein schienen - „und warum sagt ihr dann immer noch „Afro-American", „Indian-American", „Latino" und nicht einfach „American" wenn ihr von jemand erzählt mit dem ihr im Geschäft oder auf der Bank zu tun hattet?" Erstaunte Augen, die Männer schmunzeln - „das ist richtig, dafür ist wohl doch noch mehr zu tun", hieß es dann; wir machen Ausflüge zu Pferdekoppeln, „Old Kentucky Home" wird besucht, „Squire Boone Caverns" und eine Theateraufführung: mein Ehepaar hat Karten für „La Boheme", eine Wohltätigkeitsveranstaltung, d. h. eine Karte wurde bezahlt die zweite ist gratis, dafür werden ein bis zwei Konservendosen abgegeben für Bedürftige. Kathy hat keine Lust wir sollen gehen, so fahren Lance und ich am Abend dorthin, betreten gut gekleidet mit Büchsen in den Händen das Kulturzentrum und treffen auf ebenso ausgestattete Leute, mich mutet das recht komisch an aber offensichtlich nur mich, die Dosen werden an der Seite hinter Tischen in Waschkörben gesammelt, nahe der Eingangstür zum Raum mit Bühne; die Aufführung ist sehr schön, wunderbar die Stimmen, nur die 'Mimi' ist etwas zu stabil um an Schwindsucht zu sterben, was Lance ebenfalls sofort feststellt und mir zuflüstert, ich nicke Bestätigung; auf der Heimfahrt sage ich ihm „ich habe die Lösung gefunden, für heute Abend schreiben wir die Oper um, diese Mimi starb an Herzschlag", zu Hause berichten wir auch das, Kathy blickt künstlich böse, lächelt amüsiert und schimpft uns Lästermäuler.

Die Zeit vergeht viel zu schnell, ich habe endgültig einen Bruder gewonnen, den ich mir schon immer wünschte, muss aber abreisen um von New York aus wieder per Gruppenflug heimzukommen, „bye-bye" wir bleiben in Verbindung; Ankunft am „National", brauche nun den „International" und laufe suchend los, ein junger Mann in Uniform holt auf: ob ich auch zum International will, „ist das der richtige Weg, wirklich ganz sicher?" „Ich vermute es und bald werden wir es wissen" - „können wir zusammenbleiben, ich bin so nervös, ich war jetzt zwei Jahre zur Ausbildung hier, endlich kann ich wieder heim nach Marokko", er habe bei einer amerikanischen Familie gelebt etc. - „wir sind da", sage ich und er unterbricht erstaunt und glücklich seine Mitteilungen; es ist kaum Betrieb, so bleibt Sichtkontakt und Ahmad wartet bis ich abgefertigt bin, er hätte so gern ein Foto von sich am Flughafen und reicht mir seine Kamera - dafür ist noch Zeit, dann muss er los, bedankt sich überschwänglich, lädt mich per Zettel ein ihn zu besuchen, dazu kommt es nie, war aber eine nette Begegnung; bald sitze auch ich im Flugzeug und nach etlichen Stunden hat mich die Heimat wieder.

Indonesien (Java, Sulawesi, Bali 1984)

Eigentlich wollte ich eine intensive Rundreise zu und über die Liparischen Inseln machen und hatte sie auch gebucht, doch zwei Wochen vor Beginn der Tour ruft das Reisebüro an und teilt mit, dass mangels Interessenten das Angebot ins Wasser fällt. Was nun, wo ist noch etwas frei? Indonesien wäre möglich - Indonesien: Java, der Borobudur? Ja, das ist eine gute Idee, diesen herrlichen Tempel 'in natura' zu sehen; ein halbes Doppelzimmer könnte ich finanziell verkraften, habe ich Pech mit der anderen ‚Hälfte' wäre das weniger angenehm, aber ich muss es darauf ankommen lassen, mehr bezahlen geht nicht, der Rest findet sich bestimmt; dort gibt's sicher Obst genug zu erschwinglichen Preisen, da werde ich schon nicht verhungern, außerdem will ich mich ‚bilden', essen kann ich auch zu Hause.

Hinflug 18 Stunden mit Boing 747 „Kalimatan", von Frankfurt nach Rom - knapp zwei Stunden, Rom - Abu Dhabi über Kreta, Zypern, Beirut 7 Stunden: gelegentlich in der Wüste einzelner hell erleuchteter Palast in Spielzeuggröße, in **Abu Dhabi** längerer Aufenthalt für Auftanken und Reinigung des Flugzeugs, alle aussteigen zum Pausieren; eine große Halle des riesigen Airports im Stil eines Lebensbaumes, aus grün-blau-weißen Mosaiksteinchen in verschwenderischem Lichtermeer, ist ungeheuer beeindruckend und prächtig wie die Ledersessel in denen wir versinken - kein Auslauf, nichts zu trinken, Uhr zwei Stunden vorstellen; weiter nach **Bangkok**, Flugdauer knapp 6 Stunden: „Caltex" und „Shell", ein Thai im ‚Friesennerz', es regnet stark Regenzeit begann sieben Wochen früher, sei keine Ausnahme, Perioden hätten sich verschoben, 3 Stunden voraus kommen für uns dazu, von Bangkok nach Jakarta ca. 1 Stunde unterwegs - auf der Uhr + ebenfalls diese Stunde, insgesamt jetzt zur ursprünglichen Zeitmessung sechs Stunden Unterschied, „Selamat Datang", willkommen in der Hauptstadt auf Java mit feucht-warmer Tropenluft, endlich für längere Zeit festen Boden unter den Füßen, kam mir wie in einer Schiffsschaukel vor.

Indonesien: Länge von Süd-Schweden bis Fußende von Italien, Breite von Spanien bis zum Kaspischen Meer, Gesamtfläche entspricht Portugal und Mexiko zusammen; uraltes Siedlungsgebiet, ausweislich 'Java - Mann', ab 2500 v. Chr. u. a. Torajas (Toradschas, phon,) zugewandert, im 16. Jahrhundert Handelsniederlassungen der Portugiesen, 1602 bis 19. Jahrhundert „Niederländisch Indien", 1942 bis 1945 von Japanern besetzt; unabhängige Republik: Sukarno, 1949 von Niederlanden als souverän anerkannt aber noch Union, 1950 Kündigung dieser und völlige Unabhängigkeit, zentralistische Republik; 1957/58 Aufstände auf Sumatra und Celebes (heute Sulawesi), fühlten sich von der Regierung auf Java benachteiligt, seit 1959 „gelenkte Demokratie", ausgeprägte Machtstellung des Präsidenten welcher der „Beratenden Volksversammlung" verantwortlich ist, einen Großteil der Sitze haben Militärangehörige inne, damals Austritt aus den „Vereinten Nationen", Gegensatz zu USA und Malaysia, Anlehnung an Rotchina, Verstaatlichung vieler Betriebe Ausländer gingen, behielten aber oft mehr als die Hälfte der Aktien; 1965 kommunistische Erhebung, von Armee unter General Suharto niedergeschlagen, ab 1967 Suharto Präsident, wieder in UN, Verbindung mit Malaysia und Beziehungen zu Taiwan z. B. durch Fluglinien, lehnen Volksrepublik China als Bedrohung ab, wirtschaftliche Änderung, 51% Aktienanteile der Produktionsfirmen in indonesische Hände, Haupterzeugnis: Kautschuk, früher nur Rohgummi nun auch Reifenherstellung, Helikopterbau, gehören der OPEC an, noch belastet durch Reparationszahlungen in Waren an Japan das sowieso den Markt beherrscht; überwiegend Muslime, sieben heilige Regeln: 1. 'Allah il Allah Mohamed rassul', 2. Gottesdienst und rituelle Waschungen, 3. Almosensteuer, 4. Ramadan einhalten, 5. Pilgerfahrt nach Mekka - danach „Hadschi" erkennbar am weißen Hut, 6. Schweinefleisch und Alkohol meiden, 7. muss mit Feuer und Schwert verbreitet werden - dürfen vier Frauen haben, ihre Partei die führende, radikaler Flügel gewinnt an Einfluss, blutige Zwischenfälle auch kurz nach unserer Abreise von Jakarta, in den folgenden Jahren zunehmend mehr, ein paar Hindus, Buddhisten, Katholiken, Protestanten, Anhänger von Naturreligionen z. B. ca. 60% auf Sulawesi; **Jakarta,** Großstadtgewühl, auf den Inseln Linksverkehr, Vorliebe für Zweiräder besonders Vespas, Reklamewagen für Kinofilm kurvt herum, Großplakate: Nicht mehr als zwei Kinder, bisher waren fünf bis sieben üblich (in Malaysia: Mehr-Kinder-Aufruf!), Buginesen-Viertel, stammen aus Süd-Sulawesi, Chinesen-Viertel mit „Buddha-" und „Konfuzius-Tempel", Schriftzeichen verboten, außergewöhnlich geschäftstüchtige Leute daher meistens wohlhabend und unbeliebt, werden als „Juden" Asiens bezeichnet.

Wir sind im „Hotel Horison" sehr gut untergebracht und der Begrüßungstrunk erfrischt wunderbar, habe Glück - ein Zimmer für mich alleine da keine andere ‚Doppelhälfte' vorhanden; Stadt aus hinduistischer Festung entstanden, Denkmal: „Die Flamme der Freiheit", Museum voller antiker Skulpturen, sehr schön angelegter Park mit „Hand Gottes" (Statue von Milles, Lidingö/Schweden, unverkennbar) und Seerosen. Kurzfassung des indischen 'Ramajana-Epos' wird im Hotel aufgeführt von hervorragenden, mimisch exzellent geschulten Tänzern, sorgfältig geschminkt und in herrlichen Kostümen - ein besonderes Erlebnis, Rama ist Nachfolger Vishnus. Die erste Nacht in einem nicht schwankenden Bett empfinde ich immer als so wohltuend, entsprechend erfrischt geht es nach dem Frühstück in den Kleinbus, der uns nach Bogor bringen will, unterwegs blüht es überall, auffallend viele Kanna, indisches Blütenrohr und Bougainvillea mit den farbigen Hochblättern auch kleinen weißen Blüten aus Südamerika stammend, Pfauenblume, Bambus, „heilige" Lotosblüten weil sie sich über den Sumpf erheben; Indonesier spielen offenbar gern Federball und veranstalten Fahrradrennen, Malaria-Prophylaxe: gekochte Papayablätter, für Europäer nicht runterzukriegen, bleibe lieber bei meinen Tabletten - und Blätter des Guayvebaumes gegen Durchfall, beides nehme ich theoretisch zur Kenntnis; **Bogor:** Erholungsgebiet für Jakarta, 59 km entfernt, von deutschem Professor angelegter botanischer Garten durchquert von einem lebhaften Bach, Fächerpalme, Regen- oder Schirm- Korallenbaum (bottle brush tree), Bambusart, die bis zu 30 cm pro Tag wächst (alte Foltermethode), Zitronengras, Lianen, Universität in Jakarta hat agrarwissenschaftliche Fakultät; Essen im „Lumpai Shanghai"; Weiterfahrt nach **Bandung** angeblich „Paris Javas": Zebu-Ochsengespann, Pferdekutschen, Zuckerrohr und Reisterrassen, **Ambarawa:** Lokomotiven-Museum; abends, nahe beim Hotel, Unterhaltungsprogramm für Staatsgast, würde ich gerne ansehen aber allein traue ich mich nicht, zu unserer kleinen Siebener-Touristengruppe gehört ein kräftiger junger Zweimeter-Mann, ob er mich wohl begleitet? Schüchtern gesteht er sein eigenes Interesse an den Aufführungen, scheute sich genauso - und nun ziehen wir zusammen los: ein nach allen Seiten offener strahlend erleuchteter Pavillon dient als Bühne viele Menschen haben sich versammelt, die aufgestellten Stuhlreihen sind längst belegt und stehende Leute an den Rändern füllen den Platz, alle schauen gebannt auf die Darbietungen, ich denke gerade – schade, lange stehen kann ich nicht, da erheben sich zwei Einheimische und winken uns Platz zu nehmen, wir zögern aber die Gesten sind eindeutig, sehr freundlich und wie selbstverständlich verschwinden die beiden in der Menge, danke „tri makasi", jetzt ist es ungetrübter Genuß: Akrobaten, Feuerschlucker und Tänzer begleitet vom typischen „Gamelan"-Orchester hat Freude gemacht, wir bedanken uns gegenseitig für die Begleitung und stellen anderntags fest, dass wir die einzigen ‚Mutigen' waren, die anderen dachten es sei eine Veranstaltung nur für geladene Gäste.

Ab zum Flughafen, mit „Indonesian Airways" und ihrem „Garuda"-Symbol eine Stunde unterwegs bis zur Mitte Javas, **Semarang**: älteste christliche Kirche, Chinesisches Zentrum: Tempel für Buddha, Laotse, Konfuzius; Fahrrad-Rikschas, damit Schaf- oder Personentransporte, „Patrajasa-Hotel"; auf dem Weg nach Solo: Sesselgräber, ganzer Körper wird darin beigesetzt, Mutterschoßsymbol, Mahajana-Buddhismus: der achtfache „Goldene Pfad", Glaube an Sidata Gautama Buddha den Weltverschlinger, darum der dicke Bauch, das geschehe im Jahr 5000; Wasserschloß „Taman Sari" aus 19. Jahrhundert, europäische Bauweise genoss Ansehen; in Berggelände am Hang Weißkrautanbau, Reiter unterwegs, hinduistische Tempelanlage, „Gedung Songo", die neun Tempel, **Solo:** „Sultanspalast" gemäß javanischer Architektur von 1755, Museum; Handwerkstätten für Batikstoffe und Silberschmuck, Webereien; Puppen aus Wasserbüffelpergament, „kulit" = Wajang-Puppenspiel: überlieferte Wertevermittlung durch gespielte Geschichten halten äußerst gelenkige Spieler = „dalang" aufrecht, sprechen die Texte und agieren dabei mit Händen und Füßen ‚Schattentheater'; „Lebenspyramide": weiß = Adel, blau = Feigheit, rot = Leidenschaft; „Kusuma Sahid Prince Hotel" erbaut analog Palast für einen Sultan, leider nur eine Nacht dort; im Fernsehen: männliches Duo, Cello und Violine, spielt Beethoven, Kosmetik-Tip: Reispuder verhilft zur begehrten weißen Gesichtsfarbe, dem Schönheitsideal - wir bräunen die Haut! Weiter nach Yogyakarta, die Strecke führt an verschiedenen hinduistischen Tempeln vorbei die wir teilweise näher in Augenschein nehmen z. B. die Ruine „Candi Sewa", in stufigen Verzierungen spitz zulaufend der „Candi Brambanan" - der „Eisernen Jungfrau" die einen Heiratsantrag ausschlug, der Abgewiesene verwandelte sie in Stein, anderer Name dafür „Trimurti" = Drei-Einheit: Brahma = Geist (gelb), Vishnu = Leben (rot), Shiva = Tod (schwarz) hier Rudra- Shiva; oft vor Tempeltreppen oder Ortseingang gespaltenes Tor: Gut und Böse, der Mensch muss seinen Weg dazwischen finden; Vogelmarkt-Besuch, danach „Candi Dschandi", ein 46 m hoher Turm, schlanker, höher als sonstige und der gedrungene „Candi Mendut". Java mit 95 Millionen Einwohnern ist völlig übervölkert, Idee die Hauptstadt nach Sumatra zu verlegen, Fünfjahrespläne zur Umsiedlung existierten - doch die Menschen gingen nicht, Industrie auf Inseln um Sulawesi herum verlagern? Klappte bisher ebenfalls nicht.

128 aktive Vulkane auf Java, Gebiet davon geprägt, 1929 Krakatau-Explosion, 30 km hohe Aschesäule, riesige Flutwelle, Insel liegt zwischen Java und Sumatra, Vulkan zurzeit wieder aktiv, schönster ist der Bromo, sein Gestein ein Wasserspeicher; die Bahnfahrt von Jakarta nach Yogyakarta dauert 11 bis 12 Stunden, da haben wir es ab Solo viel bequemer; **Yogyakarta** „yajakarta" = großer Sieg, besichtigen alten Palast des Sultans, ab und zu noch Fassadenfarben zu sehen, spätere Information: Sultan residiert im Königspalast, sorgt für Ausgleich bei Unstimmigkeiten, „Hauptstadt des Friedens", tägliche Opfergaben an Vulkan Merapi, diese und weitere Zeremonien sollen das Band zu den Göttern festigen, Holländer kamen der Gewürze wegen, Häuser aus der Kolonialzeit in Alt-'Batavia', Wolkenkratzer wie Bienenwaben, Hafen mit „Makasar-Seglern", zwischen Gebäuden Fläche mit Wasserhyazinthen, 'Agip' der Hund mit sechs Beinen und „Ikan" der Fischmarkt, provinzielle Atmosphäre; die Stadt war Sitz der Rebellen, ihr Wahrzeichen der „Garuda", Reittier und Transporteur Vishnus, heute im Wappen des Landes als Symbol für „Einheit in der Vielfalt" (auch Wappentier Thailands als Göttervogel Shivas, dort 90% Buddhisten); „Ambarrukmo Palace" = Schöner-Garten-Hotel, ein hübscher kleiner Garten wirklich hintendran, Portier in prächtiger Livree, Merapi-Blick von meinem Zimmerfenster aus, größter Vulkan, 2 900 m hoch, als erstes jeden Morgen Kontrolle des Rauchfähnchens - noch da, gut, dann keine größere Spuckerei zu erwarten; Marktbesuch: gebündelte Hühner hängen am Fahrradlenker auf dem Weg zum Verkauf, Zimtbirnen, gelbe Sternäpfel, Schlangen- und Stinkefrucht = „Durian" - Verbot sie ins Hotel zu bringen - macht ihrem Namen alle Ehre, soll aber hervorragend schmecken (?), Mango, gelbe kleine Kochbananen, Papaia, Taro ‚Elefantenohren' Wurzeln und Blätter genießbar, Manjok- oder Tapiokawurzel für Mehl, abgeschnittenes Oberteil in Erde gesteckt wächst neu, etliche Gemüsesorten; Indonesien ist ein angenehmes Urlaubsland, viele genießbare Pflanzen und Früchte wachsen wild, d. h. sind jedermann verfügbar, also keiner hungert, Rassengemisch aus Mongoliden, Malaien, Sudanesen, Maduresen, Wedidden usw., 250 Sprachen und genauso viele Dialekte, Amtssprache Indonesisch mit alten Sanskrit-Wörtern stark durchsetzt; ca. 40% Analphabeten, eigentlich ab achtem Lebensjahr sechs Jahre Grundschulbesuch, etliche private Schulen und Universitäten, ungefähr ein Drittel der Anfänger geht in weiterführende Schulen; Staatsbedienstete verdienen monatlich 50 000 bis 55 000 Rupien plus 10 kg Reis pro Familienmitglied, technische Berufe 90 000, Busfahrer 15 000 Rupien; 1 kg Reis ist Tagesration, die zwischen 250 und 1 000 Rupien kostet, Obst und Gemüse sind einigermaßen erschwinglich, Wachtel- und Taubeneier werden gegessen, Fleisch selten außer Mäusen und Ratten, Ratten-Embryos gelten als Delikatesse, „Lohnkosthäuser" und soziale Absicherung sind vorhanden, Wechselkurs: 1$ = 1.000, 1 DM = 350 Rupien; am Abend Aufführung ansehen von Teilen des „Mahabharata-Epos" in gut besuchter Halle, leider drängt man uns bald zum Aufbruch weil: „Sie verstehen den Text ja sowieso nicht", mein Protest setzt sich nicht durch - bin traurig, Gesten und Mimik der ausdrucksstarken Spieler hätten mir genügt; **Borobudur** = Berg der Erleuchtung, buddhistischer Tempel 778 n. Chr. errichtet, umbauter natürlicher Hügel, neun Terrassen mit Drainagen versehen,

symbolisieren die verschiedenen Existenzebenen des buddhistischen Kosmos, fünf quadratische und drei runde geschlossene Stupas zum Abschluss, Reliefs aus dem Leben Buddhas, auf drei Ebenen Pilgerkorridore und 72 Stupas, für Form der Stupa mehrere Erklärungen: Basis Pilgermantel, Mittelstück Reisschale, Oberteil Wanderstab oder - triebgebundenes Leben, darüber Vergeistigung, dann geistige Vollendung; einmal durch Vulkanausbruch zugeschüttet, auch einmal bewusst um ihn vor der Zerstörung durch Eroberungs-Eindringlinge zu schützen, 1983 Erneuerung der Anlage von UNESCO unterstützt.

Einstündiger Flug nach Sulawesi, wir wenigen Figuren sind die einzigen Passagiere in der großen Maschine, können uns völlig frei bewegen, es besteht ganz klare Sicht, der Pilot ermöglicht durch eine Ehrenrunde dem ‚Bilderbuch'-Vulkan fast direkt in den Bauch zu gucken, im Krater schwebt ein weißer durchsichtiger Rauchschleier - atemberaubend dieser Anblick! **Ujung Pandang:** Haupt- und zentrale Hafenstadt Sulawesis bis 1971 „Makasar" = Ananas (holländisch) genannt, Makasar-Straße zwischen Sulawesi und Borneo, Ananas-Kap; vier Halbinseln bilden Sulawesi, die „Orchidee im Ozean", die am bizarrsten geformte Insel des Archipels, teilweise gebirgig mit tätigen Vulkanen, landschaftlich vielfältig wie ihre Bewohner: Buginesen, Makasaren im Süden, Minahasa im Norden, zahlreiche ethnische Minderheiten und Splittergruppen, zu denen die ehemaligen Kannibalen und Kopfjäger, die Torajas zählen; erste Einwanderungswelle bereits 2500 bis 1500 v. Chr., 60% traditionellen Religionen verbunden, König führt den Titel „Puang" und hat seinen Sitz in **Kete Kesu**, Rangordnung bestimmt das Zusammenleben (wie Kastensystem in Indien), Funde: Silber, Gold, Bronze, Eisen, Holzabbau; wichtigstes Gesetz das der Ahnenverehrung „Adat", 40% sind Christen, auch die Torajas, wenige Islamisten; 320 km Jeep-Tour liegen vor uns, die Strecke Ujung Pandang bis Rantepao, Mittelpunkt des Torajalandes, außerhalb der Hauptstadt setzen sich die Straßen als Feldwege mit Schlaglöchern fort; Fluss Sadan, Fischadler, Kakadus, Reiherbäume, Kapok- oder „Gurken"baum Fasern zum Weben nutzbar, Schirmakazien, Ausruhe-Hütten auf Reisfeldern und Bananenplantagen, bauen außerdem Gemüse an und eine Art Kaffee: „Bugin-Kaffee", bester Reis „Berasmandi", 90% Luftfeuchtigkeit; Mittagessen in **Pare Pare,** abends Ankunft in **Rantepao** und dem Hotel „Torajas Cottages", habe weißgetünchtes Zimmer im Bungalow, einfach, ordentlich, direkt am Wald, Swimming-Pool heute noch nicht benutzbar „noch keine Gesundheit drin" aber morgen - Knöchelchen zählen und ins Bett fallen lassen.

Kombinierte Auto- und Wanderausflüge: **Sadan** Weberdorf; **Palawa, Mangala**: 14 Reisscheunen nach Süden ausgerichtet woher die Bewohner kamen, diese wichtigen Reisspeicher = mang sind aus Palmholz und reich verziert, Wohnhäuser = tonkoman kaum aber manchmal haben sie kunstvoll geflochtene Wände, alle Bauten in Schiffsform, hier liegt seit 6 1/2 Jahren ein Toter im gemeinsamen Schlafraum eines Hauses, „schläft nur", die Beerdigungszeremonien seien bald möglich, entsprechende Summe dafür zusammengespart, Leichen heute mit Formalin präpariert, wurden früher in Leinentücher gehüllt denen Kräuter zugesetzt waren die ab und zu ausgewechselt worden sind, der Körper wurde mit Bambusdrainagen versehen; **Marante**: Beisetzungen einfacher Art in Holzsärgen auf Felsvorsprüngen oder in -höhlen, auf einem Plätzchen davor spielen Kinder mit einem Schädel Fußball - wollte mich schon immer verbrennen lassen, nun weiß ich auch warum! Manche Särge sehen wie kleine Reisschober aus; **Kete Kesu**: hängende Gräber, aber auch in den Fels gehauene, auf angebauten überdachten Holzveranden „Tau-Taus", davon noch mehr auf Galerien in **Londa, Siguntu**: Brunnen, **Krassek**: Zeremonienplatz mit Megalithen ähnlich 'Hinkelsteinen', **Lemo**: Gräber der Nobelmänner, natürlich mit großartigen Tau-Tau-Figuren und die Königsgräber in **Suaya,** im Beerdigungsbaum „Tarra" bei **Sangalla** werden Säuglinge und Kleinkinder beigesetzt, sein roter Baumsaft vermittelt Sicherheit auf Wiedergeburt in einem nächsten Kind, die Öffnungen wachsen zu; mittags essen wir in **Pao,** jeweiliges Angebot von leichten Reis- oder Nudelgerichten mit kaum gewürzten sanft schmeckenden Beilagen - gut und ausreichend; **To Aö**: eine Handvoll Häuser, eines davon mit besonders vielen Büffelhörnern am Mittelpfosten, Totenköpfe und Bemalungen, gelbe Farbe: Wohlhabenheit, weiße: Knochen, rote: Blut, schwarze: Finsternis; **Tokasan**: Reisterrassen, „mata hari parnas" = die Sonne brennt heiß, heute besonders - zurück zum Hotel und hinein ins Schwimmbecken, klein aber nass! Die wichtigsten Ereignisse für die Torajas sind die Beisetzungen der Toten: die Zeremonien sind genau vorgeschrieben, alle Verwandten nehmen teil, kommen sie von weit her sind für sie Häuser als Unterkünfte zu bauen, denn die Feste dauern viele Tage manchmal Wochen, 1. Zeremonie: Transfer „Tamparan", 2. Rezeption 3. Beerdigung, Totenfeier „Tompan", der einheimische Reisebegleiter erwirkt für uns eine Chance in **Tarante** an Feierlichkeiten zur Beisetzung des Bürgermeisters, seines Onkels, teilzunehmen, das bedeutet zunächst eine längere Fußwanderung durch unwegsames Gelände auf schmalen Pfaden im Gänsemarsch, nur bei völliger Trockenheit überhaupt begehbar, je näher das Ziel, desto mehr Menschenströme fließen zusammen, rasch sind wir untergemischt; vor mir laufen zwei junge Männer mit Palmwein in breiten Bambusrohren auf den Schultern, hinter mir wird ein schwarzes Hängebauchschwein an Bambusstangen gefesselt transportiert, es baumelt gottergeben herunter und quiekt selten - die Leute, alles Verwandte? Später erfahre ich, bei Totenfeiern gibt es Fleisch zum Sattessen oft noch zum Mitnehmen, da findet sich irgendeine familiäre Beziehung zum Verstorbenen und wer fragt schon danach; still nehmen wir uns zugewiesene Beobachtungsposten im ersten Stock eines Hauses ein, ich ernte böse Blicke und Gemurmel, warum? Ah, alle Einheimischen sind barfuß, ich habe Schuhe an, ist das der Grund? Ausziehen, in die Hand nehmen, die Mienen hellen sich auf - ist ja gut, wusst' ich doch nicht; geht alles sehr langsam vor sich, man hat viel Zeit, schließlich Aufbahrung des runden Sarges wie das Stück eines Baumstammes in leuchtendem Rot mit Goldverzierungen auf dem Platz zwischen den Wohnhäusern, Tragestangen darunter, Aufhebung und junge Männer tragen den beschirmten Schrein in weitem Kreis durch das umgebende Gelände der Ansiedlung, bei dem atemberaubenden Lauftempo und den Unebenheiten grenzt es für mich an ein Wunder dass er nicht herunterfällt, zurück am Ausgangspunkt nehmen nun zwei festlich gekleidete Knaben mitgebrachte Geschenke entgegen: Naturalien werden vorgezeigt hauptsächlich jedoch Geld übergeben, ein Erwachsener führt genau Buch, da entsprechende Gegengabe bei deren Totenfeier verpflichtend, Geschenke also praktisch Kredite, rhythmischer Totentanz = „mabadong" von monotonem Gesang begleitet, viele Männer mit 'Sukarno-Käppi' der Islamisten dabei - werden freundlich aufgefordert uns einzureihen und einige tun es, die Totenwache in der Nacht zuvor war übrigens ebenfalls mit Gesang verbunden = „badong"; die Menschen hier sind Animisten, für sie angeblich ein Freudenfest, da baldige Wiedergeburt zu erwarten, der engste Freund kann sich der Tränen nicht erwehren und verstohlen wischt sich hie und da noch eine Frau oder ein Mann übers Gesicht - kann ich gut verstehen, das Gefühl folgt auch hier nicht immer dem Verstand; das Ansehen eines Toten wird an der Zahl der Wasserbüffel gemessen die man zu seinen Ehren schlachtet, teuer, um ihre Pflicht zu erfüllen sind die meisten Familien hoffnungslos verschuldet, zahlen ein Leben lang ab, für einen König muss mindestens ein „heiliger" Büffel darunter sein, einer mit Albino-Kopf, er kostet das Fünffache eines üblichen Tieres; wir sind jetzt auf dem blutdurchtränkten Schlachtplatz, Geruch bei der Hitze schwer zu ertragen, es erstaunt mich dass das Blut keine Verwendung findet, der Platz ist quadratisch umgeben von mit Tischen und Bänken ausgestatteten flachen Holzbauten, jede Familie bekommt ihren Anteil an Fleisch, teilweise brennen schon die Feuer für die Essenszubereitung, dort hinten wird gerade noch ein Schwein getötet; auf dem Rückweg treffen wir spielende Kinder, zwei Buben haben sich Graspfeifen zurechtgeschnitten die einwandfrei funktionieren! Die Atmosphäre ist nun lockerer, gewisse Fröhlichkeit kommt auf, unterm Dach eines Hauses steht ein gewöhnliches Motorrad, keine Geländemaschine - wo um Himmels willen kann man hier damit fahren? Der Tag geht zur Neige, wir haben ihn hauptsächlich in Tarante verbracht, viel erlebt, es ist Zeit zu gehen, wir stoßen auf Leute die dem allgemeinen Treffpunkt zustreben, einem zentral gelegenen ebenerdigen Gebäude, in manchen Gegenden ist es üblich ab 17 Uhr gemeinsam fernzusehen, meistens per batteriebetriebenem Apparat, u. a. werden auf diese Weise Familien-Bildungsprogramme vermittelt; zum Baden reicht's noch, im Zimmer ein Gecko oder Ähnliches an der Decke, brav, friß schön die Insekten besonders die Mücken, da hab' ich vor ihnen Ruhe.

Koffer packen, ade Rantepao am Maiting-Fluss, ‚unser' Indonesier hat einen Bekannten, der uns erlauben würde seine Kopf-Trophäen anzuschauen, Interesse? Aber ja, die Schädel mit Hautüberzug wie Leder werden oben auf einem Holzbord im Schlafraum aufbewahrt, sind über eine Leiter erreichbar, 50 bis 60 Jahre alt größer als Schrumpfköpfe und durchweg schwarzhaarig, man glaubte die Kraft des Gegners verstärke so die eigene; oh - wie angenehm wieder auf einer richtigen Straße zu fahren! Wir haben bis zum Abflug nach Denpasar, Bali, noch eine Menge Zeit, Verkürzung durch sehr schöne Volkstänze einer Laiengruppe, mich faszinieren besonders die graziösen Handbewegungen, ein Mädchen übt geduldig mit mir - ich kann's einfach nicht, in diesem Leben wird das nichts mehr; Abstecher zu einer Orchideenfarm: Züchtung verschiedener Arten in Spalierreihen, Duft und Farben sind berauschend, möchte am liebsten dableiben, geht leider nicht; am Flughafen, auf einer Wartebank sitzend spricht mich der einheimische junge Mann neben mir in Englisch an, es entwickelt sich ein Gespräch über woher - wohin, ob ich Kinder hätte und wo mein Mann sei, alleine leben, das gibt's ja nicht, wer denn für mich sorge - ich selbst? Das kann man nicht zulassen, er sei Islamist und werde das ändern, komme nach Deutschland und kümmere sich um mich, ich erhalte seine Anschrift weil er gerne eine Ansichtskarte von meiner Heimatstadt hätte - erfülle später seinen Wunsch, für meine Adresse bleibt keine Zeit mehr weil unser Flug aufgerufen wird, Einsteigen ist angesagt – erlöst; erneut kaum Reisende an Bord der einheimischen Linie, wieder fliegen wir langsam an einem Vulkan vorbei, diesmal mit weißer Wolkenkappe, majestätisch beeindruckend, Anflug zur Landung, wo - im Wasser? Kein Land zu sehen aber wir setzen auf etwas Festem auf, die Rollbahn wurde auf einen Damm verlängert, der Inselboden beginnt erst nach etlichen Metern - wirkt abenteuerlich; **Bali**, 'Kleinod der Südsee', 3 Millionen Einwohner, viele bereits nach Sulawesi und Borneo ausgewandert, 95% Hindus, ihr Zeichen das Hakenkreuz, Haupstadt **Denpasar,** Amtssprache Bahassa, Hotel „Bali Beach" 1965 gebaut; „Saraswati", Frau von Brahma wird besonders verehrt, sie verkörpert Schönheit und Weisheit und steht ein für gute Nachbarschaft, Musik und Kunst, Skulpturen aus Tuffstein, Paras; (verbotene) Hahnenkämpfe, Blut war früher Opfer, 1979 große Mäuseplage, ab und zu Cholera-Epidemien, Reis: drei Ernten neuerer Sorte, Exportartikel: „Plastikreis", schlechteres Aroma, balinesischer - ein bis zwei Ernten pro Jahr „den essen wir selbst"; Salzgewinnung durch Erhitzen des Meerwassers, Anlagen dafür, Tabakanbau: „Ardath" schmecken uns, Nelken-Zigaretten nicht, zahlreiche Wälder aus dickem, burmesischem Bambus, außerdem lila Kreppmyrthe, Würgerfeige, weiße Götter- oder Totenblume 'Frankopani', Kapokbaum, Bromelien: die Aufsitzerpflanzen eine Art Ananasgewächse, z. T. Faserlieferanten von guter Qualität; Vanille, eine Epiphere, Wurzel im Boden rankt hinauf wie Efeu, Plantagen zusammen mit Kaffeebäumen - etliche Blumen und Bäume sind für uns alte Bekannte von Java her; wir beziehen Quartier in den „Pertamina Cottages" bei **Kuta**, einer ausgedehnten ummauerten Hotelanlage mit eisernem Tor, in der große zweistöckige Gebäude stehen und ebenerdige Bungalows, viel Grün, Philodendren, Blumen, Springbrunnen, Standbilder dazwischen; gemeinsames Badeurlaub-Anhängsel, paradiesisch - möchte aber nicht nur faul herumliegen sondern die Insel näher kennenlernen, Reisebüro im Gelände bietet Tagesausflüge an - also los: über Antosari und Pupuan bis oben nach Singaraja, unterwegs fallen 'Bambies' im Dachgarten auf, halsbrecherische Brücken, Stock mit Einkerbungen als Leiter, Bretterbuden-Tankstellen die Kanister und Trichter anbieten, volle Benzinkanister werden seitlich an Mopeds gehängt befördert; zum Tempelbau verwendet man Sandstein, für die Errichtung von Häusern gebrannte und ungebrannte Ziegel - sehen Herstellungsplatz: als Folge von Abholzung Material zum Brennen der Ziegelsteine oft Reisspelzen - und zum Kochen, auf Java allerdings diesbezüglich mehr Mangel; **Singaraja**, Lavastrand aus schwarzem Sand der in der Sonne glühend heiß wird, schnell wieder in die Holzpantinen schlüpfen, in kleinem Flachbau als Mittagessen vorzüglicher Fisch - nur diese Gräten! Der Haushund ist ein weißer Welpe mit hellgrünem Fleck, wir taufen ihn deshalb ‚Puppy Bobby Green', wo ist eigentlich die Sulu-See? Zwischen Borneo und den Philippinen, immer noch berüchtigt wegen illegaler Waffentransporte und Piraterie, Abfahrt in Richtung Gitgit - sofern es die Rhesus-Affen auf der Straße zulassen, weiter zum „Ulun Danu" im „Bratan-See"; Pagodenstufen eines Tempels entsprechen manchmal Berghöhen, eine Stufe ca. 100 m symbolisierend, in offener Anbetungshütte farbenfrohe Flammenzeichnung, rote Libelle unterwegs, alte Bäume werden mit Glocke versehen als Tempel verehrt, gelegentlich auf dem Weg Aussichtspavillon an exponierter Stelle: typisch balinesisches Dach darauf, zylinderartige Mitte und ausladende nach unten gehende Schrägen; **Tampaksiring** und die Königsgräber, Reisterrassen die sie „Himmelstreppen" nennen, mit Ruhehütten durch die man jeweils einen Baum wachsen lässt dessen schattenspendende Äste sich über das Dach ausbreiten; **Sangeh** Affenwald: breiter Fußweg führt zu ehrwürdigen Ruinen, Vorsicht vor ‚Brillenklau', alles gefährdet was nicht ‚angeleimt' ist, die Rhesus-Affen springen überall herum, lassen sich am langen Kleid hängend mitschleifen, fallen von Bäumen herab - hab' plötzlich einen auf dem Arm, ein Foto? Feilschen um den Preis? Die Affen sind unberechenbar und der Kerl schwer, will ihn auch gerne wieder loswerden, na denn - mein teuerstes Konterfei bezahle ich nachher am Bus; Tempel „Pura Taman Agun" in **Mengwi**: kleine Pagode, Wassergraben, immer großes Gelände mit mehreren Bauten, Pagoden sehen wie Stufenpilze aus, Grashüte bilden jeweils den Abschluss, „Totentempel" in **Lukluk**, hier laufen Kühe frei herum, in **Kapal** „Sada-, Ahnentempel"; gegen Sonnenuntergang am „Tanah Lot", Tempel auf Felsplatte im Meer, bei Ebbe Zugang fast trockenen Fußes möglich wie zur Zeit, danach verzaubernder Anblick - vergesse beinahe die Milch weiterzuschlürfen per Strohhalm direkt aus der Kokosnuss, später mit Einheimischen-Taxi nach **Kuta** zum ‚Abendfutter', Fahrer hat Führerschein? Benutzt Schleichwege, transportiert uns umgerechnet für Pfennigbetrag, Entfernung nicht groß aber um diese Zeit besser nicht laufen, es ist finster im undurchdringlichen Wäldchen das man passieren muss - gehen wir ins „Lemmies", „Poppies" oder „Bali Indah"? „Indah" = schön, ausprobieren, „aom siastu" = grüß Gott, hier kann man den herrlichen balinesischen Reis bekommen, Körner groß und in der Form von Kaffeebohnen, pikant nussig im Geschmack, pur schon delikat mit Meeresfrüchten oder anderen Zusätzen ein Genuss, als Eintopf wie anderntags im „Lemmies" äußerst preiswert, wird Stammlokal, es schmeckt vorzüglich, nicht in die Küche gucken ist allerdings zu empfehlen, heute anschließend Nachtmarktbesuch in **Denpasar**, danach Klimaanlage im Zimmer abstellen die den ganzen Tag lief, nun erholsamer Schlaf in angenehm stillem und kühlem Raum. Einen Tag pausieren, ich habe ja Urlaub und das Wasser lockt, Swimmingpool ein paar Schritte vom Strand entfernt - lieber ins Meer, aha, hat ziemlich starke Strömung und parallel zum Ufer sowie weiter unten Steilkante, da kann ich nicht raus - also ein Stück nach oben laufen dann hinausschwimmen und schräg zurück – super, Damm der Flugzeug-Landebahn ganz nah, es wäre möglich hinaufzuklettern und im Badeanzug den Piloten einzuweisen; Einheimische sitzen unter schattenspendenden Planen und bieten Massagedienste an - prima, Verständigung in Englisch mit ‚meiner' jungen Frau Nyoman Redja - haben jeweils Doppelnamen: erster bezeichnet die Stellung in der Geschwisterreihe: Älteste/r: Weian, der/die Zweite: Madai, Dritte/r: Nyoman (Njumen), Vierte/r: Keitut, Fünfte beginnen erneut bei eins, dahinter steht dann der eigentliche Vorname, Geburtstag ist nicht genau bekannt nur das Jahr, jeweils im Abstand von 210

Tagen wird Geburtstag gefeiert, Englisch zur Verständigung vor allem von und für Australier da deren Naherholungsgebiet; abends wieder nach Kuta? Wir könnten doch auch mal hier im Bereich essen gehen - dacht' ich mir schon, für mich zu teuer, eine indonesische Suppe wäre erschwinglich, versuchen, schon der erste Löffel entfacht in meinem Hals ein Höllenfeuer, Wasser drauf rasch und viel - warten, zweiter Versuch, nein davon nichts mehr, die bleibt stehen! Kellner grinst verächtlich, bekomme von Mitreisender Wein spendiert zur Brandlöschung - nie mehr, die anderen ziehen aber auch ab sofort wieder Kuta-Gaststätten vor.

Mehr sehen - klar, Kleinbus wartet schon, nochmals nach Norden: KFZ-Werkstatt in Bretter-Flachbau, pflügen und eggen mit Hilfe von Ochsengespann, Künstlerdörfer: **Celuk** (Tjeluk): Gold- und Silberarbeiten, **Mas**: Schnitzereien aus Balsa- und Ebenholz besonders Masken, **Ubud**: Typische Malereien, ausdrucksvolle Bilder in leuchtenden Farben; Familien bewohnen in größeren Orten häufig ein umzäuntes oder ummauertes Areal, darin vorne offene Bauten für jeden Nutzungsbereich extra: Essraum, Küche, Schlafräume gemäß Bedarf der Personen, z. B. hier hat die Tochter Bett, Hocker und einen Spiegel an der Wand (mit Sprung) für sich; abgeteilt kleine Pagoden als Hausaltäre: erste Pflicht morgens die Versorgung der Götter mit Blüten und Nahrung, man ist aber so vernünftig später nachzusehen und was die Götter nicht gegessen haben das dürfen dann die Menschen verzehren; „Goa Gajah", T-förmige Höhle des Gottes mit dem Elefantenrüssel Gardeshan, „Ganesha", Tempel für den Schützer der Händler und der Reisenden, davor Badeplatz mit heiligen Quellen; eingekerbte, breite Fledermaushöhle „Goa Lawah" voll von Namensgebern, da in voller Länge offen Gestank gerade noch erträglich, den Betrachter umgibt frische Luft, Erzählung über die Verwandtschaft: „Die Ratte lieh den Flughunden ihre gerade erhaltenen Flügel - und die gaben sie nicht zurück, aus Rache klettern bis heute Ratten auf die Bäume und fressen den Flughunden-Nachwuchs"; unterwegs Marktbesuch: außer umfangreichem Obstangebot wie Bananen, Ananas, Mango, eine Menge Gemüse, besonders Weißkraut, Mais, gelbe Rüben, Zwiebeln und süße Kartoffeln, Gewürze, Blumen und Grünpflanzen; „Keben-Tempel" in **Bangli** aus 13. Jahrhundert, Freitreppe mit Elefantenskulpturen beiderseits, am wunderschönen Batur-See vorbei erreichen wir **Kintamani** und **Penulisan** mit höchstgelegenem Tempel und von beiden Orten phantastischem Blick auf die drei Krater des Vulkans Batur, sieben Stunden würde der Aufstieg dauern über scharfkantige Lavafelder, zumindest ein sehr breiter Hang noch fast ohne jeglichen Bewuchs, Berg also recht spuckfreudig, verschonte beim letzten Ausbruch den Tempel „Pura Ulun Danu", war ansonsten eine Katastrophe, Lava ergießt sich öfter um Gebetsstätten herum die dadurch zu Wallfahrtsorten werden; Rückweg: es liegt wieder einmal ein Hund auf der Straße, wir bitten ihn: „Opa, aufwachen, weggehen", vor jedem Lebewesen wird angehalten, man glaubt hier ja an Seelenwanderung, also „hati" = Vorsicht; herrliche Engelstrompeten wachsen hier, Tempel „Besakih" - basuki = Schlange (heiliger Drache?) aus 8. Jahrhundert ist er der älteste, wird als Muttertempel bezeichnet, erbaut unterhalb des höchsten Vulkans dem „Gunung Agung", sein letzter Lavastrom floss 1963 um ihn herum zur Seeseite hin, zerstörte die Farmhäuser und Plantagen dort, inzwischen alle wieder aufgebaut und letztere erneut angelegt, raucht meistens leichte Fahne; **Pudung Selat:** Ausblick auf die Nusa Penida und die Lombokstraße, zwischen Bali und der Insel Sumbawa liegt die Lombok mit ca. 700.000 muslimischen Bewohnern und vorsintflutlichen Echsen, kein Reisanbau möglich, Insel mit Fähre in 45 Minuten erreichbar, auf Platz vor der Anlegestelle rot blühender Flammenbaum, andere trockene Inseln gering oder gar nicht besiedelt, hier überall Reisterrassen, zum Teil dieses Getreide in verschiedenen Stadien, ausgeklügeltes Bewässerungssystem, abgeteilte Ackerstücke um Pflanzen vorzuziehen, bei ca. handbreiter Höhe werden sie vereinzelt in die Felder umgesetzt, auf den Erdwällen zwischen den Terrassen marschieren Enten - und da sitzt ein Angler! Ich erinnere mich an eine Zeichnung mit diesem Motiv die ich für einen Scherz hielt - wer angelt denn Reiskörner, des Rätsels Lösung: gleichzeitig werden im Wasser Fische gezogen, will man es zur Erntezeit ablassen graben die Leute Vertiefungen, in denen die Fische überleben, um sich nachher wieder auszubreiten! **Tenganan,** Ureinwohner-Dorf, dörfliche Gemeinschaft = „banjar", Bemalung der Häuserfassaden in den Farben rot = Blut, weiß = Knochen, gelb = Ehre und Ruhm der Götter, schwarz = das Böse und der Tod; Fernsehapparat in der Dorfhalle, um 17 Uhr beginnt auch hier das Standardprogramm von Jakarta, heute: Sport, Schiffstechnik aus Hamburg, Kunstbeiträge: vom Bauhaus in München und Stuttgarter Ballett, alte Sanskrittexte, Schrift sei der arabischen sehr ähnlich, bauen am Strand aus Palmenholz ihre Schiffe gemäß alter Tradition und Überlieferung; eigentlich besteht Schulpflicht aber Kinder können auch arbeiten, so bleibt Lernen eine Vergünstigung, wer zum Unterricht gehen darf nimmt dafür Mühe auf sich, der Weg zur (Mittelpunkt-) Schule ist weit und die Landschaft meistens steil und schattenlos, wir begegnen öfter diesen Kindern, an ihren Uniformen leicht zu erkennen; **Klungkung** war einmal Hauptstadt, Gerichtsgebäude „Kertha Gosa" hat recht grausame Vergeltungsstrafgemälde an den Seitenwänden; wunderschönes Zugangstor zum „Puteri Tempel", hübsche Steinfiguren, er selbst nur einfaches Dach auf Holzstelzen, Opfergaben u. a. hübsche kunstvolle Blütengestecke, gelegentlich Tempelzeremonien bei Vollmond, jeweils im Abstand von hundert Jahren großes Fest; auf Bali ebenso Beerdigungsritus wichtiges Ereignis, für Angehörige erheblich verpflichtend, Verbrennungen kosten bis zu 100 Millionen Rupien, Minderbemittelte dürfen sich bei Gelegenheit mit ihrem Toten bei anderen anschließen, weiterhin erfahren wir dass Zwillingspärchen ein Problem darstellen wegen Rückschluss auf unreine Eltern und die Nachgeburt wird als Bruder des Babys angesehen, zu diesen Vorstellungen passt die Aufführung vom mythischen Tier „Barong", chinesischem Festtagslöwen ähnlich, der „Hexe Randar" und dem Kris-Tanz dessen Rhythmen geeignet sind in Extase zu versetzen, glücklicherweise verletzt sich heute niemand und außerdem wird Randar besiegt, mythische Schlange = „naga", den Kris schmiedet man vorzugsweise aus Meteorit-Erz, mindestens aber aus drei verschiedenen Metallen; Abendspaziergang am Strand: ich mag diesen prachtvollen Sternenhimmel mit dem 'Kreuz des Südens' darin.

Nur drei von uns sind noch am Tempel „Uluwatu" auf der Halbinsel Bukit im Süden interessiert, wir nehmen ein normales Taxi von draußen vor dem Tor und teilen uns die Kosten: intakte Anlage in üppiger Vegetation, die sind wir allerdings mittlerweile gewöhnt, am Ende der Insel Steilküste mit Wasser in verschiedenen Grün- und Blautönen - irgendwo weit da hinten liegt Australien; noch einmal im Meer schwimmen, heute fährt auch ein Boot hinaus zum Barriere-Riff geradeaus mit einigen Taucher-Touristen - lieber Nyoman Redja letztmals genießen, „tri makasi" = danke sagen, Abschied nehmen - endgültig, auch vom deutschen Reiseleiter, der sich mit einem Malariaanfall quälte, er hat eine thailändische Freundin die ihren Eltern erzählte er arbeite bei „TUI ", sie fragten sofort wie viele er besitze denn „tui" heißt Wasserbüffel; letzte Nacht im gemütlichen Zimmer mit Rattan-Möbeln - übrigens gibt's von Ball aus einen Bus nach Surabaya ('Jonny' besuchen?), Abfahrt 17 Uhr, Ankunft 5 Uhr mit Anschluss nach Jakarta, Eintreffen abends - dafür reicht der Aufenthalt auf der „Insel der Götter" nicht mehr.

Der Rückflug nach Frankfurt erfolgt über Singapore, Madras, Bombay, Istanbul, Zagreb, Klagenfurt mit „City Bandung" - das war keine Ersatzreise, nein, sie so zu bezeichnen wäre beleidigend und - 1994 brach der Merapi erneut aus, noch erträglich, aber er lebt!

China - Reise (Mitte September bis Mitte Oktober 1986)

Am Flughafen in Frankfurt findet sich eine Gruppe von 13 Leuten zusammen: drei Akademiker, zwei Frauen und ein Mann die sich sofort absondern und auch separat bleiben, Mutter mit Sohn, sie 72 rüstig und belastbar, was sie später unschwer bestätigt, drei Damen über 70 Jahre alt die sich erproben wollen, eine davon wird die andere Hälfte meines Doppelzimmers, ein Mann mit ‚Botanisierbüchse' - ausgesuchter Fotoausrüstung, ein junger Statistiker wegen Interesses am Land und gesundheitlicher Untersuchung in Peking dabei, ein ‚farbloses' Ehepaar und ich, wir haben eine Reiseleiterin die Chinesisch studiert, sind sprachlich also bestens versorgt.

Der Flug von Frankfurt nach Zürich dauert 1 Stunde, kurze Pause dann geht es weiter über Klagenfurt, Zagreb, Zypern, die arabische Wüste, weit verstreut tauchen ‚Spielzeug'-Paläste auf hübsch beleuchtet mit großen Freitreppen und Säulenvorbauten, **Abu Dhabi**: hier steht die Abendsonne schief, der zunehmende Mond schräg, Golf von Kambay - die kürzere Route über Russland darf nicht benutzt werden weil politisch gerade wieder mal gespannte Verhältnisse herrschen; Zwischenstop in **Bombay** - meine Uhr zeigt 21.15 Uhr bei der Ankunft, um 22 Uhr fliegen wir ab nach Peking, nochmals für 6 1/2 Stunden brav in den Sitz zwängen! Der Anflug beginnt um 4.15 Uhr, 5.10 Uhr setzen wir endlich auf, Ortszeit 12,10 Uhr also Armbanduhr zur Anpassung um sieben Stunden vorstellen; die Reisezeit Zürich - Peking betrug insgesamt 17 Stunden, wir sind mit einer DC 10 in 10 000 m Höhe geflogen.

Der chinesische Reiseleiter, der ausgezeichnet deutsch spricht, ist zum Empfang erschienen, wie üblich suchen wir geduldig unsere Koffer zusammen, als alles verstaut ist geht's im Kleinbus zum Hotel, endlose Zimmerverteilung, schließlich auspacken - das Wasser in der Toilette läuft nicht, nichts mit Spülen, ich rufe bei der Rezeption an, Englisch wird verstanden, ein hilfsbereiter Mensch erscheint der nach 15 Minuten immer noch ratlos über dem Wasserkasten hängt, ich sage ihm, es sei gut so und erleichtert zieht er sich zurück - nun sehe ich mir den Mechanismus näher an, er erinnert mich an mexikanische Verhältnisse, dort hatte ich meinem früheren Klassenkameraden bei einer solchen ‚Reparatur' in seinem Haus zugesehen - gleiches Prinzip hier? Jawohl, zwei Handgriffe und die Angelegenheit ist in Ordnung, man kann wirklich alles brauchen was man so lernt! Nach dieser Erfahrung erfolgte während der ganzen Reise, sobald wir in ein Hotelzimmer kamen mein erster Gang ins Bad Toilette herrichten; die äußeren Bedingungen sind nun geregelt jetzt kann die Aufnahme geistiger Erkenntnisse beginnen: **Beijing** (bei = nord, jing = Stadt) die Hauptstadt des Landes liegt in der Provinz Hebei, gestärkt durch ein Mittagessen setzen wir uns für einen ersten Spaziergang in Bewegung, auf dem Bürgersteig an der „Straße des Himmlischen Friedens" erreichen wir den gleichnamigen Platz, die Hauptstraße ist insgesamt 40 km lang und 50 m breit, es gibt Extra-Fahrstreifen für Radfahrer, aus unserer Richtung kommend befindet sich rechterhand die „Verbotene Stadt", geradeaus das „Haus des Volkes" und in diesem Gebäude über Eck das „Mao-Mausoleum", wir umrunden die beiden letztgenannten Bauten, treffen auf das Südtor der alten Stadtmauer und sehen auf der Rückseite des Mausoleums ein wuchtiges Denkmal das an die Revolution erinnert;

Besichtigung der „Verbotenen Stadt" zusammen mit vielen Chinesen die offensichtlich Freude daran haben sie nun betreten zu können, im nördlichen Stadtteil gelegen ist sie auf geradliniger Nord-Süd-Achse gebaut worden, 14 Gebäudekomplexe auf einem Gelände von 1 km Länge und 750 m Breite, 14 „Hallen der Harmonie" - und der Kaiser blickte nach Süden, ihm war die gelbe Farbe vorbehalten sie ist die der Erde; ‚unser' Statistiker fotografiert mit Sorgfalt - und Teleobjektiv, ich bemühe mich ja auch um informative Bilder aber meine kleine bescheidene Kamera hat ihre Grenzen, bewundernd bleibe ich deshalb neben dem jungen Mann stehen, beobachte wie er entfernte Ziele anpeilt: „Toll, für mich ist das leider viel zu weit weg", ist er jetzt böse weil ich ihn gestört habe? Nein, im Gegenteil, „es interessiert sich jemand für meine Fotos", Karl freut sich riesig und meiner Bitte für mich mitzuknipsen wird gerne entsprochen - die Dias erhalte ich später wirklich; zurück im Hotel wird gefragt wer Interesse an einer Massage habe, das Angebot ist zu verlockend um es nicht anzunehmen, ein Genuss! Wenn das so weitergeht entwickelt sich die Reise eher erholsam, gar nicht so anstrengend - so ging's nicht weiter, es war die erste und letzte Massage; abends werden wir zu einer Veranstaltung gebracht, Sänger und Akrobaten bieten ihr Können dar, Zuhörer und -schauer sind ausschließlich Touristen, kein Einheimischer im Publikum weit und breit, die Akteure geben sich große Mühe, sind nicht schlecht aber ich habe schon Besseres gesehen, die frenetische Begeisterung der anderen ist mir nicht ganz nachvollziehbar, nach Beendigung des eigentlichen Programms fordert man ständig Wiederholungen, ein Ansinnen dem gerne und freudig entsprochen wird - mir reicht's jetzt, ich gehe hinaus auf den Parkplatz, der Anblick des Nachthimmels ist besonders schön übersät mit einer Unmenge blankgeputzter hell strahlender Sterne, zünde mir eine Zigarette an und schlendere langsam in Richtung des Standplatzes von unserem Bus, zwei ‚Glühwürmchen' halten sich darin auf, man winkt mir einzusteigen, der Fahrer und unser einheimischer Reiseleiter sitzen hier auch sie rauchen, Herr Li fragt warum ich schon zurück bin und ich sage ihm ehrlich meine Vermutung dass die Künstler wohl Studenten oder Schüler seien kurz vor Abschluss ihrer Ausbildung, denen man Gelegenheit gibt sich vor Publikum zu erproben, „sie sind recht gut aber ihr könnt das besser", der Fahrer wird informiert und ein verschmitztes Lächeln zieht über beider Gesicht, meine Vermutung dass man hier Touristen zweite Garnitur bietet, scheint also nicht ganz falsch zu sein; in dieser Nacht schlafe ich wie ein Stein, ausgestreckt in einem Bett, das nicht schwankt - welche Wohltat!

Peking liegt 150 m über dem Meeresspiegel auf dem 35. Breitengrad (wie Neapel, Madrid), hat knapp 10 Millionen Einwohner, 3/4 davon leben im Zentrum, den einen freien Tag pro Arbeitswoche gibt es umschichtig; Einschulung erfolgt mit 6 1/2 Jahren in die Grundschule die sechs Jahre dauert zu je zwei Semestern, eines kostet 1 - 2 Yuan, an einer weiterführenden Schule sind in der Unterstufe dann 2 - 5 Yuan zu bezahlen, in der Oberstufe 5 - 12 Yuan, eigentlich soll Schulpflicht von neun Jahren bestehen aber es machen überhaupt nur 40% der Eltern für ihre Kinder vom Besuch Gebrauch, manche können sich wohl auch die Kosten nicht leisten; nach dem Ende der Schulzeit müssen die Jugendlichen mindestens zwei Jahre auf eine Arbeitsstelle warten, Handelslizenzen werden leicht erteilt dienen zur Überbrückung, viele laufen mit einem Bauchladen herum oder haben einen kleinen Stand, um alles zu verkaufen was nicht niet- und nagelfest, für die Zulassung zum Studium ist eine Aufnahmeprüfung abzulegen, 10% schaffen sie wobei Jungen wieder einen Bonus erhalten wie bereits in der Schule, gefragt sind dann an erster Stelle Fremdsprachen gefolgt von Medizin (Studienzeit 5 - 8 Jahre), Wirtschaft und Handel (4 Jahre), Landwirtschaft, Zuweisung erfolgt nach Notendurchschnitt, will man das Fach nicht muss man ein Jahr warten und die Aufnahmeprüfung wiederholen; die Lohnzahlung richtet sich nach der Einzelleistung, ein einfacher Arbeiter erzielt ca. 40 Yuan, Akademiker beginnen nach dem Abschlussexamen mit 79 und erreichen später einen Durchschnitt von 100 - 180 Yuan im Monat; in der Regel stehen pro Person 3 1/2 m², jedoch höchstens 5 m² Wohnraum zur Verfügung, die Miete für eine 50 m² große Wohnung beträgt lediglich 2 - 4 Yuan, Neureiche haben zum Preis von 10.000 bis 15.000 Yuan Eigentumswohnungen erworben die in üblicher Größe vermietet werden, etliche Bauern z. B. kamen zu Reichtum seit sie Ernteüberschuss frei verkaufen dürfen, ihr Geld steckt auch in Film- und Fernsehproduktionen, bei Krankheit wird sechs Monate lang der volle Lohn gezahlt danach gibt's 60% und Rente ab dem 55. Lebensjahr, Bestechung an den Schaltstellen jeglicher Art ist normale Praxis; im Hotel sind außer uns vor allem noch Japaner vertreten, Kanadier, Amerikaner, Franzosen, Italiener, einige von ihnen auch Gruppen treffen wir unterwegs immer wieder einmal; heute geht's zur „Großen Mauer", trotz angespannter Erwartung versuche ich alles aufzunehmen was es zu sehen gibt: Menschen in blauen ‚Ameisen'-Anzügen, die Frauen mit kurzgeschnittenen Haaren, Fahrräder - alle inländischer Herstellung, Autos: Toyota, Nissan, Mercedes, Skoda, Mazda, VWs, Hino-Lastwagen, Mitsubishi, zwei Peugeots; nun auf der Überlandfahrt: Akazien, Weiden, Pappeln, Mais, Kühe, schwarze Hängebauchschweine, indisches Blütenrohr, Hibiskus, Sonnenblumen - plötzlich taucht mitten im Feld ein altes hübsches Tor auf, die Erde rundum ist bearbeitet, von dem Weg den seinerzeit der Kaiser zur Mauer benutzte fehlt jede Spur - aber das Tor ist noch da; ab und zu steht ein kleines Haus am Straßenrand von einer Mauer aus Lehmziegeln umgeben, der offene Eingang gewährt Einblick in den Hof, jetzt kommen mehr Häuser in Sicht nahe der Großen Mauer bei **Badaling**, bald steigen wir aus und als erstes fallen mir die vielen Buden mit Souvenir-Verkauf ins Auge, ich beeile mich daran vorbeizukommen denn dafür habe ich im Augenblick gar keinen Sinn; Kaiser Qin Shi Huang Di ließ etwa 220 v. Chr. einen Wall errichten der im 15. Jahrhundert durch die Ming-Dynastie zur Mauer ausgebaut wurde mit zweistöckigen Wehrtürmen und Toren, 200 Jahre soll an dem „steinernen Drachen" gearbeitet worden sein, inzwischen wurden 7 200 km wiederentdeckt - Luftlinie Peking - Berlin, sie ist 16 m hoch und 5 m, an manchen Stellen bis 8 m dick, große Teile sind verfallen andere restauriert wie hier, viele Türme erhalten - wir sehen weitere später auf unserer Reise durch das Land, sie erfüllen heute noch ihre Wächterfunktion mit Feuersignalen wie in alter Zeit sehr effektiv denn der Schein leuchtet nachts kilometerweit; man stellt uns Zeit zur Verfügung, lässt uns von der Leine': den Zugang zur Mauer ermöglicht eine größere Treppe von deren Ende rechts und links zwei kleinere abgehen, die linke Seite ist viel kürzer also entscheide ich mich für die rechte - bin überrascht, lange Teilstücke bestehen aus blankgewetzten Steinen auch wenn es steil wird, nur gelegentlich sind ein paar Stufen dazwischen eingefügt, auf dem glatten Untergrund zu laufen ist gar nicht so einfach, so hatte ich mir das nicht vorgestellt - ja, wie denn? Eigentlich gar nicht und nun wusste ich's, steige mit den Menschenmassen aufwärts, außer den bereits genannten Touristen-Nationalitäten sind noch Holländerinnen und Russen da und natürlich Chinesen, es ist ein wunderschöner Sonnentag mit gutem Fernblick, die Mauer verzweigt sich und folgt den Wellenbewegungen der Landschaft mit Türmen auf den Erhebungen; von dem Bauwerk fasziniert bewege ich mich weiter vorwärts, bleibe ab und zu stehen um den Anblick zu genießen, die Mauer schlägt mich in ihren Bann, Begeisterung treibt mich voran - auf einmal wird mir bewusst ich bin allein, das muss schon eine ganze Weile so gewesen sein denn ziemlich weit unten befinden sich einige Leute, die Menge ist noch entfernter, bin fast am Ende der begehbaren Strecke, das letzte Stück möchte ich jetzt auch noch erlaufen, ein Blick auf die Uhr: wenn ich mich etwas beeile kann ich's mir erlauben und hinunter geht's ja sicher schneller, als ich das offene Halbrund des Abschlussturms betreten will sehe ich an einer Seite einen Mann stehen der ‚pinkelt', den Rücken mir zugewandt dreht er nun den Kopf, der Japaner grinst hämisch, ich ziehe mich sofort zurück und beginne ernüchtert den Abstieg – schlimm dass manche Männer überall ‚das Bein heben müssen' wie Hunde! Gelegentlich komme ich an Steilstücken ins Rutschen, trotz Kreppsohlen, was mich irritiert und vorsichtiger werden lässt, wieder in die Menge eingetaucht schaue ich in der Luft herum und – bautz schon liege ich mit meiner Kehrseite am Boden beide Arme hochgereckt: die eine Hand umklammert krampfhaft den Fotoapparat die andere die Handtasche - Reaktion gut, Po schmerzhaft, die Leute um mich herum bleiben stehen und schütten sich aus vor Lachen, verblüfft sehe ich in asiatische Gesichter, keiner macht Anstalten mir zu helfen - bei späterer Gelegenheit erfahre ich warum, begreife jetzt die Komik des Anblicks und lache mit; nun verstehe ich, weshalb sich viele an den Seilen festhalten die manchmal an den Seiten angebracht sind, abschnittweise nehme ich sie nun auch dankbar in Anspruch, besser auf meine Umgebung achtend ist zu bemerken dass öfter einmal jemand zu Boden geht, vor allem junge Touristen die forsch drauflosstürmen, haben wir ein Glück dass es nicht regnet! Es existieren aber Fotos von Besuchern mit Regenschirmen - mir ist schleierhaft wie die zurechtgekommen sind, die Steine müssen dann doch glatt wie Schmierseife sein; links führt eine Treppe hinunter zu einer Plattform, ich hänge mich wie die anderen Neugierigen über die Brüstung, aha - hier kann man sich auf einem Kamel sitzend knipsen lassen, das Angebot wird gern genutzt nicht nur von Kindern, eine Leiter verhilft auf den Rücken des Tieres, fotografiert wird dann natürlich von der anderen Seite ohne Leiter; ich muss mich sputen - komme rechtzeitig an den Bus, für die Buden hatte ich keine Zeit mehr was ich nicht bedauere, übrigens kennzeichnet die „Große Mauer" ungefähr die Trockengrenze des Regenfeldbaus, sagt man uns; der Nachmittag gehört dem „Himmelstempel" sowie der dortigen großen Parkanlage, der Tempel liegt im Süden der Stadt, ist selbst ein Nord-Süd-Bau aus dem 15./16. Jahrhundert, reine Holzkonstruktion ohne Verwendung eines Nagels, er war der Ort für Bitte um eine gute Ernte, im 18. Jahrhundert abgebrannt wurde er nach alten Plänen wiederaufgebaut, Gebetshalle, außerdem Echomauer besonders bemerkenswert; etwas über die kosmologischen

Begriffe der Chinesischen Philosophie: „Yin" = Erde, Viereck, gerade Zahlen, Schatten, dunkles Prinzip, weiblich - „Yan" = Himmel, Sonne, rund, ungerade Zahlen, hell, stark, männlich; abends hat man für uns ein echtes Peking-Enten-Essen im „Erdtempel" vorbereitet: dünngeschabte knusprige Fleischscheibchen mit einer Art Fladenbrot werden serviert, ein ‚Vogel' reicht für uns alle, das ist keine Knauserigkeit sondern mit Fleisch geht man gewohnheitsmäßig sparsam um wie spätere Erlebnisse lehren, Enten sollen die Symboltiere der Ming - Kaiser gewesen sein; über 1/5 der Erdbevölkerung lebt in China, auf 9 550 km² der ca. 37-fachen Fläche der alten BRD, an Religionen sind vertreten: Buddhismus, der Name Buddha kommt aus dem Sanskrit und bedeutet der Erwachte, der Erleuchtete, es ist der Ehrenname des indischen Religionsstifters Siddharta oder Gautama aus dem Adelsgeschlecht der Schakja, 560 bis 480 v. Chr.: streng sittliches Leben und schrankenlose Aufopferung zum Wohl der Mitgeschöpfe, die Wiedergeburt ist der Weg zur Selbsterlösung, reine Lehre „Hinajana" (kleines Fahrzeug), „Mahajana" (großes Fahrzeug), Glaube an einen Gott, persönliche Seele, gewisse Vorstellung von einem Paradies entwickelt, ein junger Mönch habe von einer mehrjährigen Pilgerreise nach Indien 75 Schriftrollen mitgebracht welche hier die Grundlage für diese Religion bildeten, er ritt bei seiner Rückkehr nach China auf einem weißen Pferd (Elefant?), entsprechend benannte Tempel (Bai Ma Si) befinden sich in einigen Städten; Lamaismus, tibetische Abart des Buddhismus, zusätzlich prunkvoller Kultus, einbezogen der bodenständige Dämonen- und Zauberglaube; Konfuzianismus: Staats- und Sittenlehre, fünf Beziehungen: Fürst - Staatsdiener, Vater - Sohn, Mann - Frau, älterer - jüngerer Bruder, Freund - Freund, sie werden bestimmt von den Tugenden Nächstenliebe, Gerechtigkeit, Ehrerbietung (Schicklichkeit), Ahnenverehrung (Weisheit und Pietät), Paradies: man kommt in einen Pfirsichgarten - das Ziel ist die Selbstverwirklichung, Konfuzius lebte von 551 - 479 v. Chr.; Taoismus: ähnlich dem Konfuzianismus war er zunächst eine Philosophie allerdings mit Wurzeln im Götter- und Geisterglauben, wurde im 3./4. Jahrhundert zur Religion: im Einklang mit der Natur leben, Atemübungen, Tierbewegungen nachahmen, Symbole, dao = der Weg, jeder Ort verehrt ‚seinen' Gott oder mehrere z. B. herausragende Menschen wie Philosoph Laotse (lao = alt, tse = Meister), einen Baum oder einen Berg; Angehörige der Turkstämme sind meistens Muslime, erkennbar an den Kappen die sie tragen, alte Männer auch Bärte; „Hui" sind oft Maoisten bzw. treue chinesische Gefolgsleute die Minderheiten angehören wie Uiguren, Turkmenen etc., in den Randgebieten herrscht der Islam vor und der lamaistische Buddhismus; das Kernland Chinas liegt in Südost-Asien, reicht von Hinterindien bis zum Gelben Meer (Hoang hai), wird im Westen vom Pamir begrenzt im Nordosten geht es bis zum Amur, im Südwesten schließt es Tibet ein, seine nördliche Kornkammer liegt zwischen Gelbem Fluss (Hoang he) und Yantze(-kiang), in dessen Mittellauf die „Reisschüssel", der Schutz der Gebirge, auch des Berglandes von Shandong und ganzjährig reichlicher Niederschlag ermöglichen gleichbleibende Ernten - von Reis zweimal; die Menschen leben ihren Überzeugungen gemäß - vielleicht fühle ich mich deshalb nicht fremd weil zur christlichen Grundeinstellung sehr viel Gemeinsamkeit besteht, die Leute verhalten sich überwiegend freundlich, höflich, respektvoll, haben eine angenehme Art des

Umgangs miteinander, umso erstaunlicher dass es kein Wort für 'bitte' gibt und - alle Tugenden sind vergessen wenn es ums Einsteigen in öffentliche Verkehrsmittel geht, da wird gedrängt, geschoben, gerangelt, allerdings sind Unmengen von Menschen unterwegs!

Um den Sommerpalast bei **Chengde** anzusehen und zu genießen lässt man uns Zeit, herrlich! **Yi He Yuan** liegt in der nordwestlichen Vorstadt mit „Garten des Friedens und der Harmonie", „Hügel der Langlebigkeit" und Kunming-See, „Halle des Wohlwollens und langen Lebens", Fledermaus als Glückszeichen, „Halle des Glücks im langen Leben" davor ein Fabeltier bestehend aus Hirsch, Fisch und Rind, Symbol für guten Herrscher, außerdem kann es treue und untreue Untertanen unterscheiden - kaufe mir davon eine Postkarte die an meine Bürotür kommt zur besseren Einschätzung meiner Mitarbeiter/-innen; in der Anlage stehen verschiedene Pavillons und der „Lange Corridor" verbindet die Gebäude am Fuß des „Hügels der Langlebigkeit" untereinander, er ist 728 m lang, jeder Querbalken bemalt mit insgesamt mehr als 14 000 Zeichnungen - beeindruckend und schön; die Hauptattraktion stellt das „Boot des angenehmen Festmahls" dar im Volksmund „Marmorboot" genannt, hervorzuheben sind auch die Serie von Gebäuden am Abhang zum See ebenso der „Garten des harmonischen Interesses", ein Garten im Garten, die „17-Bogen"- und die „Jade-Gürtel-Brücke", der Bronze-Ochse symbolisiert das frühere Opfertier - die Beschreibung bleibt bruchstückhaft, auf einem 290 ha großen Areal wurden u. a. künstliche Seen angelegt die 3/4 des Geländes einnehmen mit entsprechend vielen Brückenverbindungen; die „Mandschus" schufen diesen Aufenthaltsort den die Mongolenherrscher 1264 - 1368 als Hauptresidenz nutzten, von 1421 - 1912 war er Sitz der Kaiser, 1949 eroberten ihn die Kommunisten, die Gebäude sind mehrfach zerstört worden, abgebrannt, 1903 wurden sie zuletzt rekonstruiert; leider können wir nicht den ganzen Tag hierbleiben an dem idyllischen erholsamen Ort, die Statuenstraße der „Ming-Gräber" sollen wir noch sehen und diese selbst. Abends im Zimmer stelle ich den Fernsehapparat an weil mich auch hier interessiert was sich die Leute so anschauen, meine Zimmergenossin stört das: „Sie verstehen ja doch nichts, schalten Sie ab", ich mache den Ton aus und verfolge weiter das Geschehen, Mimik und Gestik der Schauspieler sind so gut dass ich den Inhalt der Geschichte begreifen kann.

Um Datong zu erreichen müssen wir mit der Bahn 382 km reisen, darum haben wir uns ‚mit Sack und Pack' also Koffern und Handgepäck zum Bahnhof zu begeben, man transportiert uns per Kleinbus dorthin so kann ich unterwegs Riesen-Propaganda-Plakate studieren: für jeden abgeholzten Baum soll ein neuer angepflanzt werden, „Ein-Kind-Familie", freundliche Polizisten helfen ihr über die Straße - tut keiner wirkt aber sehr nett, ich habe ja schon ein paar Bahnhöfe voller Gewühl gesehen, aber so etwas noch nicht: Menschen fluten hin und her, Erwachsene sowie Kinder hocken oder liegen am Boden zwischen unförmig großen und kleinen Tuchbündeln, Kisten, Kästen, Kartons und Körben, es ist fast unmöglich mit dem Gepäck durchzukommen ohne jemandem weh zu tun - und unsere zwei jungen Reiseleiter die Deutsche und der Chinese stürmen voran als gäb's etwas zu gewinnen, es dauert eine Weile bis mein Gebrüll, dem sich andere aus der Gruppe anschließen, in die Ohren dann das Gehirn der beiden dringt und sie ihr Tempo verlangsamen, wir sammeln uns an einem freien Plätzchen und stehen nun herum, auf den wenigen Bänken ist natürlich kein Eckchen frei, unsere deutsche Begleiterin will mit Gewalt Sitzplätze schaffen das unterbleibt als wir heftig protestieren, die Leute sind so müde, viele tagelang unterwegs um auf dem Markt in Peking ihre Erzeugnisse zu verkaufen und mit Eingehandeltem heimzufahren, etliche schlafen fest; weiter Zeit zum Umgucken: alle Chinesen sind klein? Oh nein! Da ist eine Baseball-Mannschaft, Chinas ‚Harlem Globetrotters', lange sehnige Kerle und mir fällt ein Mann auf der zwischen seinen Gepäckstücken sitzt und strahlt, ich rücke etwas zur Seite, so verdeckt mich ein Gegenüberstehender, der Strahlende verändert ebenfalls seine Position, rutscht zu einer Lücke durch damit er mich erneut sehen kann - hinter mir ist niemand, meint der mich? Dieser selige Gesichtsausdruck! Was diese weizenblonde Europäerin für ihn wohl bedeutet, ich lasse ihm seine Freude und achte nicht mehr darauf aber das Gesicht werde ich nie vergessen; sind 10 Stunden mit dem Zug unterwegs und es ergibt sich die Gelegenheit, Herrn Li vom Fernsehabend zu berichten, er lässt mich erzählen, auf einmal sagen wir gemeinsam „und Blut quoll aus seinem Mund", überrascht sehe ich ihn an: „Sie lassen mich hier dauernd reden, dabei kennen Sie offenbar die Geschichte ganz genau", wir lachen beide - die Chinesenmädchen im Abteil stimmen ein, wir haben sie angesteckt, nun wird mir erklärt ich hätte das älteste und berühmteste chinesische Epos gesehen und alles verstanden - freut mich; **Datong** die ehemalige Hauptstadt der Wei-Dynastie liegt zwischen zwei Befestigungszügen der „Großen Mauer", 1 400 m ü. M. in der Provinz Shanzi: Tabakregion, Astern, Dahlien, Erdnüsse, Äpfel, Birnen, Melonen, Weißkraut, Zwiebeln, Tomaten, Knoblauch, Kürbis und Kohle im Tagebau, 16 km westlich der Stadt befinden sich die Yungang-Höhlen entstanden ab dem 5. Jahrhundert: 53 Grotten mit mehr als 50 000 Statuen erstrecken sich über eine Länge von 1 km, im eigenständig dominierenden chinesischen Stil sind indische, persische und griechische Einflüsse ablesbar, der große Buddha misst ca. 17 m ist aus Stein gearbeitet mit gedübelter Lehmschicht versehen und hat eine zweistöckige Flammenmandorla, drei verschiedene Arten von Buddhas gibt es hier: „Shakjamuni" mit gekreuzten Beinen, den „Bodhiswana der Weisheit": die linke Hand erhoben die Finger zu einem O geformt, Symbole sind Buch und Schwert, das die Unwissenheit zerschneidet und den „Bodhiswana der Barmherzigkeit": die linke Hand erhoben Finger in O-Form rechte Handfläche nach oben geöffnet, „Bodhisattwas" sind seine Schüler auch anderswo häufig mit 'Heiligenschein' abgebildet, außerdem gibt es „Guan Jin" eine zunächst geschlechtslose Figur die sich zu einer Frauengestalt entwickelte, am Ende mit Kind, sie soll Kinder d. h. Söhne spenden, die „Weltenwächter" aus vorbuddhistischer Zeit wurden übernommen, sind aus Gips, in kleineren Figuren hat man gelegentlich Stifter verewigt; in Datong selbst beeindruckt die „Neun-Drachen-Wand", Drache (long, phon. lung = Weisheit) war Symbol des Kaisers; auf der Fahrt zum „Schwebenden Tempel" kommen wir an der „Guan-Jin-Halle" vorbei: 49 m lang und 6 m hoch, vor der eine hübsche „Drei-Drachen-Wand" steht, die Landschaft ist flach, Hirse und Kartoffeln werden angebaut, das Flussbett liegt ausgetrocknet da, sein Wasser zum See aufgestaut versorgt Peking; in den Bergen hat man Terrassenfelder angelegt (ti tian =

Leiterfelder, auch „Himmelstreppen der Götter" oder „-leitern" genannt), an sich gibt's überall fruchtbaren Loessboden (gelbe Erde = hoang tu) aber weil das Wasser fehlt sind die Erträge kärglich, eine Vergünstigung haben die Menschen die hier leben, sie dürfen sich kostenlos mit Kohle die oberirdisch offen herumliegt zum Eigenbedarf eindecken; Pappeln säumen die einzige Straße, die anderen Verbindungen bestehen aus Feldwegen, festgetretener Erde; das „Huayan-Kloster" wurde 70 km südlich der Kreisstadt Hunjuang errichtet im Heng Shan, dem nördlichsten der fünf „heiligen Berge" (taoistisch) bis 2 052 m hoch, am Rand der mongolischen Grasebene zur Abwehr von Flutkatastrophen Auffangreservoir mit Brücke, Kloster oben in 1 600 m Höhe wird von Buddhisten, Taoisten und Konfuzianern genutzt, die Statuen bestehen aus Lehmverkleidung mit Hirsehächsel; wir fahren nach **Hunjuang**, rechts und links dehnen sich große Felder aus, auf den Dächern der Häuser liegen Sonnenblumen zum Trocknen, auf der Verbindungsstrecke zur nächsten Siedlung wird gedroschen, Autos die über das Getreide rollen helfen dabei; die Ortsstraßen werden wie überall im Land intensiv gefegt, auch hier, aber es wird ebenso ständig gespuckt; weiter: mit dem Bus zum Wutai-Shan dem „Fünf-Terrassen-Berg", Berge sind die „Rücken schlafender Drachen", fünf ist eine heilige Zahl = die vier Himmelsrichtungen und die Mitte, die „heiligen Berge" halten den Himmel, das „Dach Nordchinas" hat eine Höhe von mindestens 3 060 m, auf grünen Matten blühen Edelweiß und Enzian, ehemals befanden sich hier 300 buddhistische Tempel und Klöster, wir kommen am Nachmittag an, das neue Hotel welches uns aufnehmen soll lehnt ab, wenn ich recht verstanden habe sind die Räume die für uns gedacht waren noch gar nicht benutzbar, es wird viel gebaut in dieser Gegend, ein Stück weiter dürfen wir aussteigen, die uns zugewiesenen Schlafsäle einer für Männlein und einer für Weiblein gehören wohl zu einem Kloster, es ist sehr kalt in dieser Nacht und Höhe, schnatternd liegen wir in den Betten und alle holen sich Schnupfen oder Bronchitis die lange mitreisen, der Waschraum besteht aus einem Nebenzimmer mit Schüsseln und Zuber, am Morgen plantschen wir gemeinschaftlich und sparsam in dem eisigen Wasser; die hügelige Landschaft mit ihren leuchtenden Farben und klarster Luft entschädigt für alles: wir besuchen den „Drachenquellen-Tempel" und „Nan (nan=süd) Shan (= Berg) Si" den Südberg-Tempel, der lamaistische Tempel „Pusading" des „Gelbmützenordens" dient Anhängern eines gemilderten Buddhismus; die Schildkröte ist das Symbol für langes Leben, sie verbindet „Yin" und „Yan" miteinander: Körper und Kopf sind Vierecke, der Panzer rund, das Hakenkreuz = Zeichen für unendlich sieht man oft als Verzierung aufgemalt - leider war's das, es gäbe noch so viel anzuschauen, aber wir müssen weiter in Richtung Taiyuan, der Hauptstadt der Provinz Shanxi; wir bekommen Gelegenheit den „Jin-Ci-Tempel" aus der Wei – Zeit, dem 5. Jahrhundert, zu besichtigen mit dem „tausendarmigen Bodhiswana", wunderschöne Vögel und alte Malereien befinden sich auf den Türen; ausgetrocknete Flussbetten begleiten uns, an den Straßen stehen Akazien und Pappeln, **Taiyuan** ist der größte Ort im Bezirk, sein Wahrzeichen die Doppelpagode zu je 13 Stufen, von hier aus hat man einen guten Blick auf die Stadt, es gibt 100 kalte Tage im Jahr, die Temperaturen sinken bis auf minus 20°C außerdem kann's erheblich schneien, Frauen fahren auf Herren-, Männer auf Damenfahrrädern, zu zweit, zu dritt und alle ohne Licht, auch hier haben Männer häufig die 'Mao-Mütze' auf, in blau oder grün mit und ohne rotem Stern, wir kommen an einem Stahlwerk und einer Lackfabrik vorbei und am Stausee mit Höhlenwohnungen; der „Tempel der Wassermutter" liegt auf 2 600 bis 2 800 m in einer Senke des Shanxi-Plateaus, angelegt 600 - 800 n. Chr. also in der Tang-Zeit, aus der auch die Bronzefiguren stammen, den Mittelpunkt des taoistischen Tempels bilden die Statue der „heiligen Mutter" und die „Quelle des Frühlings" mit immer 17°C warmem Wasser, Hand dran gehalten - stimmt, Anlage wird kurz zu Fuß erkundet; Weiterfahrt: Muliwägelchen sind unterwegs, Häuser und Mauern wurden aus Lehm gebaut, die Landwirtschaft produziert „Sorghum" eine Hirseart, Gerste und Baumwolle.

Über die sanitären Verhältnisse tagsüber muss berichtet werden denn sie sind ein Kapitel für sich: ich gehe meistens vor dem Essen zur Toilette, gegenläufig zur allgemeinen Tendenz und bin bald als ‚Kundschafter' anerkannt, fast immer kann ich in die gespannte Erwartung der anderen hinein nur den Kopf schütteln, vor der Mahlzeit besteht dann kein Interesse an Einzelheiten, danach will man ab und zu Näheres wissen: an Besichtigungsorten und in Restaurants trifft man am häufigsten den Ziel-Schlitz im Boden an, schon komfortabler ist das Angebot mit erhabenen Metallfußständern rechts und links und „heute leckt an der Rückwand ein Wasserrohr, die Kehrseite wird gratis abgeduscht", einmal gibt's sogar eine richtige Klosettschüssel, leider wegen totaler Verstopfung voll bis zum Rand, richtig prekär wird die Angelegenheit, wenn Durchfallkranke das ‚Örtchen' aufsuchen, eine Plage die auch Mitreisende unserer Gruppe nicht verschont. Um nach Xian zu kommen steht uns eine am Ende 13-stündige Bahnfahrt bevor - wir waren den ganzen Tag besichtigend unterwegs, sind nun entsprechend müde und freuen uns auf die Liegen der „weichen Klasse", doch zunächst stehen wir mal mit mehr oder weniger großen Reisetaschen als Handgepäck auf dem Zwischengang eines Waggons mit Sitzbänken die natürlich voll besetzt sind, vorn an einer Theke verhandeln unsere beiden Reisebegleiter mit zwei Damen, der Disput wird heftiger - aber es dauert, dann wandert ein dunkler flacher Koffer hinter die Theke, es tut sich immer noch nichts - um 23 Uhr etwa sind wir eingestiegen, nach einer Stunde sehen wir offenbar so erbarmungswürdig aus dass die Chinesen ganz eng zusammenrücken um wenigstens Sitzplätze für uns zu schaffen, für mich nimmt eine Mutter ihre schon recht große schlafende Tochter auf den Schoß, „che che" (= danke) ich bin froh, langsam war mir wirklich zum Umfallen; die Zeit dehnt sich endlos, da heißt es: „Kommt mit", auf einem Flur der „harten Klasse" wird uns eröffnet in der „weichen Klasse" seien fünf Betten freigeworden, die Ältesten stürzen sich sofort darauf und das ‚halbe Ehepaar' – Schluss, Herr Li informiert: „Die „weiche Klasse" ist ausgebucht weitere Möglichkeiten sind nicht zu erwarten, bleiben wir hier, sobald in der „harten Klasse" ein Platz frei wird belegen wir diesen" - gesagt, getan, bei jedem Halt verschwindet einer oder mehrere aus unserer Gruppe, irgendwann wird mir ein Brett in der Mitte eines dreistöckigen Etagenbettes zugewiesen, an der Gangseite ist eine Metalleiter angebracht, sehr schmal für meine breiten Füße, doch es nutzt nichts nur über diese ‚Hühnerleiter' kommt man hinauf, die schwere Tasche hochzuwuchten ist ein Kunststück und in der Breite füllt sie schon die Hälfte der Liegefläche aus, die Härte des Holzes wird durch eine dünne Auflage wenig gemildert, eine Art Laken das darüberliegt ist im Dunkeln kaum zu erkennen so wie der nicht mehr weiße Bezug des Kopfkisschens – ah, ich habe meinen Anorak an, klappe die Kapuze hoch und lege den Kopf hinein, ansonsten, was soll's ich bin ja angezogen; in Seitenlage, mit dem Handgepäck in den Kniekehlen ist gewisses Ausstrecken möglich, jedoch keine weitere Bewegung; es wird kühl, da bleibt nichts anderes übrig ich muss mir die feuchte Decke am Fußende über Bauch und Beine legen - au, ein Biss am Knie, ich haue mit der Faust auf die Stelle - Ruhe, ein paar Tage erinnert ein kreisrunder roter Fleck unklaren Ursprungs an dieses Erlebnis, vor Erschöpfung schlafe ich ein, mehr wie zwei Stunden werden es nicht, langsam ‚graut es den Morgen' und ich sehe mich um: gegenüber schlafen Chinesen, über und unter mir ebenfalls - mit Soldatenmützen an der Seite, die Entdeckung beruhigt mich denn Soldaten sind im Allgemeinen Leute die sich diszipliniert benehmen - aber was ist eigentlich mit unserer Gruppe? Niemand hat uns gesagt wie lange die Fahrt dauert und ich sah seit Stunden kein bekanntes Gesicht mehr, sind sie vielleicht ausgestiegen und haben vergessen mich mitzunehmen? Mir ist mulmig, doch was soll ich machen, ich kann nicht den ganzen Zug absuchen, mit Gepäck überhaupt nicht, das Tageslicht nimmt zu und Bewegung kommt in die zum Gang hin offenen Abteile, es bildet sich eine Schlange von Menschen die mit Zahnbürste in der Hand und Tuch überm Arm in eine bestimmte Richtung marschiert – da, Herr Li hat sich daruntergemischt und sieht nach ‚seinen Schäfchen', per Handzeichen beantwortet er meine Frage nach der Reisedauer - noch lange, na gut, ich bleibe liegen um die anderen nicht zu stören die noch schlafen, dann regt sich wer unter mir ein junger Mann steht auf, mir den Rücken zugewandt reckt er sich und macht ein bisschen Gymnastik, dann dreht er sich plötzlich um, schaut mir direkt ins Gesicht und seine Augen werden groß und größer - so große Augen habe ich noch nie gesehen, ich muss lachen und sage „ni hau" (= wie geht's), den üblichen Gruß zu jeder Tageszeit, verwirrt erwidert er „ni hau" und zieht sich zurück, als er von seiner ‚Zahnbürsten-Wanderung' zurückkommt klettere ich hinunter, bedeute ihm er möge auf meine Sachen aufpassen, er nickt sehr freundlich und ich reihe mich in den Gänsemarsch ein, der landet in einem Abteil mit kleinen Waschbecken, daneben ist eine Toilette, sogar mit Schüssel! Auf dem Rückweg werde ich von zweien ‚unserer Männer' nebenan erspäht und erhalte Regieanweisungen, so hole ich meine Reisetasche ab, bedanke mich bei meinem netten Aufpasser und begebe mich in den Speisewagen wo sich - oh Wunder die Gruppe wieder zusammenfindet, dort erfahren wir dass man vergessen hatte den „Weiche-Klasse"-Waggon für uns anzuhängen, er fehlte also ganz einfach, so entstand der Engpass, zudem musste Herr Li die ganze Nacht auf dem Flur hockend verbringen, für ihn war nicht einmal ein Brett freigeworden! Eine besondere Aufmerksamkeit wird uns zuteil, es gibt für jeden ein Spiegelei und zwei ungeröstete Scheiben Toastbrot, das Personal ist so stolz auf seine Leckerbissen dass Herr Li sich nur mit Mühe seine gewohnte Nudelsuppe erkämpfen kann, mir wäre sie auch lieber gewesen, aber - alle haben überlebt und sind zu neuen Taten bereit, z. B. sich für die Landschaft zu interessieren: die Bahnlinie folgt dem Fluss Fenh der in den Hoang He mündet, auf der linken Seite erscheint die Bergsilhouette des Hua Shan, des westlichen der fünf taoistischen Berge, zuletzt durchqueren wir das Wei-Tal und die Li-Qin-Ebene ein Loess-Gebiet mit Terrassenfeldern, ab und zu begegnen uns die Wachtürme der „Großen Mauer" auf Hügeln für Feuer- und Rauchsignale; **Xian** hieß früher Changan, war im 11. Jahrhundert Hauptstadt und Anfang bzw. Ende der Seidenstraße die bis Rom reichte, durch Zentral- und Westasien führte z. B. über Turfan, Isfahan den Handelsknotenpunkt im Iran und Byzanz: imponierend die alte Stadtmauer, ursprünglich 13 km lang, 11 m hoch, 5 m breit, mit „Trommelturm", die „Wildganspagode", 43 m hoch; im „Park Hua Qing" befindet sich das Kaisergrab von Qin Shi Huang Di des „ersten gottgleichen Kaisers" und die große Halle mit den Tonfiguren von 219 v. Chr., 220 m lang und 230 m breit: vorne in den drei Querreihen stehen je 70 Figuren, es folgen elf Reihen geradeaus parallel, die Abtrennungsmauern dazwischen haben eine Breite von 1 m bis 1,50 m, einfache Soldaten erkennt man an den quadratischen Schuhen und ihren Haarknoten, die Offiziere tragen Panzer und eine Mütze mit zwei Spitzen - wirklich verblüffend die individuellen Gesichtszüge, die Stärke der 'Terrakotta-Armee' aus Loess wird auf 6 000 Mann geschätzt, einen kleinen Bruchteil davon bekommt man zu sehen, dieser bereits unfassbar, es erfolgen weitere Ausgrabungen, Qin Shi Huang Di ging als der „Große Einer" in die Geschichte ein, die Länder die sich ihm widersetzten eroberte er gewaltsam, vereinheitlichte Maße und Gewichte, die Währung, verringerte die Schriftzeichen und ordnete ihre alleinige Gültigkeit an, leider wurden damit kulturelle Besonderheiten ausgelöscht, Intellektuelle die Widerstand leisteten wurden brutal umgebracht, er war der Initiator für den Bau der „Großen Mauer" und der Schaffung des „Grabmals" in Xian, starb 210 v. Chr., die Stadt hat 5, 6 Millionen Einwohner, meist große schlanke Menschen, Luftverschmutzung ist ein Problem; mir fällt ein Torbogen mit (für mich) griechischer Mäanderverzierung auf, in der Moschee treffen wir auf ein Team das Peter Ustinov filmt, wir laufen dem Mimen noch einmal über die Füße in den engen Gassen der Altstadt; auch hier, wie in anderen Städten, prägen das Straßenbild sauber und ordentlich gekleidete Leute, selten jemand Vernachlässigtes der sofort unangenehm auffällt, das große Hotel in dem wir untergebracht sind ist ein Neubau mit besonderen Angeboten z. B. eleganten Läden und - einem Frisör, die verklebten Haare waschen lassen - gute Idee! Der junge Mann gibt sich viel Mühe aber anscheinend wagt er nicht fest zuzupacken, Verständigung ist nicht möglich, jedenfalls bleibt mein Kopf unter dem duftigen Haaraufbau genauso schmutzig wie er vor der Behandlung war; abends werden uns in einem Theater (= xi) wunderschöne Tänze im Tang-Stil geboten, nur für Touristen, professionell in herrlichen Kostümen. Am anderen Morgen finden wir uns in einem Saal ein der von Ausländern bevölkert ist, zum Frühstück bietet man weißes Toastbrot, Butter, verschiedene Marmeladen, das Brot tiefgefroren lässt sich nur mit einem Hackmesser in Scheiben auflösen, alleine schafft man das gar nicht entweder rutscht die ganze Stange weg oder die abgetrennte Scheibe haut ab, so hilft jeder jedem: Amerikaner, Franzosen, Italiener und wir greifen zu wo es nötig ist, die abgepackten Butterportionen schwimmen in Eiswasser, da die Zeit knapp ist kann man aufs Auftauen nicht warten die harten Brotscheiben werden also mit Butterschnipseln belegt, Marmelade darauf und die Hoffnung genährt dass der heiße Tee die Bissen etwas besser verdaulich macht, der Verzehr ist mäßig, schade, frenetische Freude über das Entgegenkommen bleibt aus und die Enttäuschung darüber kann man dem Hotelpersonal an den Gesichtern ablesen! Das „Shanxi-Provinzmuseum" enthält vor allem Keramiken vom Neolithikum bis zur Ming-Dynastie (1368 – 1644), das Museum in **Xi'anyang** auf der anderen Seite des Wei-Flusses hat schöne Bronzen, keine Prototypen, aus Wei-, Shang-, Tang- und Zhou-Zeit (1600 - 771 v. Chr.), ein Gefäß mit umgekehrtem Prinzip der kommunizierenden Röhren zum Umdrehen, doppelte Schnecke aus Porzellan (römisch?), Wandmalereien des Grabes von Prinz Zhang-huai, Bodhiswana-Relief mit „Apsaras" (‚Engeln') die Instrumente halten, Statue aus Rhinozorosbein, Lanzen, Schwerter, Äxte, Pfeil und Bogen, beidhändig zu führende Lanzen mit langen Stielen, zweirädrige „Jagdwagen" und Pferdegespann, Krieger trugen Masken um die Feinde zu erschrecken, Grabplatten und Tonarbeiten und - der „Steintafel-Wald": alle Ereignisse der chinesischen Geschichte sollen hier festgehalten sein, Menge und saubere Schrift beeindrucken, mir begegnet ein Asiate der wie ich andächtig die Tafeln bestaunt, er schaut mich an „can you read them?" „No not at all", logisch denke ich, da lacht er „me too, me too", jetzt lache ich mit; die 600 km bis Langzhou fliegen wir, brauchen dafür 1 1/2 Stunden, zunächst geht es über hügeliges und zerklüftetes Land offensichtlich nicht besonders fruchtbares, größeres Wasser wohl ein Fluss der salzig versickert, nach einer Stunde wird's bergig und kahl, breite Tieflandrinne, wieder Berge und Hügellandschaft (Landschaft = shanshui = Berge und Wasser, Wasser ist übrigens „Essenz von Jade"), einzelne Bergzüge, teils spitz zulaufend teils Hochebene, kaum besiedelt, wenige Straßen, Pisten? Wir sind da, die Stadt liegt 75 km vom Flugplatz entfernt, während der Busfahrt ist erneut Zeit für Beobachtungen: Sandhügellandschaft, Lehmhäuser, Höhlenwohnungen für Bauarbeiter und Bauern Zuflucht bei Hochwasser, Chemiefabrik flämmt ab, Arzneimittelindustrie, Aluminium-Herstellung, Petro-Chemie, Glasbläserei; Berge rot-weißer Erde aus der Umgebung zur Produktion von ‚gesprenkelten' Ziegeln, Textil- und Baumwollindustrie, um die Betriebe herum wurden Wohngebäude errichtet, Unterkünfte für alleinstehende Frauen gibt es nicht, das Arbeitskollektiv „dan wei" überwacht die „5 Garantien": Nahrung, Kleidung, Brennstoff, Kindererziehung, ehrenvolles Begräbnis, arbeitet mit den Straßenkomitees zusammen; **Langzhou,** die Bezirkshauptstadt der Provinz Gansu bedeckt eine Fläche von 2 000 m² und hat 1 Millionen Einwohner, sie liegt 1 500 m hoch am Gelben Fluss und ist Ausgangspunkt für Pilger- und Handelsreisen nach Tibet, Qinhai und Xinjian (Sinkiang), übrigens hat der „Hoang he" eine Gesamtlänge von knapp 5 500 km, mündet in den Golf von Bohai wo durch seine Ablagerungen Land gewonnen wird, inzwischen 10 km² Schlickgebiet, erhebliche Erdölvorkommen, im Museum eine Replik, Original in Peking, aus dem Grab von Lei Tai - als Denkmal in der Stadt zu bewundern: das „Fliegende Pferd", kunstvoll schön hatte es anfangs Flügel wie 'Pegasus' - der ursprünglich von Dorern stammt, viel Keramik gibt's zu sehen, Gansu-Töpferwaren, auch ein hübsches Einhorn; von der Goalan-Höhe aus erfreut der Blick über die Stadt genauso wie die Pavillons dort oben und die „Weiße Pagode", massiv gebaut, 27 m hoch; im Norden erhebt sich der Baita Shan, weit im Süden bildet das Qinlin-Gebirge die Wasserscheide zwischen Hoang he und Yantze, sowie die Klima- und Kulturgrenze von Norden und Süden, in Langzhou tragen die Männer eine weiße Kopfbedeckung, die Frauen dreifarbige Kopftücher, Oberleitungsbusse gibt es, Untersuchungs- bzw.

Forschungsinstitute und überall wird ja morgens gefegt - auch hier, aber das Leben wirkt etwas hektisch, wir verzehren im „Lanchan Snack" eine außerordentlich wohlschmeckende Eigenprodukion-Nudelsuppe. Morgen steht ein Ausflug zum „Tausend-Buddha-Tempel" (Tempel = sen) von Bingling Se auf dem Programm der den ganzen Tag dauern wird, bei dem Vorbereitungsgespräch am Abend fragt eine Frau „bekommen wir ein Lünchpaket mit?" Beinahe wäre ich vom Unterdrücken meines Lachens geplatzt, Herr Li bringt tatsächlich fertig ernst zu bleiben und bejaht.

Ab und zu möchte man auch ein Andenken für sich oder ‚Zurückgebliebene' erwerben, Vorsicht ist bei Handzeichen geboten denn beispielsweise bedeuten in China Daumen und Zeigefinger 8 und nicht 2, also der Zeigefinger beginnt mit 1 (i), Zeigefinger + Mittelfinger = 2 (ö) usw. 3 (san), 4 (si), 5 (wu), Daumen + kleiner Finger = 6, Daumen, Zeige- und Mittelfinger zusammendrücken = 7, Daumen + Zeigefinger = 8 , Daumen + Zeigefinger bilden ein O oder gekrümmter Zeigefinger = 9, Faust oder mit je einem Finger der Hände ein Kreuz bilden = 10 - aber zunächst sitzen wir also wieder im Bus, unterwegs Felder in Schluchten: Melonen, Pfirsiche, Datteln, Äpfel, Birnen, künstliche Baumanpflanzungen - mit ‚Rasensprenger'! Überall salzhaltiges Wasser, Tankstelle wird besonders angesagt, Leute spielen etwas mit ‚Polostock und Bocciakugeln', Soja- und Erdnussölgewinnung, nach zwei Stunden steigen wir in ein Schiff um, der Stausee ist 140 m tief, zuerst hat das Wasser eine flaschengrüne Farbe dann dunkelblau zuletzt erdbraun wie der 'Gelbe Fluss', Netze verlaufen parallel zum Ufer, eines ist quergespannt mit Tieflegung für die Fahrrinne, da ist er wieder - der wunderschöne dunkelbraune Raubvogel mit den langen Schwingen! Vorbei an den „Beiden Schwestern" bildet der See eine breite Ausbuchtung mit einer 60 m hohen Sandsteinwand, in diesen Fels sind etwa 200 Nischen und Höhlen mit Statuen eingearbeitet worden, die ältesten sind 1 600 Jahre alt, einige der besten stammen aus der Tang-Zeit 618 - 907 n. Chr, in den Genuss sie anzusehen kommt man jedoch nur in deren Nähe, zunächst akrobatischer Balanceakt und Kletterpartie, das Schiff sitzt für die einzig vorhandene Anlegestelle viel zu hoch auf dem Wasser, ich bin gespannt - was gibt's jetzt - umsteigen in Boote wie vor Helgoland? Nein, viel einfacher: eine lange schmale Holzplanke stellt die Verbindung zwischen Schiff und Ufer her, an ihrem Ende verstärkt ein Schemel die Haltbarkeit und dämpft ein bisschen das Schwanken, ‚Frau Mia' bleibt an Bord und bietet an die Handtaschen in ihrer Obhut zurückzulassen, fast alle entscheiden sich spontan dafür ich auch, stecke in eine Tasche des Anoraks die ‚Fotografiermaschine' in die andere abgepackte Kuchen aus dem ‚Futterpaket', die Taschen zugezogen und los; es war gar nicht so schlimm wie es aussah denke ich - und stehe nach dem Akrobatikakt vor einem fast mannshohen Zaun der den Zugang zum Weg versperrt, helfende Hände strecken sich mir entgegen wie den anderen, da faucht Herr Li die Anbieter böse an, zu mir gewandt sagt er dann „sie brauchen das nicht, können das alleine" - Dank für dieses für uns ungewohnte eben chinesische Kompliment, aber bis ich diesen Vorgang verstehe benötige ich trotzdem eine Weile, Hilfsbedürftigkeit wird als Schande empfunden lerne ich - es geht wirklich ohne Hilfe und nach der Besichtigung schicken wir uns an auf demselben weil einzigen Pfad zurück zum Schiff zu gehen, kleine Mädchen mit Schalen blankpolierter Steine kommen uns entgegen, bieten sie zum Kauf an, eine ‚akademische' Dame gibt dem

Kind mit den schwarzen Zöpfen Geld weist den Stein aber verächtlich ab, das ärgert mich „warum tun Sie das? So was von Überheblichkeit!" „Was soll ich denn mit einem Stein? Die liegen hier ja überall herum" ist die Reaktion - „spielt doch keine Rolle und wenn Sie ihn später auf dem Schiff wegwerfen, die Kinder wollen nicht betteln und andere Sachen zum Verkaufen haben sie nicht", staunend hat die Kleine den Disput verfolgt von dem sie kein Wort verstand aber wohl den Tonfall begriff, sie pflückt für mich ein Blümchen und weicht nicht mehr von meiner Seite, als sie merkt die erhobene Hand will sie nicht schlagen, lässt sie zu dass ich ihr den Arm um die Schultern lege, ein weiteres Mädchen gesellt sich zu uns, mir fallen die Kuchen ein und wir verzehren sie fröhlich gemeinsam, da kommt uns ein alter ehrwürdiger Mann entgegen, bleibt stehen, freut sich an unserem Anblick, ich darf ihn knipsen - allerdings ohne Stock (!), den er schnell weglegt; auf dem Wasser sind Flöße unterwegs aus Bambusstangen mit aufgeblasenen Ziegenbälgen darunter, das übliche Verkehrsmittel hier, so werden auch Tiere zum Weiden ans andere Ufer befördert, der Abschied fällt schwer, weil ich kein Geld dabeihabe bekomme ich einen Stein geschenkt, wir winken uns zu bis die Entfernung Menschen zu Ameisen werden lässt, jetzt darf das Steinchen ins Wasser, nebenbei - die Lunchpakete waren eine angenehme Überraschung, mit Obst, Tomate, gekochtem Ei und Sandwiches liebevoll und sättigend zusammengestellt; auf der nun 2 1/2 stündigen Fahrt muss ich über einen amerikanischen Chinesen schmunzeln der an Deck in absolut korrekter Haltung auf und ab geht bekleidet mit einem völlig verschmutzten Anorak - imponierend, wir sehen bestimmt nicht besser aus sind aber weniger selbstbewusst, das Schiff gleitet ruhig dahin, rechts und links ragen nahe dem Ufer steile Felswände empor, mit der Zeit nehmen sie an Höhe ab, sind manchmal schräg und haben künstliche Höhlen bis sie in eine kräftige Hügellandschaft auslaufen, gelegentlich begegnen uns hübsche flache chinesische Ausflugsboote, unser Schiff ist leider ein richtiges, jedenfalls bin ich dankbar dass uns dieses Erlebnis zuteil wurde denn ausreichender Wasserstand ist dafür Bedingung; wieder in den Bus für zwei Stunden, wir kommen an Erdrutschstellen vorbei, eine Wasserleitung ist über Land verlegt, schmal, verrostet, Hirsestroh wurde kugelig aufgeschichtet, aufgerissener trockener Boden folgt, Sandstein, Schiefer, aufgetürmter Sand mit magerem Grünbewuchs; Weiterreise ist angesagt deshalb fahren wir zum Flughafen, außer uns will niemand weg, wir haben die Wartehalle für uns allein können uns ausdehnen, friedliche Ruhe breitet sich aus es tut sich nichts, als Herr Li an uns vorbei um die Ecke schleichen will wird er gegriffen und befragt, er zuckt die Achseln, wir sollen warten Ruhe bewahren „schuchi schuchi", wenig später bewegt sich unsere aus Deutschland mitgebrachte Reiseleiterin in die gleiche Richtung, „wie sieht es aus Frau Mia?" Sie reagiert genauso wie ihr Kollege „schuchi schuchi", aha - das dauert noch einige Zeit, die kann ich dazu benutzen Postkarten zu schreiben, in der Flughalle ist ein Schalter an dem man Briefmarken kaufen kann, die Gelegenheit für mein Vorhaben also sehr günstig, habe mein Pensum erledigt, die Marken sind erworben - aber Himmel die kleben nicht! Das Mädchen am Schalter bietet seine Hilfe an und siehe da bei ihrer Spucke bleiben sie haften, ich versuche es noch einmal - vergeblich, da überlasse ich ihr auch die restliche Versorgung, vielleicht reagieren chinesische Briefmarken nur auf chinesische Spucke, das wäre

Patriotismus in Höchstform! Ich bekomme die Karten beklebt zurückgereicht, befördern kann sie das Mädchen nicht dafür ist der Einwurf in das wenig vertrauenerweckende Briefkästchen nötig welches nahebei schief an einem Nagel hängt - alle Post kam tatsächlich an! Mindestens zwei Stunden vergehen bis wir erfahren dass keine reguläre Maschine für unseren Transport zur Verfügung steht, ein Militärflugzeug würde uns aber befördern, das ist im Handumdrehen da und wir steigen ein, in den kleinen Sitz passt man nur hinein wenn man sich einige Male zusammenfaltet, die Beine sind dann immer noch zu lang, es wird mitgeteilt dass die Koffer dableiben müssen, sie kämen nach, als wir abheben steht mitten auf dem leeren großen Flugplatz ein Häufchen einsamer Gepäckstücke - welch trauriger Anblick, ob wir sie jemals wiedersehen? Die Faszination der Landschaft macht die Unbequemlichkeit vergessen, „Hexi-Korridor": Berge, Sandflächen offenbar bewässert, Felder, erneut Hügelketten, ‚Bilderbuch'-Wüste, Felsoasen, begrünte Oasenflächen, drei Ortschaften, drei große Straßen querab, Sand weniger windgewellter übergehend in fast völlig ebenen mit ‚Wüstenrollen', nun dunkleres Braun der Erde, ganz glatt, am Rand ein Stück wie aufgeplatzter Hefeteig, abgeplattet, sehr großer Höhenzug mit sandigen Ausläufern, wieder rissiger ‚Hefeteig', dazwischen flacher Sand und ab und zu ‚Waschküchen'-Nebel, Fluss, drei Seen, Sand mit weißen Flecken in den Senken der Dünen (Salz, Kalk?), Flussstück ohne Anfang und ohne Ende - wir landen, aber nicht in Dunhuang sondern in **Gadshuan** - wieso hier? Auch unsere Begleiter sind ratlos, sie wissen es nicht, aus der Halle des Flughafens heraustretend sehen wir des Rätsels Lösung: nicht allzu weit entfernt wirbelt ein Sturm Sand in unterschiedlicher Dichte auf, grelle Blitze fahren zu Boden, ein unheimlicher phantastischer Anblick - aus sicherem Abstand, guter Rat ist teuer, weit und breit gibt's keine Übernachtungsmöglichkeit, die reservierte Unterkunft ist Stunden entfernt, unsere beiden Organisatoren treiben Kleinbusse auf und los geht's auf eher Feldwegen als Straßen was Gerüttel bewirkt, dass nach etwa 1 1/2 Stunden Fahrt eine Frau darum bittet einmal anzuhalten - keine Reaktion, die Forderung wird dringlicher schließlich Allgemeingut, die Nieren sind leer die Blasen voll, wir müssen raus! Kein Baum kein Strauch, nur Sand und einige Mauerreste, bis ich die erreiche muss ich feststellen die Männer waren schneller, also zurück zum angedeuteten Straßengraben, dort reihe ich mich in die ‚Hasenkolonne' ein, einsteigen und weiter geht's, erleichtert kann ich sogar ein bisschen dösen; wir kommen zu unserem Ziel-Hotel morgens gegen 5 Uhr, natürlich ist alles dunkel und es dauert eine Zeitlang bis Klingeln und Klopfen einen verschlafenen Menschen auf die Beine bringen, ihm und uns ein Licht aufgeht, ganz schnell liegen wir in den Betten denn bald soll das vorgesehene Tagesprogramm beginnen; zufällig habe ich zwei Ersatz-T-Shirts im Handgepäck, so wenig frisch wie das von gestern, ich lege die drei aufs Bett und ziehe das an das noch nicht ganz so schmutzig aussieht wie die anderen, diese bewährte Methode wird noch häufiger praktiziert denn wir halten uns ja oft nur eine Nacht irgendwo auf, das ist zum Wäschetrocknen zu kurz, an den drei Jeans-Hosenröcken habe ich meine Freude, sie sind genau die richtige Bekleidung, ich kann überall ungeniert herumklettern, mich zum Sitzen fallen lassen wo ich gerade bin, sie nehmen nichts übel und sehen bis zum Schluss passabel aus, besonders der dunkelblaue, über die Brühe die zu Hause aus der

Waschmaschine sprudelt möchte ich mich lieber nicht äußern! Die Oase **Dunhuang** liegt zwischen den Wüsten Gobi und Taklamakan an der Ostspitze des Tarimbeckens am Dang-Fluß, ein Ende der „Großen Mauer", das „Jadetor", ist in der Nähe und der „Mondsichelsee" hinter den ersten hohen Dünen der 'Taklamakan' = Land ohne Wiederkehr, „wer in die Wüste hineingeht, kommt nicht mehr heraus", wegen ihrer Gefährlichkeit gabelte sich hier die antike Seidenstraße, führte oben an den Ausläufern der nördlichen Tian Shan Berge entlang nach Turfan, Ürümqi, Kucha, Aksu bis Kashgar, verlief als südliche zwischen Südrand der Taklamakan und dem Kunlun-Gebirge mit Abzweigung in den Himalaya nach Lhasa und Indien; wir gehen in die Wüste, ein paar welche auf die Erhebungen stürmen wollen werden von rieselndem Sand ausgebremst, zu tiefes Einsinken treibt sie zurück, unten entlang laufen ist auf festgetretener Unterlage problemlos, der See entspricht genau seinem Namen – sehenswert; zwei Männer auf Kamelen reiten an uns vorbei weiter hinein, wir treten den Rückweg an der Voraussage trotzend, aber es war auch nicht weit, interessant ist ebenfalls einmal das Grün zu verlassen um in die Steppe hinauszufahren bis wieder Sand die Oberhand gewinnt; doch vor allem sind wir hierhergekommen weil wir die Malereien und Statuen in den „Yungang- Grotten" anschauen möchten, die Mugao-Höhlen in denen sie sich befinden, 27 km von Dunhuang entfernt in der Oase **Qian Fo Tung** wurden aus dem Sandstein einer 1 1/2 km langen Steilwand herausgemeißelt, 492 an der Zahl in drei Etagen, künstliche Galerien, 5 100 Reliefs und Statuen soll es hier geben, letztere aus Stroh mit Lehmschicht oder Gips darüber z. B. „Buddha Chakjamuni" in der Mitte, „Bodhisattwas" rechts und links von ihm, ebenso einfachere Schüler, entweder umgibt Buddha eine Flammenmandorla (älter) oder es sind Lotosblütenblätter, vor ca. 1 600 Jahren entstanden auch hier die ersten Figuren, etwas Besonderes sind die Fresken ab 4. bis 14. Jahrhundert geschaffen, in der trockenen Wüstenluft blieben die Wasserfarben erhalten, wunderschöne „Apsaras" (Sanskrit = himmlische Feen) und „Gandarvas", männliche Himmelsgestalten, eine Mischung aus hellenisch-römisch-indischen Einflüssen, es soll auch eine uralte Bibliothek aus Stein gegeben haben die sich nun teilweise in britischen Museen befindet, Rest in alle Welt verstreut, zu den Klostergrotten kam es durch Reisende die ein Opfer brachten bevor sie sich auf den Weg machten oder als Dank für eine gesunde Heimkehr Geld spendeten, die Höhlen sind umschichtig zur Besichtigung geöffnet um die Gemälde zu schonen, kein Problem - die Aufnahmefähigkeit ist sowieso begrenzt, was zu schaffen macht ist dass jeder Besucher bald unter Genickstarre leidet denn die Deckenmalereien sind die schönsten; wir hatten nur wenig geschlafen so gibt es reihenweise Kreislaufschwierigkeiten meine Zimmerkollegin eingeschlossen, ich stütze sie bringe sie langsam zum Erste-Hilfe-Platz, helfe ihr noch in das Rote-Kreuz-Auto das sie ins Hotel transportiert, erst am Abend treffen wir ebenfalls dort ein und - fallen in der Eingangshalle über unsere Koffer - eine tolle Überraschung! Der meiner ‚Zimmerhälfte' steht auch noch da, so nehme ich beide mit hinauf, Frau M. liegt auf ihrem Bett: „wie geht es Ihnen, besser?" Sie faucht: „sie haben mich im Stich gelassen, alleine musste ich ins Hotel zurück ohne Ihre Begleitung", mir verschlägt es zunächst die Sprache sage dann „ich verlor doch schon Zeit" und „übrigens habe ich Ihren Koffer mit heraufgebracht", sie ringt sich ein „danke" ab; schön, immer wenn man kaum das Zimmer betreten hat, kommt ein dienstbarer Geist mit einer Kanne heißen Wassers (= kai schwei), Tassen und Teebeutel stehen benutzbar da, einen Tee (= tscha) zu bereiten ist schnell gemacht, Frau M. erwartet stets von mir versorgt zu werden, dieses Verlangen erfülle ich nicht ständig, aber heute.

Der nächste Tag gehört einem Wüstenstreifen und seiner Umgebung, dort gibt es Baumwollfelder mit auffallend niedrigen Büschen - mühsame Pflückerei, einen Esel und ein hellrosa Schwein, kein schwarzes; abends sitzen wir in einem Kleinbus auf dem Weg zur Bahnstation Linyuan: nach fruchtbarem Gebiet Steppe, dann erneut Wüste gelegentlich mit weißem Belag, zuletzt wird die Naturstraße von einer angelegten abgelöst; der Fahrer hat einen jungen Mann mitgebracht, die örtliche Reiseleiterin noch ein Mädchen, sie nehmen uns die Plätze weg, ‚dudeln' Kassetten, reden laut und lebhaft, machen aus unserem Transport offensichtlich eine private Vergnügungsreise - die Tage waren anstrengend, wir sind müde möchten ein wenig schlafen, es interessiert nicht, Herr Li versucht bei seinen Landsleuten zu vermitteln - völlig vergeblich er ärgert sich nur; auf dem Bahnhof warten weitere Reisewillige mit ‚Tscherkessen-Gesichtern', die Zugfahrt geht über die Oase Hami unterhalb der Shan-Shan-Berge die für ihre Wassermelonen bekannt ist, es gibt sie reichlich man verkauft sie sogar auf dem Bahnsteig, die Taklamakan liegt links der Strecke, nun Sand in merkwürdigen Formen aufgestapelt oder abgetragen vom Wind, danach eben und dunkelbraun manchmal schwarz wie Lavasand, rechts erhebt sich zunehmend eine doppelte Bergkette die hintere schneebedeckt, der Bogdan Shan Ausläufer des Tian Shan des „Himmelsgebirges"; erneut viele Gräber entlang der Bahnlinie kleine, gekennzeichnete Erdhügel, etliche Arbeiter ließen ihr Leben für den Bau des Schienenweges, die nächste Station ist **Turfan,** wir steigen aus - wo sind die Koffer? Nicht da, nach drei Tagen trudeln sie wohlbehalten ein, schade dass sie nicht erzählen können wo sie sich herumgetrieben haben; wir sind ja mittlerweile im Improvisieren erprobt außerdem ist dieses Mal die Wahl der Bekleidung noch einfacher - das was abends ausgezogen wird zieht man morgens wieder an, diesmal glückte die Überraschung total! Die Turfan-Senke im Tarimbecken, größer als die Schweiz, ist nach dem 'Toten Meer' das tiefstgelegene Gebiet der Erde, bis 200 m unter Meeresniveau und die niedrigste Stelle in China, im „Ofen Zentralasiens" sind Temperaturen bis 40°C keine Seltenheit, aber trockene Hitze, die Fruchtbarkeit der Oase ist dem „Karez-System" zu verdanken: tausend unterirdische Kanäle leiten vom Tian Shan die Schmelzwasser des ewigen Schnees in ein weitverzweigtes Tunnelsystem, diese Art der Bewässerung nach uraltem persischem Vorbild funktioniert hervorragend, die Trauben von hier, hauptsächlich helle und kernlose mit einem Zuckergehalt von mehr als 60%, sind der Stolz der Stadt und Haupt-Handelsobjekt, besonders als Rosinen, es gibt aber ebenso eine Menge Honigmelonen, Muslime, die grüne Farbe des Islam herrscht im Straßenbild vor; entlang der Seidenstraße entstanden Rast-Stationen von denen sich einige zu Städten entwickelten, auf der Fahrt nach **Jiaohe** verläuft die Straße zunächst durch Sandwüste, am Horizont erscheinen vier Bergzüge hintereinander, vorbei an einem mächtigen Sandwalbuckel erreichen wir die Ruinenstadt: in der Han-Zeit (206 - 220 n. Chr.) war sie sogar Provinzhauptstadt mit

10 000 Einwohnern, beeindruckende Überreste auf einem Loesskegel zwischen den „Flammen"- oder „Feuer"bergen und der Taklamakan zeugen davon; übrigens erscheinen die Berge tatsächlich rotglühend, wenn die Sonne in einem bestimmten Winkel dazu steht, bei Nachmittagsbestrahlung ist der Fels dann gelb und rötlich, der eines Höhenzuges versetzt davor ganz hellgelb, rot-grau und braun, die Nachfolgerin von Jiaohe war die Wüstenstadt **Gaochang** (618 - 907 n. Chr.) mit Stadtmauer, Stupas und Tempeln, direkt daneben liegen die „Beizeklik-Höhlen" oberhalb des Murtok-Flusstales am Nordostrand der Taklamakan, freigelegt wahrscheinlich durch einen Erdrutsch entdeckten sie Le Coque und Grünewald, einige Stücke der hübschen Fresken befinden sich im 'Völkerkundemuseum' in Berlin, viele in Delhi (nicht ausgestellt) und in London, darunter seien europäische Gesichter, Rothaarige und Blauäugige, man begründete seinerzeit den Abtransport mit den fehlenden Möglichkeiten der Erhaltung vor Ort, die Chinesen bezeichnen das heute als Vorwand - was gibt es noch zu sehen? Die „Hastana-Gräber" mit Mumien, hervorragende Persönlichkeiten aus Gaochang wurden hier bestattet, das „Emin-Minarett" in zentralasiatischem Stil 2 km außerhalb von Turfan, Turm vor 200 Jahren aus Ziegeln und Lehm erbaut, 37 m hoch, mit sehr schönen verschiedenen Ornamenten, die sich wie Bänder um die Rundung legen, reich verziert; am Abend werden wir eingeladen: einheimische Musiker mit teilweise merkwürdigen Instrumenten und anmutige Tänzerinnen finden sich ein, im Hof des Hotels stehen die einfache Bühne und Sitzbänke in einer großen Laube, welche mit Weinranken dicht bewachsen ist. Anderntags letzter Blick auf die baumwollbeladenen Eselskarren und das eckige ‚Holzdenkmal' inmitten der Stadt, erstmals mit zwei unterschiedlichen Schriften versehen, heute sitzen wir wieder im Bus auf dem Weg nach Ürümqi da taucht eine echte 'Fata Morgana' auf: Kamele laufen quer über die Straße an einem breiten Wasser entlang - wirklich verblüffend! Jetzt geht es ins Gebirge hinein, etwas entfernt begrüßen uns teilweise schneebedeckte Gipfel und ein Gletscher, im flachen Land fahren wir an Ruinen von ehemaligen Karawansereien vorbei und neuen Haltestationen, nun drei Seen in Sicht zwei davon sehr groß, grüne Wiese mit Bächlein von Tuffsteinbergen umgeben, danach Hügel aus Lavasand mit gelbem Sand dazwischen, kommen zur Provinzhauptstadt von Xinjiang (Sinkiang) **Ürümqi**: reine Industriestadt, Textilien, Wollteppiche, Jadeschnitzereien, Musikinstrumenten-Herstellung aus Maulbeerbaumholz, Chemiewerk, Stahlproduktion, Kohleabbau über und unter Tage - das Vorkommen soll 1/8 des Landes betragen; die Stadt hat zehn Universitäten, außerdem technische Institute, sie erstreckt sich über eine Fläche von 70 km² und liegt 900 m hoch, die Temperaturen schwanken das Jahr über zwischen 37°C und -25°C, 1,6 Millionen Einwohner gibt es und einen kleinen Slum-Bezirk, die Mädchen tragen entweder Bubikopf oder das Haar mittellang und vielfältige Kleidung - Peking ist weit, 3 000 km entfernt! Neben alten Lehmbauten ist ein schöner moderner Rundbau aus Glas mit Zackendach vorhanden, Wahrzeichen: der Rote Berg mit Pagode und dem Gegenstück auf der Spiegelbild-Seite „zur Besänftigung des Drachen"; heute Abend sind die Pausen zwischen den einzelnen Essensgängen extra lang, außerdem werden ständig irgendwelche Leckerbissen an uns vorbei in einen angrenzenden Raum getragen, es stellt sich heraus die bevorzugte Behandlung gilt Parteifunktionären, das verärgert, auch die anderen chinesischen Gäste schimpfen

erbost ohne dass es etwas nützt; glücklicherweise können wir nun wieder über unsere ganze Bekleidung verfügen denn morgen soll der Ausflug zum „Himmelsee" (Tianchi) stattfinden, ohne Wollsachen würde ich bestimmt jämmerlich frieren. Der See liegt zwischen den Bergen in einer Höhe von 1 950 m im Bogda-Gebirge am Südrand der Dzungarischen Wüste, der höchste Berg dieses Höhenzuges ist der firnbedeckte Bogda mit knapp 5 500 m, das Dzungari-Gebiet im Norden 3 800 km² groß wird vom Altai-Gebirge umschlossen, Kasaken (= Abgesonderte) leben dort die sich seinerzeit von der 'Goldenen Horde' abspalteten, Nomaden die ihrer Gewohnheit gemäß mit Jurten unterwegs sind, runden Zelten bestehend aus einem Holzgerüst über das eine Decke aus Fellen gezogen wird, innen sind sie mit Teppichen und Kissen ausgestattet, manchmal trifft man auch in angrenzenden Regionen auf sie und einige wurden sesshaft - wie man an unserem örtlichen Reiseleiter unschwer feststellen kann, mich überrascht sein ausgesprochen ‚europäisches' Gesicht; die Straße führt anfangs steil nach oben, an Bergen wie Schuttkegel vorbei, zunächst ohne dann mit Grasbüscheln bewachsen verläuft sie bald in Serpentinen, auf einer Hochebene stehen Jurten, wir steigen aus: mit den sehr scheuen Kindern komme ich über den Fotoapparat in Kontakt, offensichtlich kennen sie so etwas nicht, schade dass ich die Sofortbild-Kamera nicht dabeihabe mit ihr wäre das ‚Geheimnis' besser zu erklären, der Junge ist dunkelhaarig und dunkeläugig, die Mädchen haben rote Haare und Sommersprossen bei hellbraunen Augen; der „Himmelsee" ist ein wunderschöner klarer Bergsee in dem sich Bäume und Gipfel auch der majestätische Bogda spiegeln, Nadelwald herrscht vor wie zuletzt auf der Strecke aber hier mit Pappeln und Birken durchsetzt, ein Boot steht für uns bereit und bald gleiten wir über die völlig ebene Wasserfläche - eigentlich könnten wir auch in der Schweiz oder in Kanada sein denke ich gerade, da erscheint auf einem Felsvorsprung ein kleiner Pavillon mit einem Dach dessen Enden typisch nach oben gebogen sind - nein, das gehört eindeutig nach China! Obwohl die Sonne scheint ist es arg kalt, dazu noch der Fahrtwind - steifgefroren steigen wir aus, bewegen uns wie Eiszapfen, ich trotz Mantel; das umgebende Gelände ist hügelig, der Boden moosbedeckt und spärlich mit Gräsern bewachsen, Wochenendhäuschen aus Holz fügen sich harmonisch in die Landschaft ein, Rotwild dazwischen äsend zieht sich gemächlich zurück sobald man näherkommt, wilde Dattelbäume wachsen hier, die kleinen Früchte sehen wie Oliven aus und die Wanderwege sind mit Bänken bestückt, ein paradiesisches Fleckchen Erde zauberhaft schön - wer genießt es? Funktionäre, besonders als Jagdrevier sei das Gebiet beliebt - ich bliebe gerne länger jedoch magere Versorgungsmöglichkeiten und die für uns primitiven sanitären Einrichtungen erleichtern den Verzicht der ohnehin nicht zu umgehen ist; auf dem Weg zurück steht unter den Tannen ein Wolf, die gibt's hier also auch, von Ürümqi aus begeben wir uns noch nach **Kutscha** zu den „Muugoo-Höhlen", von ursprünglich 1 000 wurden 200 restauriert, 70 sind zu besichtigen, sie entstanden in der Zeit vom 4. bis zum 14. Jahrhundert, in den Gemälden macht sich persischer Einfluss bemerkbar auch sind die Reste manichäischer und nestorianischer Malerei zu finden, ‚Mani' vereinigte in seiner Lehre Christentum, Parsismus und Buddhismus, predigte im 3. Jahrhundert in Indien und Persien: „Vom Dunkel zum Licht" („per aspera ad astra", analog in Latein), Zoroaster (Parsen) intrigierten gegen ihn am babylonischen Hof bis seine Kreuzigung verfügt und vollzogen wurde, 'Nestorius' verbreitete im 4./5. Jahrhundert die Lehre: in Christus seien Gott und Mensch getrennt; an den Seitenwänden mancher Höhlen sind kanonische Schriften gefunden worden sowie das älteste gedruckte Buch die 'Diamant Sutra', die ein Londoner Archäologe erwarb.

5 Uhr, raus aus dem Bett es steht der Flug nach Kashgar an der westlichsten chinesischen Stadt am Rande des Pamir, sie gehört ebenfalls zur Provinz Xinjiang die Ostturkestan und die Dzungarai umfasst in der viele Turkstämme leben, die Außengrenzen haben eine Länge von 5 000 km, davon betreffen 3 000 km die ehemalige UdSSR, wir fliegen an der Nordkante des Tarimbeckens entlang, sehen wie der Tarim in der Wüste versickert und haben einen herrlichen Blick auf das Band der schneebedeckten „Grenzberge" des Tian Shan, eine Strecke von 1 700 km wird in 2 1/2 Stunden überwunden - die Überland-Reise würde drei Tage in Anspruch nehmen; **Kashgar** eine typische Grenzstadt, Zentrum des Landes der Uiguren, Nomaden welche die Steppe beherrschten, über 2 000 Jahre alte Turksprache in Wort und Schrift mit arabischen Buchstaben, das Gebiet hat sechsmal die Größe der alten BRD, ist reich an Silber, Jade, Erdöl, Baumwolle, Trauben (Rosinen), Melonen, hier war der Umschlagplatz für die Karawanen, hauptsächlich aus Afghanistan und Turkestan, aber auch Treffpunkt der oberen und unteren Seidenstraße, die Stadt blieb Handelsmittelpunkt für alle Länder ringsum, z. B. auch für Pakistan dessen Grenze nur ca. 200 km entfernt ist; Kashgar liegt in einer Höhe von 1 300 m, was zu uns bekannten Erzeugnissen führt wie Kartoffeln, Wurzel- und Kohlgemüsen, Getreide für Brot, wenn letzteres auch in Fladenform, zum ersten Mal auf unserer Reise gibt es zum Abendessen Kartoffeln, zudem ausreichend und satt - was schmecken sie so köstlich wenn man sie lange entbehrt hat! Einer aus der Gruppe schleicht sich später auf den Markt, erzählt anderntags dass er Hundefleisch versuchte und es nicht schlecht fand; das Leben hier hat einen eigenen Zuschnitt: es gibt „Basare" statt „Freundschaftsläden", Minderheiten-Kindergärten - für jede Volksgruppe extra, doppelte Beschriftung chinesisch und uigurisch und Mädchen mit langen Zöpfen, hier 'gehen die Uhren anders' wenn sie auch offiziell die im ganzen Land übliche „Peking-Zeit" anzeigen, z. B. in der Mitte des Ortskerns an dem üblichen Holzpfeiler, er trägt eine Uhr mit Westminster-Schlag und ist umgeben von einer kleinen Blumenanlage - Peking ist sehr, sehr weit weg! In den Basaren und an den Straßenständen bekommt man alles was man sich wünscht u. a. feste Stoffe bis zu ganz feinen in leuchtenden Farben, handgeknüpfte Teppiche, Pelzwerk, wunderschön beschlagene Truhen und Messer in allen Größen mit kunstvoll verziertem Griff; die Männer die hierherkommen waren tagelang unterwegs, wanderten am Wüstenrand entlang oder überquerten die Berge, sie verkaufen ihre Produkte setzen den Erlös in Waren um die sie einhandeln und machen sich dann auf den beschwerlichen Rückweg - diese Lebensweise prägt das Stadtbild, vielfältig, bunt, bodenverhaftet, die Menschen leben von der Erde mit und auf ihr, sie dient als Sitzgelegenheit zum Essen, Trinken, Reden, Spielen, als Schlafplatz und der Friseur übt sein Handwerk am Straßenrand aus; wir besichtigen verschiedene Moscheen, die Konkubinengräber der Frauen aus dem Stamm der Hodscha und einen Kindergarten in dem die Jungs Soldatenmützen tragen und Gymnastik per Trillerpfeife

gemacht wird, interessant sind dort die Musikinstrumente besonders das mit Schlangenhaut bezogene Tamburin - und die kleine Tänzerin fällt auf, ein anmutiges Naturtalent; nahe dem Basar gibt es ein überdachtes Viereck mit Holzbänken, wir ruhen dort mit Getränken aus als ein alter unscheinbarer, sauber und ordentlich gekleideter Mann sich zu uns gesellt, er möchte wissen woher wir kommen, Herr Li sagt es ihm, der Mann zieht ein kleines Büchlein aus der Tasche und blättert darin, es dauert einige Zeit, dann schlägt er eine Seite auf und zeigt in dem Landkartenausschnitt genau auf Deutschland, unsere Verblüffung lässt ihn ungerührt, zufrieden setzt er seinen Weg fort - es wirkt hier vieles so mittelalterlich und primitiv deshalb war die Überraschung perfekt! Nachts wecken mich Nagegeräusche, ich fasse an die Wand und fühle eine feste Verkleidung von mindestens 1 m Höhe ab Boden und schlafe beruhigt wieder ein; am Morgen: Sonnenaufgang zwischen 8 und 8.30 Uhr Peking-Zeit, meine Zimmerkollegin fragt aufgeregt: „Haben Sie heute Nacht auch die Ratten gehört? Die waren hier im Zimmer, ich konnte kein Auge zumachen!" „Die Wände sind dicht, hier war kein Tier, die Äpfel auf dem Tisch wären sonst zumindest angenagt", ein Blick nach nebenan beim Hinausgehen löst das Rätsel, dort befindet sich die Herrentoilette das bedeutet Kanalisation - und Ratten; die Gegend außerhalb der Innenstadt ist völlig ländlich geprägt, das Bewässerungssystem funktioniert, Hauptverkehrsmittel sind Eselskarren; auf dem Weg nach Westen wurden wir für die Einheimischen zunehmend interessanter, in Kashgar hin und wieder zur Sensation, als Folge davon hängen die Menschen manchmal dicht gedrängt um unseren Kleinbus herum und nur mit gespitzten Ellenbogen kann man sich den Einstieg erkämpfen, wir sind halt eine der ersten Touristengruppen hier und die Neugier ist gegenseitig; unser Aufenthalt endet wieder mal auf einem Flughafen, jetzt zwecks Rückkehr nach Peking: zunächst fliegen wir am Pamir dem 'Dach der Welt' entlang Bergen gewaltig und massiv zum Greifen nah, daran schließt sich im Bogen der Karakorum an, seine majestätischen 'Ks' nicht weniger beeindruckend, bedeckt mit ewigem Schnee und Eis ein Teilstück Himalaya = Haus des Schnees, Amaputa = „Mutters Halskette", danach ist die Richtung wieder eindeutig am Südrand der Wüste geht es ostwärts, für den Rest des Weges hüllen uns Wolken ein - es bleibt Zeit einmal Betrachtungen allgemeiner Art anzustellen: man ist bemüht uns gut zu verpflegen, die Betonung liegt auf bemüht, zum Frühstück gibt es Tofu-Scheibchen, -Würfelchen in verschiedenen Farben, weiße ‚Tennisbälle' die nach nichts schmecken aber gut verdaulich sind, dagegen aß ich nur einmal von den hellgrauen die sich wie Kaugummi ziehen und den ganzen Tag im Magen liegen wie ein Stein - also kein üppiges Angebot, noch magerer wenn nur die ‚Gummibälle' auf den Tisch kommen wie so oft, mit Obst kann man aber eigenen Bedarf ergänzen, überall auf den Freimärkten wird es ganz frisch für wenig Geld feilgeboten, allerdings erhält man „Volksgeld" zurück das nur hier wieder umgesetzt werden kann denn in den Geschäften der Städte nimmt es niemand an, umgekehrt ist „Touristengeld" sehr beliebt weil es den Einkauf in den speziellen „Freundschaftsläden" ermöglicht; der jeweils geringe Mahlzeit-Auftakt ist erträglich da es mittags und abends warmes Essen gibt, man wird satt und auch nicht krank denn die meisten Speisen werden vorgekocht und dann noch gebraten - das halten Bakterien nicht aus, an die Art des Servierens muss man sich erst gewöhnen: Vorhäppchen, einmal sogar vorzügliche 'faule Eier' in spezielle Tunke eingelegte, dann Pause - verschiedene Sorten Gemüse - Pause, angerichtetes Schnetzelfleisch oder Fisch in unterschiedlichen Geschmacksrichtungen gelegentlich nacheinander - Pause, eine große Schüssel Reis (= mi) - Pause, am Schluss jeweils eine Terrine mit der Kochbrühe, die einzelnen Gänge werden aufgetischt und abgeräumt sodass die bei uns übliche gemischte Mahlzeit nicht zustandekommen kann - doch zu jedem Gedeck gehört eine Suppenschale, darin beginne ich sehr bald einiges zu sammeln was geschmacklich zusammenpasst, vom Reis zwei Löffel dazu das Ganze dann mit Brühe aufgefüllt ergibt eine vorzüglich sättigende Suppe, bewährte Methoden soll man beibehalten - jetzt schmeckt es mir, wenn sie auch leider wenig oder gar nicht würzen wohl aus Sorge wir würden es nicht mögen bzw. vertragen, hier ist China original, wir speisen nicht in China-Restaurants die auf europäische Gaumen zugeschnitten kochen, übrigens sollen die meisten Betreiber der Gaststätten im Ausland Kantonesen sein, von denen die anderen Chinesen behaupten sie würden alles essen was vier Beine hat und kein Tisch ist - Kanton jetzt Guangzhou, Hauptstadt der Provinz Guandong! Tee gibt es überall, auch im Zug, noch leichter heißes Wasser das übrigens viele Einheimische pur trinken, in den Reiseratschlägen wurde empfohlen Teebeutel mitzunehmen, mir kam das vor wie 'Eulen nach Athen tragen', steckte aber vorsorglich ein paar rothaarige Beutel ein wie Malve und Hagebutte, etwas Kamille, es erwies sich als zweckmäßig, denn der chinesische Tee der uns angeboten wird ist immer Jasmin-Tee - ausschließlich, nun schmeckt er zwar aromatisch und wundervoll, aber wochenlang morgens, mittags, abends, da ist eine Abwechslung schon erwünscht, danach genießt man ihn ja gern wieder eine Weile, natürlich kann man in Lokalen auch eine Flasche (= ping) Bier (= pidscho, phon. pidschu) haben, „Chinese Brandy special fine" oder „Mao-Tai", Schnaps mit Likörgeschmack 65-prozentig. Drei Wochen sind wir durch's Land gereist, für einige aus der Gruppe geht der Aufenthalt zu Ende, sechs bleiben übrig zu denen ich gehöre, die noch mehr sehen möchten, zunächst werden wir in einem anderen weniger eleganten „Freundschaftshotel" untergebracht, die Frage nach Masseusen verläuft negativ, Herr Li schweigt betreten also lassen wir das, wir sind sowieso nur eine Nacht hier.

Am anderen Tag fahren wir mit dem Zug über Chong Cho nach **Loyang,** einer Straßenstadt mit 500 000 Einwohnern in der Provinz Henan, die 20 km lange Hauptstraße ist eine Platanenallee welche in Ost-West-Richtung verläuft, in der alten Hauptstadt von neun Dynastien, die dabei ist sich zu einem Industriezentrum zu entwickeln, gibt es den „Tempel des weißen Pferdes" (= Bai Ma Si) zu sehen, den ältesten buddhistischen Tempel Chinas mit vier Hallen, daneben steht die „Wolkenkratzer-Pagode"; das Museum mit ca. 2 000 historischen und prähistorischen Objekten auf einem Gelände von 1 700 m² spiegelt die Geschichte einiger Jahrtausende wider; Heimat der populärsten chinesischen Blume der „unvergleichlichen Pfingstrose", inzwischen in 1 500 Sorten vorhanden, der Grund für unser Kommen liegt allerdings 15 km südlich der Stadt, es sind die „Longmen-Höhlen" (long = Drache, phon. lung, men = Tor) am Yi, einem Seitenarm des 'Gelben Flusses', um dorthin zu gelangen bedarf es wieder eines Bustransports - eigentlich ist in China Rechtsverkehr vielleicht wissen das nicht alle (?), Getreide auf der Straße, darüberfahrende Autos helfen auch hier beim Dreschen, Wäsche wird im Fluss gewaschen und auf hohen Gräsern in die Sonne gelegt, auf dem Boden oder auf Matten und Tüchern trocknen Hirse, Bohnen und Sonstiges säuberlich sortiert; die Felder werden gepflügt mit Hilfe einer Kuh, Esel und Kuh, Esel und Pferd, selten zwei Pferden - oft mit vorgespannten Menschen, sie empfinden es als schlimm fotografiert zu werden, ich finde schlimm dass es das gibt! Wieder sieht man überall diese weißen länglichen Streifen auf dem Land rechts der Fahrbahn, eine Art Tapioka - oder Dünger? Nicht zu klären, dagegen erfahren wir dass es bei Seide eine Qualitäts-Reihenfolge gibt: die beste ist die Maulbeer-Seide, gefolgt von Rhizinus-, der bei uns so hoch geschätzten Shantung-Seide und Eichenseide etc., abhängig von dem Blattwerk das die Raupen verzehren; wir erreichen die Stelle, an welcher der Yi das Gebirge durchschneidet, auf einer Länge von etwa 1 km sind in den Kalkstein einer steilen Uferwand 2 100 Nischen gemeißelt worden mit über 100 000 Statuen, Großplastiken, Flachreliefs und 3 600 Kaligraphien, es handelt sich stilistisch um eine Weiterentwickluing der Yungang-Höhlen in Datong, in der großen „Feng-Xian-Höhle" dominiert der Dreiergottheit-Buddha: Bodhisattwa (= Gefolgsmann mit Lehrauftrag) - Buddha - Bodhisattwa, die mittlere Statue, die des Buddha, misst ca. 17 m, ein Ohr ist knapp 2 m groß, darüber wölbt sich eine wunderschöne Lotosblüte das Symbol seiner Friedenswelt; einsteigen, weiterfahren: nach 65 km treffen wir in der Kreisstadt **Dengfeng** ein am Fuß des Song Shan, dem zentralen der fünf heiligen taoistischen Berge mit vielen Tempelanlagen, Pagoden und Klöstern - nebenbei: Pavillons werden errichtet zur Beschaulichkeit, Tempel und Pagoden für religiöse Dienste - und Dachreiter, die ich so sehr mag auf Gebäuden, kennzeichnen die Bedeutung des Bewohners durch die Anordnung ihrer Reihenfolge; das „Shaolin-Kloster" befindet sich 10 km nordwestlich von Dengfen, Gründungsort und Zentrum des „Kung-Fu", geübte Pflichten: Gebet, Gesang, Körperertüchtigung, stramme Gymnastik, Körperbeherrschung, Kampfhaltungen, Kampfsport in verschiedenen Posen, Schattenboxen, außer dem faszinierenden Training beeindruckt der „Pagodenwald", die Fresken und das „Kung-Fu-Museum", die Mönche hier gehören dem „Chan"-Buddhismus an (japanisch „Zen"), Meditation führe zu plötzlicher Erleuchtung; auf der Rückfahrt nach Loyang wird erwähnt dass den Chinesen fünf Elemente wichtig sind: Wasser, Feuer, Metall, Holz, Erde, für die Himmelsrichtungen gelten Symbole: Osten = Drache oder Schildkröte, Süden = Dreibeiniger Vogel, Westen = Tiger, Norden = Eidechse, Totem war ursprünglich die Schlange das Sinnbild für Fruchtbarkeit, daraus entwickelte sich der Drache, für die Sonne standen früher Rabe und Fuchs, für den Mond die Kröte; dann taucht die Frage auf, woher kommen die Nudeln? Sie sind angeblich von Indien und Zentralasien nach China gebracht worden - oder umgekehrt? Mir erscheint die Diskussion darüber wie die um 'Henne und Ei'!

Kofferpacken geht immer schneller, weil es nicht mehr viel Sauberes zu verstauen gibt, der Zug bringt uns 634 km weiter nach Yangzhou, der Bahnstation von **Qufu** in der Provinz Shandong, nach nochmals 12 km Landstraße kommen wir an dem Geburtsort und der Begräbnisstätte von Konfuzius „Kung-fu-tse" an, 77 Generationen folgten inzwischen dem „Meister", sein letzter Nachkomme lebe als Professor in Taiwan

- und es hat immer geklappt die Linie zu erhalten? Mir kommen da Zweifel, na ja, heißt es da, mindestens einmal fehlte ein männlicher Nachfahre deshalb arrangierte der Kaiser eine Adoption - darüber spricht man nicht gern, aber das fiel in eine Zeit als Wahlmonarchie galt nicht Erbmonarchie, passte also zu den Gepflogenheiten; das Grab des Konfuzius des jahrelang verbannten wandernden Lehrers, geboren am 27.08.551 v. Chr. nach dem Mondkalender, schmückt eine Stele des Kaisers „dem treuen Beamten", die Zusammenfassung seiner Lehre ist „Lunjü" der Weg der Menschlichkeit verwurzelt in den fünf bereits zuvor erwähnten Tugenden, festgehalten zum Gedenken an den „größten Künstler und Heiligen", er war Philosoph zum Religionsstifter machte man ihn erst später; durch die Park-Grabanlage führt eine 8 km lange Straße gesäumt von Steinfiguren: Tigerkatze für Klugheit und Weisheit, Schaf für Treue, Pferd für Reichtum, auf Parallelwegen findet man einige Statuen von Würdenträgern und ab und zu ein Gebäude z. B. das mit den einmalig schönen reich verzierten Säulen welches die Tochter von Kaiser Chen Lun bewohnte, sie gehörte der Mandschu-Minderheit an und es war äußerst zweckmäßig sie mit dem angesehenen Herrn Kung aus der Han-Mehrheit zu verheiraten, dafür habe sie vom Vater die hübschesten Säulen im Land bekommen, erwähnenswert ist auch der „Jie", ein Nadelbaum der nur noch hier wächst sonst nirgends auf der Welt; zur Zeit des Konfuzius, erklärt man uns sollten Schüler und Angehörige drei Trauerjahre einhalten: keinen Reis essen, sich nicht waschen, keinen Sex haben; wir beobachten am Rande eine Beerdigungszeremonie - kurz und unauffällig, besonders die Schuhe der Trauergäste stechen mir ins Auge, modern hochhackig oder metallbeschlagen, die Damen sind geschminkt, haben lackierte Fingernägel und kesse Kleider an - so ändern sich die Zeiten! Ein Höhepunkt steht uns noch bevor: die Fahrt nach Taian am Fuße des Tai Shan dauert lediglich eine Stunde, ich habe gelesen: dieser Berg ist der heiligste Chinas und mit 3 345 m der höchste des Zentralgebirges von Shandong, im 2. Jahrhundert wurde die größte taoistische Andachtsstätte der „Bergtempel" (Temple Daimiao) in einer Höhe von 1 545 m erstellt, 6 700 Stufen führen hinauf, wie gern ginge ich bis zum Gipfel aber mir ist klar dass ich das nicht schaffe, zumal sicher eine vorgegebene Zeit eingehalten werden muss, vor Ort erwartet mich ein Wunder, die Japaner bauten vor ein paar Jahren eine Seilbahn die den Löwenanteil des Aufstiegs überbrückt - welche Freude, was bin ich den Japanern so dankbar, drei andere aus unserem Häuflein ebenfalls; der Rest macht sich mutig auf den Weg, wir vier begleiten sie bis zum Anfang der ersten Treppe, dabei kommen wir an einem Flachbau vorbei in dem man Getränke kaufen kann, aus ihm erschallt lautsprecherverstärkt der Schlager 'Dsching-Dsching-Dschingiskan', sehr beliebt in diesem Land wird mir versichert, wir kehren um, bald darauf bestätigt der Blick aus der Gondel das was mir unten schon auffiel: Lastenträger schleppen an einer über die Schulter gelegten Bambusstange alles Mögliche, z. B. zugeknüpfte Bündel oder hohe Türme von Ziegelsteinen rechts und links, unglaublich was auf diese Weise den Berg hinaufgeschafft wird, der Bedarf ist nicht gering denn unterhalb des Gipfels steht ein langgestrecktes Gebäude das als Raststätte dient und Übernachtungsmöglichkeit anbietet; als wir aussteigen, sind unsere ‚Stufenläufer' schon da, die Ersteigung kann fortgesetzt werden, auf einmal gesellt sich der örtliche Reiseleiter zu mir mit dem eine

Verständigung auf Englisch möglich ist, ich freue mich über seine Erklärungen und er sich darüber dass sie mich wirklich interessieren, so erfahre ich: die Stele am Wegrand mit der goldenen Inschrift war der Zeremonienstein des Kaisers, zuvor König wurde er nach hier vorgenommenem rituellem Akt „Kaiser", d. h. „Sohn des Himmels", diese Erklärung steht auf dem 13 m hohen Stein geschrieben der aus dem 3. Jahrhundert v. Chr. stammt: „Ich kam hierher um Segen für mein Volk zu erbitten, Staatskunst ergibt sich aus der Leistung, mein Ruf hängt nicht von meinen Wünschen ab"; viele Chinesen sind mit uns unterwegs, mir war aufgefallen dass sie bereitwillig zur Seite gehen um uns beiden Platz zu machen, etliche bleiben stehen, dadurch bildet sich gelegentlich ein Spalier, als sich das jetzt fortsetzt frage ich meinen Begleiter ob er meine Beobachtung teilt, „oh ja, gestern Abend gab es im Fernsehen einen russischen Film und Sie sehen der Hauptdarstellerin sehr ähnlich, sie trug genauso ein gelbes Kopftuch wie Sie", ich muss lachen, „das gelbe Kopftuch ist sicher die einzige Ähnlichkeit die ich mit einer Schauspielerin habe", ernsthaft erwidert er „die Künstlerin ist bei uns sehr beliebt, sie glauben sie zu sehen, freuen sich darüber und sind stolz dass sie den Berg besucht der uns so wichtig ist", damit ist für ihn die Angelegenheit geregelt und ich habe das Gefühl eine ‚Mission' zu erfüllen; die restliche Strecke zieht sich reichlich in die Länge, das Gelände ist insgesamt 10 ha groß, bald wandern wir vereinzelt jeder seinem Stil gemäß immer höher auf steilem Pfad, manchmal von wenigen auch mal von vielen Stufen unterbrochen, uns erschließt sich eine eigenartige Landschaft mit interessanten Felsformationen und die leuchtenden Herbstfarben geben dem Blick von oben noch einen ganz besonderen Zauber; Zeit zum Abstieg, mit völlig verwackelten Knien finden wir uns an der Seilbahnstation ein, das letzte Teilstück ‚gondeln' wir hinunter, sind um ein unvergessliches Erlebnis bereichert. Der Abstecher ist zu Ende, ein Zug transportiert uns 602 km zurück nach Peking, es wird über Geomantik gesprochen, den Zusammenhang von Wind Wasser Strömungen - Adern und darüber dass die chinesische Schriftstellerin „Ding Ling", ausgezeichnet mit dem 'Stalin-Preis',vor kurzem starb, sie geißelte die heuchlerische Moral des Konfuzianismus: „Lu Xun", die „menschenfressende Gesellschaft"; abgeleitet vom Kaiserhaus nennen sich die Nachkommen der Ureinwohner „Han"-Chinesen, nur für sie gilt die Forderung der „Ein-Kind-Familie", wer mehr Kinder hat muss Strafe zahlen, auf dem Land wird das wegen benötigter Arbeitskräfte oft bewusst in Kauf genommen, den Minderheiten im Land macht man auch in diesem Punkt Zugeständnisse (Folgen!), Verwandtenheirat ist aus genetischen Gründen verboten - gar nicht so einfach zu befolgen; es gibt nur ca. 100 Familiennamen unter den Han-Chinesen, eine Frau heiratet immer in die Familie des Mannes, Mütter dürfen vier Wochen vor der Niederkunft und sechs Monate danach bei voller Lohnfortzahlung daheimbleiben, danach besorgt die Kinderbetreuung Oma oder der Kindergarten dieser spätestens ab dem 1. Lebensjahr, unterteilt in verschiedene Altersgruppen. - Auf dem „Tiananmen"-Platz „Platz des Himmlischen Friedens" steht ein hübscher Drache zu Ehren des Geburtstages von 'Sun Yat Sen' und laut Zeitungsbericht geben die Bamberger Symphoniker am 19.09. ihr Debut in der Konzerthalle von Peking; wir besichtigen den „Lama-Tempel", „Yonghe Gong" = Palast des Friedens und der Harmonie gebaut 1694 wurde zwischendurch zum „Lustkloster",

1744 wiederhergestellt und dem Gelbmützenorden zurückgegeben, der Tempel vereint Stilformen der Han, Mongolen, Mandschu sowie Tibeter und ist auf der Nord-Süd-Achse errichtet, besteht aus fünf Hallen: Halle der Himmelskönige, der Harmonie, des ewigen Schutzes (da gibt's auch Schutzengel), des Gesetzesrades und des tausendfachen Glücks.- Wir nehmen Abschied von der Stadt mit dem Rundblick vom „Kohlenhügel" aus, „sei chien Beijing" = auf Wiedersehen Peking, im Jahr des Tigers sind wir vier Wochen in China herumgereist, 10 000 bis 12 000 km kamen zusammen, noch bleibt Zeit für einen Bummel mit Herrn Li im Park, zu ihm im Alter meines Sohnes hatte sich ein besonderer Kontakt ergeben, da es seine erste Reisebegleitung war hatte er unterwegs manchmal in einer schwierigen Lage meine Zustimmung für sein Vorgehen gesucht: „Womit könnte ich Ihnen eine Freude machen?" Spontane Antwort: „Einem Buch von Stefan Zweig" - bekam er, das erste Päckchen ging verloren die zweite Übersendung klappte und das war der Beginn einer Verbindung, die dann jahrelang Bestand hatte. - Auf dem Heimflug mit einer DC 10 haben wir Rückenwind, in einer Höhe von 11 000 m beträgt die Geschwindigkeit bis zu 1 000 km/ h, wir folgen dem Yantze der ins Gelbe Meer mündet - allerdings in entgegengesetzter Richtung, lassen Bombay, Istanbul , Sofia hinter uns und landen um 13.05 = 6.05 Uhr Ortszeit in Zürich nach 17 Stunden Flugzeit, eine DC 9 bringt uns nach Frankfurt, hier ist es 9 Uhr, trotz des Betriebs rundherum fehlt mir ein Geräusch das uns wochenlang begleitete, es dauert eine Weile bis mir einfällt - hier spuckt keiner! Am Eingang des Hotels in Peking stand sogar ein Schild „don't spit" weil die Chinesen wohl annehmen jeder Mensch habe diese Angewohnheit; wenn mir vorher jemand gesagt hätte ich würde vier Wochen lang die Haare nicht waschen hätte ich entgegnet dass ich das bestimmt nicht aushalte, rückblickend - was so alles möglich ist wenn es nicht anders geht! Auch der Sprung in die Badewanne ist eine Wohltat, obwohl wir immer duschen konnten, meistens lauwarm, zeitweise kalt, doch um die Füße in die Wanne zu stellen brauchte man schon Mut, sicher ist sie frisch gereinigt gewesen sie sah nur jeweils so schmutzig bzw. vergammelt aus, aber die wunderschönen Teppiche in den Hotels boten ja zum Teil einen noch traurigeren Anblick, total vergrundet, es tat direkt weh sie anzusehen oder die Vorhänge welche nur noch an wenigen Ringen baumelten etc., bei freier Konkurrenz wäre das wohl anders - doch das sind Randerscheinungen an die man sich bald nicht mehr erinnert, das Gedächtnis verfügt über einen sehr zweckmäßigen Sortiermechanismus. Was habe ich mir eigentlich mitgebracht? Einen auf und mit Seide gestickten Löwen als Bild und zwei „niupi wawa", Lederpüppchen für Schattenspiele aus Wasserbüffelpergament.

Diese Reise hatte Folgen: Karl W. lud mich nach Hamburg ein wo er zu Hause war, wir sahen uns bis in die Morgenstunden seine vielen Dias an und von allen ausgewählten bekam ich einen Abzug; etwa zwei Jahre danach hielt sich Herr Li für ein Jahr zu Studienzwecken bei uns auf, wo er sich schnell an deutsches Essen gewöhnte, es schmeckte ihm bestens, nur die Nudelsuppe zum Frühstück tauschte er nicht gern gegen Brot oder Brötchen ein, als ihn seine Frau und die Tochter besuchten konnte die Familie die Wohnung meines Sohnes benutzen, der damals beruflich auswärts arbeitete und nur sporadisch am Wochenende heimkam. Als die kleine Yin Yin und Rolf sich zum ersten

Mal begegneten blieb sie wie angewurzelt vor ihm stehen, sah ihm auf die großen Füße, dann liefen die Augen an seinem Körper entlang bis zur letzten Haarspitze und wieder zurück wobei der Blick an den großen Händen einen Moment hängenblieb bis er erneut auf den Schuhen landete, voller Staunen mit großen Augen wandte sie sich an ihren Vater „ist das ein Riese" wollte sie wissen, rasch übersetzt stimmten Rolf und ich in das Lachen ein, „das ist der Sohn von 'grandma' " erklärte Herr Li, Rolf klappte sich zusammen, ging in die Hocke - das stellte offenbar eine gute Ausgangsbasis für weitere Verhandlungen dar, als er dann Yin Yin noch erlaubte sein Hochbett zu benutzen hatte er endgültig ihr Herz gewonnen, den Schlaf- und Spielplatz liebte sie sehr, wachte eifersüchtig über ihren Bereich und wählte genau aus, wem sie Zutritt gewährte. Als sie später die Schulzeit hinter sich gebracht hatte, konnten wir auf Englisch korrespondieren.

Alle Bezeichnungen in diesem Bericht sind nicht absolut verbindlich weil es diesbezüglich stets mehrere ‚Angebote' gab, ob wegen Übersetzungsproblemen oder durch das Vielerlei der Sprachen im Land bedingt weiß ich nicht; das Chinesische ist für mich an sich schon schwierig genug, viele (alle?) Wörter können mehrere Bedeutungen haben, die Stimmlage bewirkt den Unterschied, beispielsweise ma = Mutter, auch Pferd (und mehr), bei = nord, Tasse, Glas, niu peng = Gefängnis und Kuhstall, das führt zu dem melodischen Klang und die Schriftzeichen sind für mich sowieso ein 'Buch mit sieben Siegeln'; noch etwas, mangels besserer Kenntnis sind die von mir benutzten chinesischen Wörter phonetisch angegeben.

Erneuter Anlauf die USA aufzusuchen (Frühjahr 1987)

Dieses Mal bestehen zwei Anziehungspunkte, die Freunde und mein Sohn Rolf, der seit einiger Zeit in Detroit beruflich tätig ist; zunächst Flug von **Frankfurt** nach **Chicago,** Dauer 15 Minuten weniger als neun Stunden, Zeitdifferenz acht Stunden minus, weiter nach **Louisville,** in 35 Minuten, Uhr eine Stunde vorstellen außerhalb der Sommerzeit, sonst zwei; dieser Ort ist Partnerstadt von Mainz und so kam es zu unserer Freundschaft: als für Studenten der deutschen Sprache Quartiere gesucht wurden meldete ich mich, versprach mir gegenseitigen Lernnutzen von meinem Sohn im Abiturjahr und dem Amerikaner, Enttäuschung ergab sich weil der junge Mann den sie mir zuwiesen bereits 32 Jahre alt war - die Älteste in der Gruppe ist sogar über 80 gewesen, in Amerika sind das „students"; auf dem Weg zur Wohnung fragte Lance besorgt ob ich ihn jetzt ablehne, „nein natürlich nicht, machen wir es uns einfach, Sie bekommen Haus- und Wohnungsschlüssel", denn für ihn hatte ich keine Verantwortung zu tragen wie für einen Jugendlichen; den ganzen Tag über war für die Studenten Deutschunterricht, Rolf besuchte eine Ganztagsschule, am späten Nachmittag kamen wir also nacheinander heim; die Hausaufgaben von Lance machten er und ich abends öfter gemeinsam, manchmal ergaben sich auch Gespräche über seine Frau, ihre Kinder oder seine Zeit als Besatzungssoldat in Deutschland, an zwei Sonntagen fuhr ich ihn und einen seiner Kollegen mit dem Auto spazieren, um etwas mehr von unserem Land zu zeigen, z. B. Pfalz und Bergstraße, die beiden erstaunte die dichte Besiedlung; gegen Ende seines Aufenthaltes fragte Lance nach dem Grund für meine anfänglich spürbare Reserviertheit ihm gegenüber, ich erzählte von vergiftetem Spielzeug und Schreibstiften welche amerikanische Bomberpiloten im Krieg abgeworfen hatten und den Diebstählen bei Hausdurchsuchungen, Lance war das peinlich, er erschrak darüber und meinte jemand anderem würde er so etwas gar nicht glauben, aber er wisse dass ich die Wahrheit sage; der entstandene Kontakt und sein Kursabschluss mit 'sehr gut' führte zu der Verbindung zwischen uns, dann auch seiner Familie, die bis heute besteht.

Kentucky, das „Bluegrass-Country", Hauptstadt Frankfort, mit Grabmal von 'Daniel Boone' dem historischen 'Lederstrumpf', er gründete Boonesborough, am alten Fort erwerbe ich einen Aschenbecher der wie ein Schutenhut aussieht; im Süden, bei **Bowling Green,** liegt die „Mammoth Cave" mit dem u. a. „Frozen Niagara Fall", Besuch von **Shakertown** und **Lexington**, altes Kunsthandwerk und traditionelle Fertigkeiten wie Quilting werden gepflegt, Zucht von Vollblutpferden; **Louisville** wurde 1779 gegründet, Pferderennen gibt es dort seit 1875 in den „Churchil Downs", Kunstmuseum hat Sonderausstellung von Mosaikarbeiten, Berichte über Chinareise anhand mitgebrachter Dias; um Ostern herum will das Ehepaar für einige Tage die Eltern des Mannes in **Chicago** besuchen und nehmen mich mit, anderntags holt mich Rolf dort ab, wir bleiben noch in dieser wunderbaren Stadt, der zweitgrößten der USA im Staat Illinois (Hauptstadt Springfield), Wirtschaftszentrum, Chicago-River fließt hindurch, hübsch gestaltete Plätze, „Marina Towers", altes Wasserwerk, die Wahrzeichen: „John Hankock"- mit den zwei langen abgestuften Hörnern und „Sears Tower", Universitäten, Observatorium, Museen, in dem einen aus der zweiten Hälfte des 16. Jahrhunderts eine 'schwarze Venus'; Kino mit dreidimensionaler Leinwand wo wir einen faszinierenden Film über den Grand Canyon sehen - unmittelbares Erleben, zwischendurch wollen wir nach „Chinatown" zum Mittagessen gehen, im Auto ist mein Koffer, wo den PKW abstellen? Irgendwo davor, „der Gebrauchtwagen, der auch entsprechend aussieht fällt unter den anderen ‚Rostschüsseln' gar nicht weiter auf" sagt Rolf - ich schaue zurück, tatsächlich wahr! Abends bezaubert der Blick auf die Lichter der Stadt, übernachten - schon wieder Mittagszeit, noch 'mal zum Chinesen? Warum nicht, es schmeckte gestern vorzüglich - erst Erstaunen, dann überschwengliche Freude über unser Kommen und sofort eine Kanne Tee auf Kosten des Hauses; Weiterreise: Seestaat Michigan, Hauptstadt Lansing, **Detroit:** Industriezentrum, Binnenhafen, „Renaissance-Center", „Greek-Town", „Harpos Music Hall", Meadow Brocks mit Arena, Brücke und Tunnel zum nahen **Windsor** in Kanada, Bell Isle, Stony Creek Park, Greenfield Village; auf der gegenüberliegenden Seite der Straße, von der Wohnung wo Rolf lebt beginnt das Schwarzen-Viertel, aber hier auf der Seite kann ich in kleinem Radius spazierengehen wenn auch ziemlich einsam, nur ein einzelner Farbiger begegnet mir, amüsiert grinsend.

Autotour zum Superior Lake: von Detroit über **Pontiac, Cadillac** - ich dachte das sind Automarken, aha auch die Städte aus denen sie kommen heißen so; über **Traverse City** nach **Onekama,** Übernachtung im Motel, bin müde und steige für die Anmeldung nicht aus, Rolf hat dadurch Schwierigkeiten glaubhaft zu machen dass er keine Minderjährige bei sich hat für das gewünschte Doppelzimmer, aber Gesichtskontrolle bei mir entfällt dann doch; am nächsten Tag: Altar mit riesengroßem Kruzifix im Wald, „Sleeping Bear Dunes", hinter **Mackinac**- (Mackinoh, phon.) **City** fängt die gleichnamige Bridge an, Länge 8 km, sie verbindet zwei Halbinseln, links Blick auf den Michigan - rechts den Huron-See, Ort nach Überquerung der Brücke **St. Ignaz**, riesige Pizza, Verzehr am Michigan-Seeufer und Endstation Motel; einzigartige Landschaft am Superior Lake, fahren bis zu den „Pictured Rocks", zurück über den 45. Breitengrad der Hälfte zwischen Äquator und Pol: **Bay City**, **Saginaw**, **Flint**, nochmals Pontiac, Detroit.

Amerika ist das ideale Reiseland, man kann rund um die Uhr ein Zimmer im Motel anmieten, essen, trinken, tanken wann man will, wem es heute am besten passt am Nachmittag zu frühstücken der tut das - niemand sieht es als ungewöhnlich an und die freundliche Bedienung überall in den Restaurants und Geschäften macht das Heimkommen schwer, hier werden die Angestellten beobachtet, bemühen sich um positive Beurteilungen der Kunden, wer nicht den Erwartungen entspricht wird nämlich entlassen, man dient aber auch gern, ich erinnere mich an die Inhaberin eines Coffee-Shops, in einem kleinen Häuschen am Straßenrand, die offensichtlich Freude daran hatte Mutter und Sohn auf Reisen zu sehen, Herzlichkeit und besondere Aufmerksamkeit wurden uns zuteil, sie eilte für mich in die Küche um mir selbstgekochte Marmelade und Gelee anzubieten weil mein Magen morgens mit handfesteren Dingen nichts anfangen kann; wir sind frühzeitig am deutschen zweiten Osterfeiertag, den es in den USA nicht gibt, am Flughafen, Auskunft ‚meiner' amerikanischen Linie: sie fliegen heute nicht, alles gestrichen, vielleicht nähmen mich die Engländer mit? Dort gibt es am Nachmittag eine Möglichkeit - wohin noch so lange? Ins Gelände von 'Henry Ford', dem Erfinder des Fließbandes - hübsche Anlage, der zweite Heimkehranlauf gelingt dann:

Flugzeit Detroit - London sieben Stunden in bis 12 000 m Höhe, Aufenthalt in **Heathrow,** Uhr fünf Stunden plus, Inderin mit Säugling, Kleinkind und Gepäck unterwegs, sehe nach letzterem damit sie das Jüngste in speziellem Raum frisch machen kann, der Bub mustert mich misstrauisch, will mich wegschieben als ich den Gepäckwagen übernehme, Mutter dankbar, sie hat die Hände voll ich meine frei, nur eine Umhängetasche über der Schulter und wir müssen zum Anschlussflugsteig eine ziemliche Strecke stramm laufen - geschafft! Zwei Stunden später landen wir in **Frankfurt,** treffe erneut auf die Inderin die herumirrt und ihre Weiterfluggelegenheit nach Bombay sucht, bekomme Kompetenten zu grelfen, frage, schleuse sie dann bis sie den Weg nicht mehr verfehlen kann - von hilfreichem Flugpersonal keine Spur, „gute Reise", muss sowieso und trotzdem noch auf meinen Koffer warten - ich werde abgeholt, „wieso hast du dein Flugzeug verpasst" möchte meine Schwester wissen, „wie bitte?" Jetzt kommt heraus dass der Flug gar nicht gestrichen war, hatte die Gesellschaft wegen der starken Nachfrage meinen Platz anderweitig vergeben? Nicht zu ermitteln, aber ein starkes Stück zu behaupten ich sei zu spät dagewesen, das arme Weib das mich überraschen wollte hatte den Weg doppelt gemacht - nun läuft's glatt, Uhr noch 1 Stunde vorstellen.

Amerika - Südreise (Herbst 1987)

Wieder auf dem Weg in das Land, das als Staatsvogel den Weißkopf-Seeadler im Wappen führt, mit Delta-Airlines 11.15 Uhr Frankfurt ab, Dallas an 21.10 Uhr (Ortszeit 14.10 Uhr), Dallas ab 22.50 Uhr (15.50 Uhr), Los Angeles an 1.10 Uhr (16.10), auf der letzten Strecke ca. 2 1/2 Stunden Flugdauer war schlafen angesagt; bin nicht allein, diesmal ist Jutta dabei, genussvolles Frühstück im nahen „Coffee-Shop" mit frisch gebackenen Muffins, „Disneyland" noch einmal - kein Problem neue andere Attraktionen ausfindig zu machen, spezieller Umzug: „Schneewittchen feiert Jubiläum!"

Am nächsten Tag Beginn der Busreise die uns fast 7 500 km durch das Land bringt, über Palm Springs und Coachella Valley nach **Blythe**, „Bermuda Dunes", „palms for sale", Straße durch die Wüste wie ein gerader Strich mit Überlandleitung; Brücke über Colorado-River kurz vor der Grenze zwischen Kalifornien und Arizona, „Yoshua trees" eine Yucca-Art, Mojawe-Wüste, Arizona = Staat des kleinen Wassers, amerikanisch seit dem Krieg mit Mexiko 1848, Mentalität entspricht Wildwest-Denken: niemand darf mir etwas vorschreiben, erfahre ich von Reiseleiter Jack, einst „Kupferstaat" heute von allem etwas: Abbau von Erzen und Landwirtschaft, mehr als 15 Indianer-Reservate, zum Teil runde Hütten mit Lehmdächern, in Hauptstadt **Phoenix** spanisch-indianische Mischbevölkerung - durchfahren die Stadt, an deren Ausgang Häuser mit Dächern wie auf Bali stehen, **Scottsdale,** im „Valley of the sun" 300 Tage Sonne jährlich, neue Hotels in verschiedenen Baustilen, z. B. italienisch ähnlich dem in der Toskana, sonst afrikanischer Oasenstil: Lehmhäuser mit Zackentürmen; trockenes Wüstenklima, tropische Vegetation nur mit Blüten normaler Größe, Sequoia-Kakteen; unsere Gruppe ist im „Sheraton" untergebracht, Bungalows und Whirlpool auf dem Gelände, es ist sehr warm; Jutta und ich suchen den Esssaal, wir laufen einfach immer geradeaus erkunden dabei auch das Areal und bestaunen die Bepflanzung, uns kommt ein Transportwägelchen entgegen, der junge „Chicano" ein amerikanischer Mexikaner am Steuer, hält an, sein Nebenmann steigt aus und fragt radebrechend wo wir hinwollen, auf unsere Antwort hin erklärt er durch Gesten unterstützt der ‚Futtertrog' befinde sich genau in entgegengesetzter Richtung, ziemlich weit weg wir sollen lieber einsteigen - zwischen Anbieter und Fahrer gibt's einen kleinen Disput, dem zu entnehmen ist es sei nicht erlaubt Gäste zu befördern, wir möchten gerne mitfahren nachdem unsere Uhren zeigen wir sind bezüglich des Abendessens spät dran - Kopfnicken und bittende Blicke haben Erfolg, in gebührendem Abstand zum Gebäudeeingang werden wir abgesetzt, die beiden hatten uns wirklich ein großes Stück mitgenommen zu Fuß wäre das zeitlich nicht zu schaffen gewesen, so sind wir gerade noch pünktlich, den jungen Männern schleicht unser Dank nach!

Auf der Weiterfahrt Mengen von Sequoias, dann kleinwüchsigere karge Büsche, obere Somorawüste hat platte Flechten, Grasbüschel, überzogenen Fels mit kurzstieligem Bewuchs und Kakteen mit flachen Blättern, karge Hochebene schließt sich an; **Arcosanti** von dem Mailänder Paolo Soleri in Sichtweite: Zukunftsstadt für 50 000 Einwohner konzipiert, autonom durch Sonnenenergie und Anbau der benötigten Naturalien rund herum; Grünbewuchs nimmt zu, Büsche, niedrige Bäume mit buschigen Zweigen,

Bäume werden größer, Wacholder, wir fahren auf dem Black Canyon Highway zur „High Mesa" und „Montezuma's Castle", Howocam (phon.) Indianer = diejenigen die gegangen sind, kamen von Phoenix, zogen nach Vulkanausbruch nach Flagstaff um fruchtbaren Lavaboden zu nutzen - bei ihnen Feuerbestattung üblich, ihnen folgten die Sinaqua = ohne Wasser, die sich ausgestreckt begraben ließen, sie wurden von den Jafaffa verdrängt: Anbau von Mais, Squash usw., jagten vor allem Rehe, im Verde Valley hat man auch Baumwolle gepflanzt, 50 Personen aus 11 Familien lebten hier, ihre Behausungen lagen 30 m über dem Boden - mehr und größere werden vermutet die noch nicht ausgegraben sind; **Sedona**: „Bell rock", „Speiseraum des Teufels", „Riesendaumen", Kathedrale, Schloss, „Courthouse rock", Film 'Fantasia' wurde hier gedreht, roten Sandstein gibt's mit weißen Streifen - Sand mit und ohne Eisenoxyd, nach roten Formationen weiße wie im Bryce Canyon doch kompakter und manchmal mit mehr oder minder stark ausgewaschener Fassade, dazwischen viele Bäume abgestufter Höhe, Weg zum nahen Oak Creek Canyon, „Alm von Arizona", in der Schlucht gelbe Margeriten und Wald aus Ponderosa-Kiefern; es geht hinauf aufs Colorado-Plateau zwischen 1 500 und 2 000 m, höchster Berg Arizonas: Flagstaff (Fahnenmast)-Peak für Hoopie = Frieden - Indianer, „Zipapo" Verbindung von Ober- und Unterwelt, die Hoopies lebten auch am Grand Canyon, glaubten Cachina-Geister wohnen in den San Francisco-Peaks, „Cachina-Puppen" aus Pappelwurzeln (cotton wood) werden für Kinder bis zum 10. Lebensjahr gefertigt nicht zum Spielen sondern zur Einfühlung in die Kultur die zurückdatiert wird bis 2000 v. Chr., Kostümtänze, Prinzip: in jedem Lebewesen und in jeder Sache gibt es eine Seele, Farben: blau, rot, schwarz = männlich, grün, gelb, bunt = weiblich; 1064 letzter Vulkanausbruch bei **Flagstaff,** Ort heute Mittelpunkt der Indianerfeste, gelbe kurze Königskerzen wachsen hier und Blumen mit roten Glöckchen, in der Nähe Ruinen von Pueblo-Unterkünften aus alter Zeit mit Zeremonien- und Ballspielplatz wie in Mexiko! Zwischen Hoover Dam und Glen Canyon Dam der Grand Canyon, für mich zum zweiten Mal - wunderbar, wir fahren zwar schon länger einem Gewitter entgegen aber es reicht noch für den Canyon-Flug wenn es auch manchmal blitzt und uns der Wind etwas beutelt, die Sicht ist gut das Erlebnis ungeschmälert, habe diesmal Fensterplatz in einem Sportflugzeug nicht im Hubschrauber, kann nach Herzenslust fotografieren, gehen danach zum Film über den G.C. - denselben den Rolf und ich schon in Chicago sahen und der uns faszinierte; Hawasupa leben im Canyon, u. a. Baumwollanbau dort unten möglich wegen des subtropischen Klimas, oben winzige graue Bäumchen als Unterholz und Nadelbäume, keine Blumen, mehr Grau und Grün, Übernachtung im „Yavapai-Lodge" nach goldfarbenem Sonnenuntergang.
Richtung Navaho-Reservat: zunächst noch dicht bewaldete Hügel dann Pflanzenwachstum immer spärlicher, Reservat so groß wie Bayern, Sprache der Navaho war als 'Code' im zweiten Weltkrieg Rätsel für die Japaner, in der Reservation prähistorische Felsmalereien; über Cameron-Plateau des kleinen Colorado benötigen wir noch zwei Stunden Fahrzeit bis zum Monument Valley, jetzt Hochebene mit ab und zu kleinen Büschen und hügelig, manchmal an Oberfläche und den Seiten Schieferplatten mit Sand dazwischen dann wieder Felsbrocken und bei **Page** noch karger, grobkörniger Sand; Fahrt durch die Painted Desert (deseret = fleißige Bienen) u. a. Förderung von Kohle,

Erdgas, Öl, Uran, Eisen bewirkt Färbung in rot und braun, Kupfer türkis, Arsen oliv, Kalk und Salz weiß, atemberaubend der Anblick der Farben und ihrer Schattierungen; große Fläche von Steinen, Hügeln, Fels, von Canyons durchzogen, danach fruchtbares Stück, Prärie mit Felshügeln, hier leben Halbnomaden, wieder karger, erneut ertragreiches Land und Schafe, Büsche, niedrige Bergketten von kleinen Bäumen überwachsen, Pferde, Kühe, Maisfelder; **Kayenta,** Ziel erreicht, Monument Valley: teils zu Utah dem Mormonenstaat, teils zu Arizona gehörend, 2 200 km² groß, interessante Felsformationen wie den „Baseball-Handschuh", Würfel, „El Capitan", Eule, U-Boot, „Snoopy", „Sonnenauge", „Ohr des Windes" (mokassin =Wasserbecken, Bogen), „Drei Schwestern" (Nonnen), „WV" = wonderful valley, „Großer Hogan" Hogan = runde Indianerhütte aus Lehm und Zweigen mit Tür nach Osten, bei Tod des Bewohners für immer verschlossen; Navaho = Volk, vier Götter, davon gebar eine weibliche Gottheit Zwillinge, Kriegsgötter - wenn sie vernachlässigt werden kommen Hexen und böse Geister, Gesänge, Medizinmänner empfehlen Schwitzbäder, auch Sandgemälde werden gegen bestimmte Krankheiten eingesetzt: die Bilder müssen nach Sonnenaufgang begonnen, abends vor Sonnenuntergang beendet und zerstört sein; Vater = Himmel, Mutter = Erde, für Farben verwenden sie Pflanzen, Wurzeln, Steine, zerriebene Holzkohle, vier heilige Pflanzen: Mais, Bohnen, „Squash" (Art Getreide), Tabak, auf Pisten geht es nun in kleinen Bussen in oder quer durch Wadis; auf dem Weg nach Farmington: flaches Land, Sand mit Wüstenrollern „sage", Felslinie, Graswüste, Felsplatten dazwischen niedrige -hügel, -berge, kauende Kühe und Pferde; gegen Abend an Four-Corners, wo die Staaten Arizona, Utah, Colorado und New Mexico aufeinandertreffen, „Shiprock" schemenhaft in der Dämmerung zu erkennen, wirkt wie das Schiff vom 'Fliegenden Holländer', 510 m hoch, **Farmington** am Fluss San Juan in New Mexico = „State of the Sunshine", Schmuckarbeiten der Indianer verschieden in Stil und Symbolik, die von Navahos sind groß und grob, Zuni machen Intarsienarbeiten mit Pünktchen, es wird reines Silber und Sterling-Silber (Anteil 90%) verwendet, Apachen kamen mit den Spaniern hierher, haben Baum als Symbol für die Familie: Frau = Stamm, Mann = Blätter, Kinder = Zweige, benutzten früher Mescalin aus einer Kaktee zwangsweise eingeflößt zum Gefügigmachen von Opfern, 'Jeronimo' kapitulierte 1886 von Wasser und Nahrung abgeschnitten, ist aber bis heute Symbol der Tapferkeit - Schrei der Fallschirmspringer; damals flüchteten viele nach Florida, 15 000 leben noch sehr angepasst im Südwesten; ständiger Dunst, durch Kohlekraftwerk bedingt, zunächst auf der Weiterfahrt wieder lang ebenerdig mit Bergen im Hintergrund, Berge mit sehr klar abgesetzten Schichten, ab und zu kleinere Höhenzüge zwischen Buschland und niedrigen Bäumen, jetzt am Horizont Hügellandschaft, dann Berge, „Bolito", Ausläufer der Rocky Mountains: „Christusberge", Fahrt über den Rio Grande der in Colorado entspringt und in den Golf von Mexiko mündet, benutzen alte bekannte Brücke - herrlicher Blick; Pueblo-Indianer pueblo = Dorf, Matriarchat, Bauern, direkte Nachfahren der Anasazi leben entlang des Flusses, bauen Weizen an und Luzerne, Zwiebeln, Wassermelonen, Mais, Kürbis, Sonnenblumen, Tomaten, Bohnen (natürlich) - Idaho ist der Kartoffelstaat; erreichen höchstgelegene Stadt der USA **Albuquerque** auf ca. 1 000 m, gegründet zu Beginn des 18. Jahrhunderts, z. Zt. 1/2 Million Einwohner,

Baumaterial: Erde, Wasser und Stroh, 'Adobe'-Ziegel werden ein paar Wochen in der Sonne ausgelegt zum Trocknen und öfter gedreht, Häuser einstöckig, Anasazi gingen vermutlich weg weil die Religion „versagte", astronomisch äußerst bewandert gelang kein Regen, nach Dürre entstand eine breite Wüste zwischen fruchtbarem Land mit Niederschlägen; Atomwaffenlabor - ebenso in Los Alamos und San Diego auf dem Weg nach Santa Fé der Hauptstadt des Staates New Mexico entstanden im 17. Jahrhundert, ebenfalls seit 1848 dem Ende des Krieges mit Mexiko amerikanisch, Hauptlieferant von Uran, Öl, Erdgas, Kupfer, Pottasche – Atomversuche; Santa-Fé-Trail-Station, später verlängert zur Bahnstrecke bis **Chihuahua** (Schiwawa, phon.) Mexiko, im Museum des Ortes: Ledermalerei, Tomahawk, Pfeife, alter Wagen mit Rädern aus drei Teilen durch Pflöcke verbunden, ungewöhnlich schöner Silber- und Türkisschmuck der Zuni, Lebensstil spanisch-indianisches Gemisch; **Santa Fé** = heiliger Glaube ('Franziskus'), wir sind im „La Fonda" = die Herberge, dem ältesten Hotel (von 1920) abgestiegen, Billy the Kid und Buffalo Bill haben hier schon übernachtet; Ausflug nach Taos: Prärie, Dünen die spärlich von Büschen bewachsen sind, grobkörniger Sand, Grasland, Felshügelzüge zwischendrin und Berge im Hintergrund, an diesen links vorbei hin und wieder fruchtbare Ebene, dann von Pflanzen überzogene teilweise flache und weite Sandhügel; **Taos,** am Fuß dicht bewaldeter Berge von Ackerland umgeben, Künstlerstädtchen geworden, Kirche „San Miguel" von 1610, fünfgeschossiges Haus im „Adobe-Stil", mehrstöckig eine Ausnahme, früher ohne Fenster und Türen gebaut, die Bewohner stiegen per Leiter zunächst aufs Flachdach dann nach innen; wir befinden uns auf einem Hochplateau in ca. 1 800 m Höhe - auf der ganzen Fahrt auch hier viele trockene Flussbetten, es wird rigoros gestaut für künstliche Seen, weiter geht's: Sandhügel mit Flachwuchs oder von großen Steinen übersät wechseln, Büsche; jeden Abend Gewitter seit der Abfahrt in Los Angeles, wir erwägen Sonnentanz der Indianer zu praktizieren - Indianer werden Rothäute genannt wegen roter Hautbemalung, neun verschiedene Sprachen: Chayenne, Sioux (Sui), Hoopie (Hupi), Apachen, Anasazi, Zuni, Navaho, Chirokesen, Yupi, Prärie, Sandhügel aus grobem Sand, spärliche Büsche, ein Stausee, „Carson National Forest": u. a. Zoo der noch im Aufbau ist mit Bär, Biber etc.; Land jetzt fruchtbarer, grasbedeckt, Büsche, Bäume, dicht bewachsene Hügel, wieder Grasland und viele gelbe Margeriten, Kühe, Pferde; wir fahren in die Hügellandschaft hinein, Nadelwald und Hochebene, erneut Grasfläche, nun mit Bäumen, Lavasand, Kaminfelsen, Tafelberg 600 m hoch und 44 km breit: Mesa Verde = grüner Tisch im Staat Colorado, Gelände 200 km² groß, hunderte von Klippen- und Spaltenbehausungen, Höhlenwohnungen und Felsenhäusern zurückdatiert bis ins 7. Jahrhundert, im „Cliffhouse" wohnten 200 bis 250 Menschen, jede Familie hatte ein Zimmer 1,80 m auf 2,40 m zur Verfügung, „Squaretowerhouse" vom „sun point view" aus zu sehen mit 80 Räumen und fünf Erdtempeln: runde Form im Boden, Kiva, Erdstrahlungen darin, Flachdächer, das Leben spielte sich vor dem Haus oder auf dem Dach ab, Klippenpalast, kunstvolle Töpfereien, schön verzierte Wände, Mahlsteine, fein gewebte Stoffe gefunden, Kleidung im Sommer aus Yuccafasern im Winter von Kaninchenfellen und Truthahnfedern angefertigt, daraus auch Decken; im Fichtenbaumhaus lebten ca. 150 Personen, „Oaktree-house", „Sonnentempel" (oberirdischer Tempel = zima) ist 4 m hoch und nicht fertiggeworden - Habichte gibt es, Indianer waren bis zum 15./16. Jahrhundert hier anzutreffen und 14 km von Mesa Verde entfernt hatten sich zwischen 900 und 1100 n. Chr. Anasazi niedergelassen, im Chaco Canyon, 15 km lang und etwa 3 km breit den sie spätestens 1250 verließen.

Wir übernachten in Freizeit-Lodges auf stattlicher Anhöhe, morgens weckt Coyotenlachen, „Shiprock" grüßt im Frühdunst aus der Ferne; es geht weiter - bergauf, Aussichtspunkt auf 2 612 m Höhe: rechts Ausläufer der Rockys die „San-Juan-Berge", bewegen uns im „National Forest" gleichen Namens, links ein Skilift 3 300 m erreicht - und Fotostop! **Durango,** kleine sehr alte Bahnstation, **Silverton**: Knotenpunkt, war Umschlagplatz für Bodenschätze aus den Bergen, Erzeugnisse und Lebensmittel vom Flachland für die Leute dort oben, Gefängnis jetzt Museum u. a. saß Bankräuber Butch Cassidy hier ein; fahren an verlassenen Minen vorbei, jetzt Sandhügeln, es folgt fruchtbarer Boden, dann eine wunderschöne Strecke die „Amerikanische Schweiz" nach Montrose; Gunnison, Nebenfluss des Colorado, Name eines Generals dessen Lager hier stand, hatte den Auftrag zu prüfen ob Bahnlinie von Ost nach West möglich wäre, wurde später von Indianern umgebracht; Hochebene in 2 400 m Black Canyon of the Gunnison, ist 400 bis 570 m tief, „black" genannt weil meistens ohne Sonneneinstrahlung, Länge 19 + 45 km - da unterbrechen wir auf kürzerem Stück: Adler, kleine Erdhörnchen, „Tomichi point", „Cham view"; Weg nach Ort **Gunnison** zurück auf Expressway: Felder, dicht bewachsenes Grasflachland, viele Rinder und Kühe, durch Schlucht, Grasebene, hügelig, drei Stauseen in der Umgebung einer davon bis 135 m tief mit 64 km langem Staudamm und „blue mesa"; Übernachtung in **Tomichi Village**: Anlage im Schwarzwaldstil, bayrische Bar, deutsches Essen, hier wird's sehr kalt, viel Schnee, Skigebiet mit Flugzeuglandebahn; **Parlen**: ein paar Häuser, „Ponderosa pines" in Mengen - das sind die mit den kahlen Stämmen, nun Richtung Colorado Springs unterwegs über den 3 450 m hohen,nach dem Schmetterling benannten „Monarch-Paß", auf 3 600 m höchste Seilbahn Amerikas im „Gunnison National Forest", dann Grasland mit Hügeln, ‚Schwarzwaldberge' haben teilweise kahle Kuppen, wieder eine verlassene Mine, Laubwaldstück aus hauptsächlich Pappeln, Mischwald folgt, Nadelbäume fast durchweg geschädigt, Büsche am Hang, Nadelwald auf der Höhe, nun Hochplateau und Berge rundum; **Salida**, **Leadville**, zunächst Goldrausch, danach Silber gefunden und andere Metalle - ohne Rausch, Arkansasfluss, ein Stück roter Fels mit Zeichnung im Wechsel mit Steinbrocken und Geröllhügel, Felsen haben Bewuchs und überall diese wundervollen gelben Margeriten, höchste Hängebrücke über den Colorado misst zum Boden mehr als 300 m, daran wurde fünf Monate lang von beiden Seiten her gearbeitet, von Park umgeben dieser auch zum Vergnügen z. B. das Westerndorf „Buskin Joe" darin das gelegentlich sogar zum Drehen von Filmszenen benutzt wird, Rotwild, Adler; **Canon City**: Bergbau, Landwirtschaft, Viehzucht, Handelsplatz zur Zeit des Goldrausches, Staatsgefängnis, weiter: flache Hochebene mit hohem Gras und niedrigen Bäumen, Hügel, rote Felsen, wieder Grasflächen, Büsche und Unterholz Berge im Hintergrund; **Fort Carson** in den Chayenne-Bergen war Bergbaustadt, durch kostenloses Landangebot gewachsen, Verteidigungszentrum: Militäranlage und Air Force Academy, Kirche mit außergewöhnlich großen Orgeln: 2 400 Orgelpfeifen in der evangelischen und 1 200 in der katholischen Sektion, noch ca. 55 Meilen bis Denver, Eisenbahnmuseum in **Golden** - heutige Bahngesellschaft für Personentransport ist Amtrak, **Colorado Springs**: von Eisenbahnbesitzer gegründet, englischer Baustil, war Wohnort für Reiche, „America the beautiful"; **Boulder** danach **Denver**: benannt nach einem Gouverneur, wilde Goldgräberstadt gewesen „Herz des Westens" nun „Queen City der Ebene", Hauptstadt des Staates Colorado, „junge" Stadt da Durchschnittsalter 29 Jahre, Universität des Staates, „Mary-Brown-House" („die unsinkbare Lady M. B." Passagier der 'Titanic'), „Buffalo-Bill-Museum", Zoo, 1,8 Millionen Einwohner, 12 auf 1 m², viel rauchlose Industrie: 1 700 kleine Firmen und ein paar größere wie Samsonite, Kodak, elektronische Geräte, IBM, Neodata (Illustrierte), Lederindustrie, Vertrieb von Lebensmitteln en gros, Münzprägung im „Anaconda-Tower" (auf 1-Cent-Stück Palazzo Vericardi, Florenz); angenehmes Klima, wenig Regen, Viehzucht, Erze, Öl und Erdgas, gegen Luftverschmutzung kostenloser Pendelbus und 43 km Strecken für Radfahrer die allerdings im Park Geschwindigkeitsbeschränkung haben, Wasser zu 80% aus Schneeschmelze, Umgebung: großer Flugplatz, flaches Grasland, ab und zu Baumstreifen, weit hinten die „Blauen Berge" Teil der Rockys bis 1 500 m hoch, davor offene Ebene mit etwas aufgewölbtem Horizont; Staat Colorado: 1/3 Ebene, 1/3 Rocky Mountains - von den Indianern wegen des ‚Alpenglühens' „Shiny Mountains" genannt, der höchste Berg ist der Mt. Albert mit 4 399 m, 1/3 Fluss-Plateau dessen Durchschnittshöhe von 2 070 m höchstes Niveau der USA, 1 700 Stauseen, eine Menge Tunnel, Staat so groß wie alte BRD, karges hügeliges Land, Viehzucht; Weiterfahrt: Flachland, Fels, links höhere Hügel rechts buschbewachsene Felskämme unten Bäume; „Esteral Park", es geht aufwärts, zerklüfteter Fels wechselt mit Steinhängen ab, niedrige Berge vereinzelt Bäume aber Hänge durchweg bewachsen; im „Roosevelt National Forest" viele Königskerzen, „Estes Park": Stausee, Seilbahn, Berge rundum, „Stanley-Hotel" von 1910, „Rocky Mountains National Park": Berghöhen meistens dicht bewaldet, gelegentlich scharfe Felsspitzen, Energieressourcen: Gas, Kohle, Uran und Öl, Gebirge Teil der Kordilleren mit mehreren über 4 000 m hohen Gipfeln, nicht wenige Bäume abgestorben, typisches in der Eiszeit geformtes Hufeisen- oder U-Tal, fahren bis zur Aufstiegsplattform auf 3 713 m, suche Picknick-Platz; der Park 4 800 km lang reicht bis nach New Mexiko, hier gibt es Heidel- und Preiselbeeren, Blau- und Grauspechte, Erdhörnchen, 700 m über dem Tal werden die Bäume kleiner, Krummholz (gleiches Wort im amerikanischen), schließlich Tundra, von Gletscher gebildeter „Forest Canyon", der höchste Berg des Parks der Long's Peak ist 4 345 m hoch; Urmeer-Ausdehnung vom Golf von Mexiko bis zum Nordmeer, links der „Pondre"-See, danach folgt die Colorado-Wasserscheide, Fluss speist sich aus zwei Quellen: fließt einmal Richtung SW und mündet in den „Großen Salzsee" von Utah, Richtung SO durchquert er als Green River und Grand River verschiedene Canyons, nach Verbindung Mündung unter seinem Namen an der Staatsgrenze zu Mexiko bei **Yuma** in den Golf von Kalifornien; „Shadow Mount Lake" der „Grand Lake" ist der größte natürliche See mit sechs unterschiedlichen Forellenarten, Segelregatten Lipton-Pokal gibt's als Trophäe, ist Wasserreservoir für Denver, Seen mittels Pumpsystem verbunden liefern jährlich 330 Milliarden Liter, Zufuhr durch 38 km langen Tunnel; Leute in den Bergen halten Huskies

- seit Silverton immer wieder einmal Silbersprengsel in den Steinen, hier gibt es Erz zur Härtung von Stahl mit dem erforderlich hohen Schmelzpunkt; viele große schwere Motorräder unterwegs, „Arapano Forest": Winterpark, Skilifte, Sommerrodelbahn, „Berthond Falls", **Vail**: echt ‚bayrischer' Ort mit imposanten ‚Schwarzwaldhäusern' und Eagle River, dem Nebenfluss des Colorado, hoch in den Bergen recht mondäner Platz für Wintersport; Weg nach Grand Junction: Erhebungen werden niedriger mit Büschen oder kleineren Bäumen bewachsen, manchmal nackter Fels, Straße verläuft erneut parallel zum Colorado im Canyon: Felswände, Steilhänge, Geröllfelder, „White River National Forest" - das ganze Gebiet gehört zu den „Glenwood Springs" heißen Quellen, rote Berge mit kleinen Tannen, Grasbüschelüberzüge, Canyon Creek, Laubbäume direkt am Straßenrand sonst Mischwald, nun rechts hügelig, links grauer Fels mit Flechten- und Buschgewächsen, vorbei an **Silt**: Felder, Grasland mit einzelnen Bäumen, danach Hügel in grau, ocker und rot, jetzt Mais und Hafer, Sumpflandstrich folgt, Teich und wieder - der Colorado zum Teil mit Bewuchs aufgefülltes Flussbett, Fels-Halbrundbogen, Fahrt durch Kessel, mehrfach über Brücken, ab und zu Bisons unterwegs, Sandformationen teilweise versteinert, am Ende eines Höhenzuges die natürliche Abwehrfestung **Clifton**, dann hügelige Sandwüste, **Grand Junction**: Pfirsich- und Birnenanbau, Zusammentreffen von Grand River und Gunnison sowie der Eisenbahnlinie Denver - Salt Lake City; wieder weites flaches Land, mittelhohe Berge im Hintergrund, Prärie teils mit teils ohne Bäume, Grasland und Hügelketten, Sand mehr oder weniger begrünt, roter Fels, „Arches National Park": 297 km² großes Gelände Höhe zwischen 1 200 und 1 800 m, am Horizont die „La Sal Mountains" bis 3 000 m hoch, Freemont- und Jud-Indianer lebten nacheinander hier, Weiße lösten ab; „Entrata-" ist 125 Millionen der hellbraune „Navaho-Sandstein" 150 bis 180 Millionen Jahre alt, Schichten von oben nach unten rot bis hellbraun, Steinplatten klingen gelegentlich hohl, versteinerte Sanddünen, Sandsteinwüste vor dem Doppelstein „balanced rock"- Unterteil 38 m Deckstein 16 m hoch, „Schinkenfelsen", „Garten von Eden", „Teufelsgarten" - mehr als 200 natürliche Bögen, je älter desto größer Beispiel „turret arch" = Türmchen-Bogen oder Dom; weiter geht's auf Moab zu: Salztal mit ‚Grünspan', die vor 300 Millionen Jahren abgelagerte Salzschicht ist 900 m bis 1,5 km dick, Känguruh-Ratte, Coyote und Fuchs sind hier zuhause, **Moab** (Utah): Kulisse für Filme z. B. 'Rio Grande', trockenes warmes gesundes Klima und fruchtbarer Boden, Pfirsiche gedeihen und die sehr genügsamen Langhornrinder können 16 km ohne Wasser auskommen, zäh, Kälber ziehen gleich mit, wurden seinerzeit von Spaniern in Mexiko eingeführt; wir treffen in der kleinen Ansiedlung und ebensolchem Hotel am Nachmittag ein um zu übernachten; zuvor Ausflug zu wenig beeindruckender Fahrt im Schlauchboot auf dem Colorado, so kurz dass das Anlegen der obligatorischen Schwimmweste länger dauert, aber das Abendessen ein Picknick am Fluss bleibt unvergessen - nicht wegen des Essens sondern weil ein Helfer den für die Getränke ausgedienten Eisblock neben meiner Kamera ablegt, ich hatte meine ‚Holzkläpper' als Unterlage ihn abseits am Gebüsch platziert damit er nicht im Weg sein sollte, barfuß ins Zimmer zu kommen ist kein Problem, die vom Sandmatsch gesäuberten Schuhe trocknen über Nacht, der gewässerte Fotoapparat bringt sogar noch einige Bilder zustande aber später macht ihm der ‚Sand im Getriebe' den Garaus - dadurch wird aus diesem Erlebnis ein nachhaltig beeindruckendes; über Green River Ansteuerung des nächsten Zieles dem Capitol Reef, Butch Cassidy (butcher = Metzger) stammte aus der Gegend aus **Circle City**, hieß eigentlich Lee Roy Parker arbeitete zeitweise als Schlachter; Landschaft flach, karg, buschbewachsen, Sträucher hören auf, Hügelrücken querab, wir biegen nach links ein in Sandwüste mit Höhenzügen, spärlicher Bewuchs von Felserhebungen durchsetzt, bunte Sandhügelchen, Grasland, Felsenhöhenzug rechts, rot, grau, hellbraun kaum Büsche, flach auslaufend, links ganz hinten Höhen näher ein bis zwei Berge, ein paar Felsbrocken sonst tischeben, dann hügelig, herrliche Felsformationen und -farben schließen sich an, wunderschöner ‚Baumkuchen' sowie ‚Schokoladenpudding mit Vanillesoße' und umgekehrt, grauer grobkörniger Fels, dunkelbraun, grau, hellbraun, beige, auch Form wie Bergkristall, große hellgraue oder hellbraune Felsen, dunkelbraun und hellgrün, „Badlands" vor 135 Millionen Jahren gebildet; Capitol Reef = Kapitol (Washington) Riff, erhärteter heller Navaho-Sandstein, Gebiet 79 km² groß, Felsformen Kombination von Bryce Canyon und Zion National, die mit den Anasazi verwandten Freemont- (= Fluss) Indianer lebten hier zogen weg während anhaltender Trockenperiode, „Petroglyphs" war Mittelpunkt der Stadt, Häuser abgerissen, nur Schule als kleines restauriertes Häuschen erhalten, Obstbäume angepflanzt, Mormonen hielten sich dann 80 Jahre dort auf; Fluss, etwas breiteres Ufer mit Sandboden danach Büsche, Bäume und fast nackter Fels, „Navaho Dome"; 160 km lange Nord-Süd-Wasserkissenfalte im Colorado-Plateau, jüngere Gesteinsschichten sind inzwischen abgetragen, „Highway 12", Teilstück 1985 fertiggestellt führt zum Bryce Canyon, Streifenhörnchen, Straße geht bis 2 800 m hinauf, Umgebung nun hügelig mit Büschen und Bäumen eingebettet in Höhenzüge, „Dixie National Forest", es wird kahler, Nadelbäume und eine Menge Silberpappeln, „Oak Creek" Kühe überall, ganze Pappelwälder, fast weißer Fels, „Escalante-Schlucht" mit gleichnamigem „River", Kühe auf Grasflächen mit und ohne Büsche, jetzt überwiegend Nadelbäume; zum „Zion National Park" fahren wir eine Stunde durch eine schöne gemischte Gegend mit dichtem Bewuchs, „Cedar Breaks", vor dem Park ‚Kartoffelbrei mit Gabelstreifen' eine riesige versteinerte Düne, danach Gras, halbhohe Bäume, hügelig, gelbe Blütenbüsche, Berge dicht bewachsen, es wird karger, viele Rasensprenger, **Kanab,** (kanaw = Weide aus Indianersprache), „Klein Hollywood" persönliche Schauspieler-Appartements in eigenem Areal, Salatbar die häufig in Restaurants angeboten wird meistens zu einem Pauschalpreis, hier besonders vielseitig; „St. Georg", ältester Mormonentempel Utahs 1877 gebaut, Pflanzen davor haben farbige Hochblätter wie der Weihnachtsstern, noch mal ein Stück durch Arizona bis zum „Hoover Dam", 223 m hoch 430 m lang 1930 - 1935 errichtet, dahinter der „Lake Mead" bereits in Nevada: ich steige mit den anderen aus dem viel zu kühl eingestellten klimatisierten Bus, lasse Schal und Kopftuch gegen die Zugluft darin zurück, bin mit Rock und Bluse für die 43°C im Schatten viel zu warm angezogen, ‚Drachenhauch' schlägt entgegen etliche fliehen sofort wieder ins Fahrzeug hindern fast die Letzten am Aussteigen, wage mutig gute Position für einige Fotos zu finden doch mein Radius bleibt begrenzt, bin dankbar nach getaner ‚Arbeit' dem Gucken und Knipsen zurück zu dürfen in die Kühle; Brücke über den See, Grenze zwischen Arizona und Kalifornien, wir wollen nach Las Vegas, keine Uhrumstellung da in Nevada (= Schneefall) Sommerzeit und in Arizona nicht, Tourismus hier wichtigster Wirtschaftszweig, 50% der Beschäftigten in dieser Branche tätig, in **Virginia City** werden Silber und etwas Gold gefördert, **Las Vegas** - wie gehabt nur kürzer und andere Show.

Erneut auf Achse: Berge haben aufgehört, Virgin River begleitet uns noch eine Weile fließt dann querab weg, nun Sandwüste mit Wüstenrollern, vereinzelt kleine bis mittlere Yoshuatrees und ‚Gurken'-kakteen, überall in der Wüste Grundstücke zu verkaufen - mit und ohne Kakteen; Berge jetzt rechts im Hintergrund, sonst teils flach teils hügelig Sand mit Salzablagerungen, nach Yoshuatrees Yuccas, am Atomtestgebiet vorbei geht es durch die insgesamt 193 km lange Wüste von Nevada, Sand und verschiedene Buschsorten folgen, helles Gras in Bündeln, „Badwater", Tiefpunkt der Erde ca. 86 m unterm Meeresspiegel, riesige ebene Fläche - ein ausgetrockneter Salzsee, an vier Monaten im Sommer 47° bis 53°C sonst nur noch Sahara so heiß, natürlicher Ofen, Wasser muss gekühlt werden, Pflanzen brauchen Wurzeln bis zu 10-facher Länge ihrer Höhe um existieren zu können; Grenze zu Kalifornien überfahren, deren Staatsblume „California Poppy" Mohnblume ähnlich, Moawa (phon.) - Indianer lebten hier in der Mojawe-Wüste, Boraxgewächse, Mittagspause in **Turance Creek,** dann Büsche, hie und da einzelne Bäume, erneut karger Sand grobkörnig, es wird steinig, nun zunächst grobe Steinwüste danach etwas feiner, Dünenlandschaft, schwarze Steine, Berge mit großen und kleinen teilweise schwarzen Felsbrocken, roter Sandboden mit hellen Büschen und grünen unterschiedlicher Schattierung, beiger Untergrund,darauf trockene grüne Buschgewächse die gelbe oder rote Blattspitzen haben, jetzt mit gelben Blüten übersät, dunkelbrauner Grund mit hellen Grasbüscheln löst ab - sehr diesig und stundenlange Fahrt durch trostloses Gelände ohne irgendeine menschliche Siedlung „Death Valley", Rast-Station: Gelegenheit im Swimmingpool zu baden - bin schon nass, die sich verlocken lassen haben echte Probleme ihre feuchte Kleidung wieder anzuziehen, sich abzutrocknen ist sinnlos - so dachte ich mir das! Beiger Sand, dürre Büsche, Owens Tal, fruchtbar nur da wo Sprenger in Betrieb sind oder entlang eines „Creek" (creek = Bach) also eines Bachbettes, Gras und Bäume, Buschbewuchs wird dichter und höher außerdem bedecken Gräser den Untergrund fast völlig; White Mountains Area, **Bishop** unterhalb Beginn des größten Ski-Areals: Wapiti-Hirsche, Elche, Bergkiefern und Fels - Alpen ähnlich, am Haus gestapelte Holzklötze, „Sierra Nevada Inn", noch 40 Meilen bis an den „Mammoth Lake": Stein, Büsche, karg, Sand darin hell- und dunkelgrüne Grasbüschel verstreut, auf 2 430 m wieder diese gelben Blüten - am Stausee angekommen: Flugplatz, links geht's nach „Convigt Creek" und „Devil's Postpile", Sierra Nevada = schneebedeckte oder - bekrönte Berge, 640 km langes Gebiet; „Mono-Lake" in 2 000 m Höhe von etlichen Flüssen gespeist hatte keinen Niveauverlust durch Verdunstung, wird jetzt angezapft und sinkt deshalb pro Jahr um 14 m ab, Salzgehalt nimmt zu, Vögel die auf den Inseln sicher brüteten werden nun von Waschbären und Coyoten ihrer Eier beraubt; auf fast 3 000 m Foto-Stop: „Tioga-Pass" südöstlich auf westlicher Seite bis zu 15 m Schnee im Nordwesten „Dona-Pass", „Ellery-Lake", Streifenhörnchen; „Yosemite National

Park": ein Campingplatz wegen des großen Waldbrandes von dem wir unterwegs schon hörten gesperrt, Besonderheit sequoia gigantea = der Mammutbaum, Wurzelausdehnung bis 30 m Breite aber nicht tief, Wasserbedarf täglich 2 000 bis 3 200 l, wächst 80 Jahre in die Höhe dann in die Breite, ältester Baum 65 m hoch höchster kam auf 87 m, sonst Cedar- und Zuckerkiefern, umgefallener „Tunnelbaum", „Mariposa (Schmetterlingsname) -Grove", kleine Seen, ab und zu Laub- zwischen Nadelbäumen und vielen Felsbrocken - werden weniger, keine mehr; Coyoten laufen herum, Heimat von Schwarzbär und „Grizzly Giant", Parkfläche 3 080 km², im Mittelpunkt Wasserfälle, Felsen, Sequoia-Wälder; Yosemite Valley 13 km lang und 1,6 km breit, drei Eiszeiten erlebt, Gletscher formten aus V- ein U-Tal, Monolith „El Capitan" 2 000 m Gesamthöhe ab Talsohle 1 000 m, „Half Dome" höchster Wasserfall - wenn er Wasser hat, heute nicht; etliche ungeheure Felsbrocken aus Granit, Steilwände, Geröllhalden, Merced-River, (mokassin = Wasserbecken) Wasser für San Francisco; wir fahren Richtung südlichem Parkteil zu den Riesen-Sequoias, rechts auf der Höhe Rauchsäule und Qualm, Bäume sind durch ihre Rinde gegen Brände geschützt Zapfen brauchen Feuer um Samen freizugeben, hängen teilweise 20 Jahre grün am Baum, Feuer trocknet sie aus und der Same kann herausfallen, Erdhörnchen und Larven eines Käfers helfen bei der Verbreitung. Erneut im Bus: normale Graslandschaft, Laubwald, hin und wieder ein Nadelbaum darin, dann trockener, Steine, Bäume in größeren Abständen, vereinzelt gelegentlich Schieferfelsen-Inseln, Obstbaumplantagen, Truthahnfarm, San Joaquin Valley mit Eukalyptus (= wohl eingekapselt), Oleander (Rosenlorbeer), Trauben für Rosinen; ,Apfelsinensonne' gegen Abend, immer noch Felder, ab und zu Palmen, ,Windquirle' zur Energieerzeugung die üblichen mit drei Blättern oder Rotor mit einem durchgehenden Blatt und zwei ,Armen' - oder Elypsenrotor beidseitig, Ankunft in **San Francisco**: bin nun zum zweiten Mal hier, jedoch dieses Mal im „Holiday Inn" des Civic Center, Probleme gibt es nicht trotz der Vorwarnung bezüglich Drogensüchtiger, Bettler, komischer Homosexueller, finde Läden auch für „precious moments" also Tonfiguren und Nippes, kleine Bars oder Restaurants, wunderbar familiär und anheimelnd, will mit Cable Car von Paulsstreet zu „Fisherman's Wharf", bestaune Automat der papiernen 1$ - Schein für die Fahrkarte nimmt, gerate in ein Radrennen auf dem Weg von dort nach „Chinatown"; eines frühen Abends habe ich Lust auf rohen Fisch den die Japaner so herrlich zubereiten, zum japanischen Viertel muss man ein Stück laufen, fein - den Teil der Stadt kenne ich überhaupt noch nicht, also los: ich brauche ca. 45 Minuten, komme zunächst nur an Wohnhäusern vorbei, aber da in einer Seitenstraße weiter oben das scheint ein Fischgeschäft zu sein - es ist eins, eintreten fragen, freudiges Erstaunen: „Sushi, take out?" „Ja sicher", sie müssten jedoch das Gewünschte erst zurechtmachen Fertiges sei nicht vorrätig - ich habe Zeit, darf mich an ein Tischchen setzen und bekomme ein Glas Tee, es dauert gar nicht so lange wie ich erwartet hatte, mit einer hübschen Schachtel voller Köstlichkeiten ziehe ich strahlend ab ebenso fröhliche Japaner hinter mir lassend, der Verzehr der Fischröllchen ist ein besonderer Genuss obwohl es dort auch 'Sukiaki' und 'Hamachi-Steak' gab – nein, in Amerika lebt kein

Völkergemisch, man achtet meistens sehr streng auf die Trennung in den Städten wohnviertelweise.

An einem anderen Tag führt mich die Neugier zur Lombard-Street bekannt durch die schönen Blumenbeete in den Schlangenlinienkurven, nicht weit davon entfernt steht die Kirche „St. Peter und Paul" die mir gefällt, sie ist offen, eine Totenmesse wird gehalten, reihe mich still in die Gemeinde ein und kann so einen Blick ins Innere des Bauwerks werfen, dass ich hier im italienischen Viertel herumspaziere ist auch an den Gaststätten unschwer zu erkennen; vom Civic Center aus müsste der „Golden Gate Park" eigentlich zu Fuß zu erreichen sein - bei angenehmem Wetter, Sonnenschein und frischem Wind setze ich mich in Bewegung: man kann außen herum in Wassernähe zum Park gelangen aber das ist ein Umweg, quer durch ist's näher - weg von der Hauptstraße Nebenstraßen benutzend liegt dort oben mein Ziel geradeaus, ich kann's schon sehen nur - wo bin ich hier hingeraten? Kein Weißer mehr weit und breit, Schwarze denen ich begegne gucken amüsiert oder verärgert, da kommt eine Horde Jugendlicher sich übermütig rempelnd die Anhöhe herunter in meine Richtung, sie nehmen die Straße ein und beide Gehsteige ausweichen könnte ich ihnen nicht, oh, oh, das gefällt mir gar nicht, ich bleibe stehen mustere intensiv ein Haus schlendere dann langsam rückwärts und stolpere fast über ein querstehendes Taxi, der Fahrer sagt mir dass er bestellt ist, aber ein paar Schritte weiter gäbe es einen Laden, der Besitzer sei ein freundlicher Mensch und werde mir bestimmt telefonisch ein Taxi besorgen - „danke", kurz darauf stehe ich in besagtem Lädchen, der Mann ist wirklich nett bedauert jedoch mir nicht helfen zu können: „Weiße Taxifahrer kommen nicht hierher und ein schwarzer würde sie nicht befördern, es tut mir außerordentlich leid", „was soll ich machen, ich möchte zum Golden Gate Park?" Er rät mir bis an die Hauptstraße zurückzugehen da könne ich dann sicher ein Taxi finden - „vielen Dank", erneut auf der Straße sind die Jugendlichen verschwunden, ich gelange ohne Schwierigkeiten an den Ausgangspunkt meiner ‚Querverbindung' zurück - wieder etwas gelernt: in Amerika sind Abkürzungen Umwege! Natürlich nehme ich kein Taxi sondern laufe den frischen Wind genießend; von dieser Stadt habe ich immer noch nicht genug, schade dass wir aufbrechen nach „Monterey" - übrigens sollen „Jeans"-Hosen von dem aus Deutschland ausgewanderten Hans Levi („Levi's") Strauss 1850 nach Kalifornien gebracht worden sein, der Name habe sich dann aus der Bezeichnung für manche Matrosen ergeben: „Genues, Jenuis oder Denis (de Nîmes)", wir erfahren zudem etwas über die Überlegenheit eines Preußen einem Bayern gegenüber nämlich seiner Idee den Salzstreuer mit einem Zahnstocher zu reinigen, Kommentar „ja mit G'walt" und den Unterschied zwischen „Hölle West" und „Hölle Ost": in letzterer fehlt häufig das Foltermaterial und in ersterer sind Partys Werbeabteilungen; durchfahren Monterey bei gelegentlichem Kurzaufenthalt, **Carmel**: Mission, Basilica, Pflanzenbüschel in Herbstfarben auf beigem Sand - herrlich anzuschauen, dann rechts der Pazifik links die Santa Lucia Berge, auf unserer Strecke teilweise Büsche und grasüberzogener beiger ‚Samt', Cabrillo-Highway: „Los Padres National Forest": Pampasgras, die Straße geht bis auf 300 m hoch, Andreas- und Hayward-Graben-Falte, wieder Raubvögel, etliche gelbe Blütenkissen, rote und grüne Blätter; auf Pazific Coast Highway über San Simeon und Mosso Bay mit

Abstecher nach (für mich erneut) **Solvang** (Sovenga), dem original dänischen Ort in unwirtliches Gelände gesetzt, mit Meerjungfrau, Pfannkuchen und typischen Backwaren; **Santa Barbara** und Rückkehr nach **Los Angeles**, San Francisco und L. A. nähern sich jährlich um 5 cm, S. F. wandert südwärts L. A. nach Nordwesten, Übernachtung wieder im „Airport Hilton and Towers Hotel" am Flughafen.

Bald sitzen wir im Flugzeug und nach einigen Stunden sind wir auf heimatlichem Boden gelandet - kein Yakutsi = Whirlpool mehr, wie besonders angenehm in Vail und keine „English muffins" zum Frühstück!

Reise in die UdSSR (1988)

Mit 1 1/2 Stunden Verspätung Abflug in Frankfurt um 14 Uhr, Ankunft in **Moskau** 16.40 (Ortszeit 18.40 Uhr) Busfahrt zum Hotel „Zentralnij dom turista", Leninskijprospekt 145 im Gagarinski-Bezirk, sie dauert 40 Minuten mit „Ave Maria" und „Glenn-Miller"-Musik; Wald auch aus Birken säumt die Straße, eines der ersten Gebäude links ist das russische 'Pentagon', Moskau sei auf sieben Hügeln erbaut - noch eine Stadt, sie umfasse nun 900 km², habe 33 Bezirke mit 11 Millionen Einwohnern, ihre Ausdehnung könne an den 'Ringen' abgelesen werden da jeweils eine Umgehungsstraße mitgebaut wurde, inzwischen seien es 5, die Mieten in der Hauptstadt lägen bei 13 bis 15 Rubeln im Monat, also nicht hoch, allerdings für eine Zwei-Zimmer-Wohnung, Enge scheint normal zu sein; Mutterschutzzeit wie bei uns vor der Geburt 6 Wochen danach aber zwei Monate, 35 Rubel Erziehungsgeld monatlich bekommt man und 1 1/2 Jahre Arbeitsplatzgarantie, Zeitraum auf 8 Jahre verlängerbar bei einem behinderten Kind, die Schulpflicht beginnt mit dem 6./7. Lebensjahr und beträgt zehn Jahre, auf dem Land noch viele Analphabeten, wer soll das kontrollieren, von der 5. Klasse an bezieht der Unterricht auch praktisch-handwerkliche Ausbildung ein; Schulabschluss = Abitur, nach einer Aufnahmeprüfung für die Universität absolvieren alle Studenten ein Grund- danach ihr Fachstudium, Gesamtzeit acht bis zehn Semester. Unser Hotel liegt im „wissenschaftlichen" Viertel, wenig Industrie, gute Luft, es wurde 1980 am Rand einer Hochhaussiedlung gebaut, auf der gegenüberliegenden Straßenseite ein Studenten-Campus (autonom oder Getto?), ausländische Studenten studieren zunächst ein Jahr Russisch, daran schließen sich in der Regel vier Jahre Fachstudium an, sie erhalten 90 Rubel staatliche Förderung bzw. Unterhalt monatlich, davon kann man sich gerade ernähren aber weder Kleidung noch Schuhe kaufen; die Mosqua fließt über eine Länge von 87 km durch die Stadt ist 7 m tief und bis zu 200 m breit, außer 'Kreml', „Rotem Platz", „Kaufhaus GUM" und „St. Nikolai-Kirche" gibt es noch die Schokoladenfabrik - die wir leider nicht besichtigen, sechs Filmstudios, die Metro natürlich und etliches mehr, einige Häuser sind in klassizistischem Stil gebaut, die meisten Autos entstammen der Marke „Wolga" die der Diplomaten „Sil" oder „Tschaika", jedenfalls fährt hier erheblich mehr auf den Straßen herum als in China; auf der Stadtrundfahrt kommen wir auch an einem Haus mit ovalen Fenstern vorbei, darin die „Tass", dem Roten Platz mit „Basilius-Kathedrale" oder „Usbenje Mariae Himmelfahrt Kathedrale" in der die Zarenkrönungen stattfanden, in natura ist die Buntheit weitaus erträglicher als ich aufgrund von Bildern erwartete; 'Kreml' (altrussisch) = Zitadelle im 12. Jahrhundert als Pfahlbau entstanden, die weiteren Gebäude stammen aus der zweiten Hälfte des 19. Jahrhunderts in Nurasja-Barock-Stil, ähnlich dem der Medici, Gelände 28 ha darin „Grabkirche": „Maria im Flammenkranz", Hauskirche für Taufen, Gemälde „Jonas und der Wal", die „Leninbibliothek" mit 36 Millionen Buchbänden; die Mauer soll in der Zeit von 1486 - 1495 errichtet worden sein: 2 235 m lang, 3,5 bis 6,5 m dick und zwischen 5 bis 7 m hoch, die Türme schmückten früher Doppeladler wurden nun jeweils durch einen Stern ersetzt, der größte hat einen Zackenabstand von 3,75 m der kleinste von 3 m, beweglich angebracht bieten sie Wind keinen Widerstand; GUM: eine überdachte Verkaufsstraße, rechts und links spezialisierte Geschäfte in drei Parallelhallen zu je drei Stockwerken, das Angebot ist aus unserer Sicht dürftig, Schuhe und Pullover mäßiger Qualität bekommt man außerdem erst ab 45, Dreieckstücher für 10 bis 15 Rubel, nur Schallplatten und Bücher kosten wenig - der Abstand zwischen Kleidungsstücken auf den Ständern beträgt mindestens 10 cm, dadurch sehen sie gefüllt aus, diese ‚Technik' fällt mir nachher auch in anderen Städten auf, Preisunterschiede halten sich ebenfalls in sehr engen Grenzen; Obst und Gemüse gibt es überall der Jahreszeit entsprechend von der Ernte der regionalen Umgebung, Kühlwagen sind nirgends unterwegs, die Mengen erscheinen ausreichend - keine Warteschlangen und nicht zu teuer, z. B. ein Pfund Gemüse wie Bohnen, eine Art Zucchini, Tomaten erhält man ab 80 Kopeken bis 1,20 Rubel, für ein Pfund Kirschen werden aber schon 1,45 verlangt, eine Schlange entsteht, wie bei uns nach dem Krieg, wenn etwas Besonderes verkauft wird was es schon lange nicht mehr gab wie beispielsweise eine Baby-Badewanne, oft stellen sich die Menschen an ohne zu wissen was angeboten wird, Einkäufe richten sich nach dem was da ist nicht nach dem was man benötigt, Wünsche sind sowieso illusorisch, Kleider von der Stange seien vielfältiger geworden und Stoffe von guter Qualität und mittlerer Preislage verhelfen offensichtlich zu einem bunten Straßenbild dank des Talents vieler Frauen selbst zu nähen; unsere einheimische Reiseleiterin erzählt sie benötige den ganzen Samstag um die verschiedenen Essenseinkäufe für das Wochenende zu erledigen und bekommt große Augen als sie hört dass es bei uns Kaufhäuser gibt wo man alles erwerben kann: Milch, Käse, Wurst, Gemüse, Kartoffeln etc., weil es alle sagen glaubt sie es schließlich, doch dann kommt die Frage „und wer darf da einkaufen?" „Jeder der Geld hat, alles kaufen kann keiner, man muss sich schon nach dem Betrag richten den man zur Verfügung hat" - das ist des Staunens doch zu viel, ich denke sie überlegte noch lange ob das wirklich wahr ist! Die Haltestationen der Metro sind künstlerisch ausgestaltet, wunderschöne Hallen mit Mosaiken, Gemälden, Denkmälern, zum Teil herrlichen Kronleuchtern, ein ausgezeichnetes Belüftungssystem sorgt für optimale Verhältnisse und es ist überall sehr sauber, Abfallbehälter stehen reichlich herum, Rauchen ist verboten - auch auf dem Roten Platz und an anderen Orten, harte Zeiten für ‚Qualmer', russische Zigaretten schmecken aber auch abscheulich! Die Rolltreppen in der Metro haben ein tolles Tempo, es ist ratsam mit den Füßen vorzutrippeln um in Schwung zu kommen sonst kippt man um, nicht günstig bei den Menschenmassen, eine der Treppen fasst bestimmt zwei Busladungen voller Leute gleichzeitig - in dieser Station war sie mindestens auch noch 25 cm hoch und hatte einen Neigungswinkel von 45 Grad; bei einer Metrofahrt bleibt neben zwei Schwarzen ein Platz frei den offenbar niemand einnehmen will, ich setze mich, ernte verächtliche Blicke auch von denen die neu einsteigen, empfinde es als interessant und traurig; ein paar Mutige aus unserer Gruppe fahren sogar alleine mit diesem Verkehrsmittel - ich nicht, um einen Namen zu entziffern wie die Station heißt stünde ich wahrscheinlich immer noch da, nur an PECTOPÁH = Restaurant erinnere ich mich, die anderen Buchstaben blieben ein Geheimnis; Fahrt im öffentlichen Bus - ein Alptraum, er ist so furchtbar voll umfallen unmöglich, aber ich fürchte ohne Rippenbruch oder ein anderes kaputtes Teil nicht zu überleben - ein Wunder geschieht, ich bleibe ganz, fühle mich jedoch wie von einer Walze plattgedrückt. - 'Rasputin' fährt uns heute zum Inland-Flughafen BRÝKOBO (phon. Wnukowo), dem einen von fünf für den Flug nach Tbilissi Dauer 2 Stunden 10 Minuten, **Tbilissi** (phon. Bilissi) ehemals Iveria dann Tiflis, ist die Hauptstadt Georgiens, das Land umfasst 70 000 km² und wird von 5 Millionen Menschen bewohnt von denen 3,5 Millionen Georgier sind, der Rest verteilt sich auf 83 andere Nationalitäten - Uhr um eine Stunde vorstellen, in der UdSSR gibt es elf Zeitzonen; unser Hotel „Bake" = Ebene liegt ziemlich außerhalb der Stadt, nahe der Bus-Endhaltestelle „Friedhof"; Georgien besteht zu 80% aus Gebirge, dem Großen und dem Kleinen Kaukasus, der westliche Teil hat subtropisches Klima der östliche sei sehr trocken, die Jahres-Durchschnittstemperatur beträgt 12°C, im Juli Steigerung bis 40°C, die extreme Spitze erleben wir nicht aber das Gefälle tagsüber macht zu schaffen: bis mittags sticht die Sonne recht scharf, dann brauen sich Wolken zusammen und nach einem kräftigen Gewitter kühlt es sofort erheblich ab; die Stadt ist ein Kurort tibili = warm si = Quelle, man nützt letztere in türkischen Bädern - wir leider nicht, die „Kura" zerteilt den Ort und mündet ins Kaspische Meer; hier wird von den Männern gern Fußball gespielt, von den Frauen Schach, sie haben schon etliche Meisterschaften gewonnen, auf den Straßen fährt auch ab und zu ein „Lada", die Partnerstädte von Tbilissi sind Saarbrücken und Atlanta; in der Stadt und ihrer Umgebung gedeihen Feigen, Aprikosen, Maulbeeren und Granatäpfel, Walnüsse, im Kunstmuseum: alte und naive Malerei, die alten Gemälde erinnern im Stil an Spitzweg oder italienische Künstler z. B. der Hirtenknabe mit Flöte und Ziegen, ein großes an die 'Blauen Pferde' von Marc, Fresken, antike Stuckarbeiten von Kirchen (Bruchstücke), Wandmalereien sind zum Teil Kopien in Ikonenstil; Besuch der alten Ansiedlung **Tetschiesin** (phon.), Ursprung der Christianisierung Georgiens - 'Heiliger Georg' Drachentöter, Kirche aus dem 18. Jahrhundert größtenteils renoviert, wenig ursprüngliche Malerei aber alte Grabplatten, teilweise sehr alt und mit doppelter Beschriftung georgisch und russisch - wie auch oft an den Geschäften, eine in arabischen und eine andere fast noch durchgängig mit Bild-Schriftzeichen versehen; wir fahren die „Kura" entlang, hinter den nahen Hügeln erheben sich zwei höhere bis bergige Ketten gegenüber ein Bergzug aus grauem Sandstein mit einseitig beästetem Ginster und Nadelbäumen, im Freilichtmuseum sind die alten Häuser aus Nussbaumholz und die Dächer maisstrohgedeckt, heute baut man mit Steinen und hat Ziegeldächer; auf den „heiligen Berg" mit „Stalin-Park" gelangt man mit der von Belgiern errichteten Seilbahn oder zu Fuß ab „Pantheon" über 1 200 Stufen - wir fahren hinauf, die Seilbahn fasst 40 Personen, Strecke 500 m, die Stadt liegt 100 m ü. M. der Park 700 m ü. M. und ist wegen des Klimaunterschieds ein beliebtes Ausflugsziel da abends nicht so kühl, wir laufen nach unserem Spaziergang hier oben ab Zwischenstation die letzte Hälfte der Stufen hinunter, hin und wieder sieht man Stalinfresken oder -büsten, er war Georgier; sehr kurzer Gang durch die Altstadt, sie ist klein, die Karawanserei wird zum Teil als Museum genutzt - interessiert: sie hat drei Etagen, unten Ställe für die Tiere in einem Halbrund, in der Mitte des Innenraumes einen Springbrunnen, eine Treppe führt hinab, darüber befinden sich ebenerdig die Lagerhallen - teils überdacht teils offen, ein Rastplatz mit Warenablage ist ausgespart, Schlafräume gibt es im obersten Stockwerk; das eigentliche „Museum" bietet hauptsächlich Bilder und Kleider zum Betrachten an, Gebrauchsgegenstände der ‚alten Tage' und liebevoll zusammengestellt ein Zimmerchen mit Biedermeier- oder ähnlichen jedenfalls Stilmöbeln. Die Frauen hier tragen gerne Glitzerfäden in den Kleidern oder Pullovern wie in Moskau, dort sah man auch Gold- und Silberfaden-Stickerei, hier gibt es italienische Schuhe, Batistblusen, Leinenlochstickerei und 'Organza'-Kleider, die Moderne findet Ausdruck in elektronischer Zeitansage, Unterführungen der Metro und Klimaanlagen; manche sind geschäftstüchtig, zaghafte Ansätze zu Straßen-Cafés vorhanden, die Vorbereitungen für Esslokale laufen in Hinterhöfen und Kellern auf vollen Touren, es wird auf einen Wink von Moskau gewartet der Eigeninitiative auf persönliche Rechnung erlaubt, dann geht's los! An Getränken wird 'Bier' angeboten und „Kwas": schäumender Zuckerrübensirup mit Wasser - schmeckt sehr gut; Tänze und Musik sind noch echte volkstümliche Kunst und die Symbolfigur ist zu erwähnen: „Georgia", „Mutter Heimat": eine Frau mit Waffe „als man ihren Sohn erschlug stand die Mutter auf und griff zum Schwert"; Busfahrer lassen an einer roten Ampel Leute einsteigen, Heinz ein Mitreisender und ich machen wegen der müden Füße auch einmal davon Gebrauch, ich weiß nicht was die Fahrt kostet und lege deshalb Münzen auf die ausgestreckte Hand zur ‚Bedienung', der Fahrer schließt lächelnd meine Finger über dem Geld und nickt uns zu - ich bin total verblüfft, danke „spassìba!" - Mangels Sprachkenntnissen ist mir hier wie überall in Russland leider kein Gespräch mit den Menschen möglich aber in Georgien habe ich mich rückblickend am wohlsten gefühlt, die Leute sind durchweg hilfsbereit und freundlich gewesen, der netteste war unser Fahrer von dem Kleinbus, Abram der meinte er freue sich über jede Gelegenheit einem anderen etwas Gutes tun zu können, so schienen mehrere zu denken, der Nächste gilt in Georgien sehr viel, ein bisschen gelebtes Christsein wurde spürbar - Ausnahmen bestätigen die Regel: Autofahrer, sie hatten wo wir hinkamen Vorrang, auch am Zebrastreifen, für Fußgänger heißt die Parole: rette sich wer kann, notfalls mit Hechtsprung – erlebe dass zwischen meinem Bein und einer Stoßstange ein Luftstrom spürbar durchsaust und schaue in ein völlig verständnisloses Fahrergesicht - Fußgänger haben zu rennen, jetzt wusste ich's genau! Noch etwas gab es zu lernen: wie bekommt man Luft in einen Autoreifen-Plattfuß? Mittels senkrecht stehender Fußpumpe, zwei Polizisten demonstrieren das - ich traue meine Augen kaum! Anderntags geht's per Bus weiter nach Eriwan (phon. Jerewan), zunächst erneut an der „Kura" entlang, dem braun-lehmigen Wasser mit schneller Strömung und Strudeln: ginsterbewachsene Hügelkette, rechts dann Felder, Wiesen und Kühe, Gewächshäuser links lösen ab, doppelte Hügelkette im Hintergrund, weit weg erhebt sich in Dunst gehüllt ein hoher Berg, die Hügel sind nun stark begrünt, links große Industrieanlagen, hohes Gras und samtig überzogene Erhebungen folgen, ab und zu Büsche dazwischen, rechts gelegentlich ein kleines Dorf von abgeernteten Getreidefeldern umgeben; wir fahren in die Hochebene hinein, tiefe Regenrillen im Abhang zur Straße, Schafherden mit Ziegen darunter, Kühe, Pferde, eine Lerche, danach viele Reben, Überlandleitungsknotenpunkt: leere Wellblechhütte als Autowerkstatt - Ersatzteile, Tankstelle? Letztere findet sich dann doch gelegentlich, Feuchtgebiet links mit viel Wasser, Lehmboden, Raps und ein Esel, die „Rote Brücke"; Grenze zwischen Georgien und Aserbaidshan, am anderen Flussufer ein altes Zollhaus, da ist ein Eselswagen unterwegs, muslimischer Friedhof, immer wieder große Feuchtflächen, Obstbäume, saubere Steinhäuser, Reben auf Erdbalken durch mit Draht verbundenen Stöcken abgestützt wie bei uns, Kieselabbau am Fluss mit Bagger, Lkws und landwirtschaftliche Maschinen, ab und zu Wellblech auf einfacher kleiner Halle oder Hütte, Grabsteine am Wegrand im Gras vereinzelt oder gehäuft, gepflegte Weinberge - eher Rebenfelder mit Wachturm wegen der Vögel, ein Leninplakat, größere Flächen Schilfrohr; auf den Überlandstraßen ganz wenig Verkehr, zwei große E-Werke rechts, Ortstore (!), Neubausiedlung: Wellblechdächer und Fernsehantennen, eine ‚Handvoll' Esel, ein Stausee, Grenzstation zu Armenien: Fahnengalerie, 'Hinkelsteine', ‚Ziel'-Toilette wie in China - auch sonst mal anzutreffen, bin ja trainiert, gelernt ist gelernt; eine kolossale „Armenie-Statue" grüßt etwas fern - bald ganz nah, wir fahren an ihr vorbei, rechts ein E-Werk, Kirschbäume mit weißen ‚Füßen', wohl Farbschutz gegen tierische Lebewesen, Akazienallee, die Straßen säumen oft angepflanzte Bäume, fast trockenes Flussbett, wieder einmal Pappeln, links Berge mit halbhohen Bäumen bewachsen, ein Fluss folgt ab und zu Kaskaden, Kiesabbau, rechts auf einer Anhöhenspitze ein Steinbockmonument; Kreisstadt und Bahnstation **Edchewan**: ein Teil Hoch- ein Teil neugebaute Einfamilien-Häuser mit rundlichen Wellblechdächern die breitere Rillen haben, Kiesabbau auch hier, man erzählt uns eine Geschichte über die Vergabe von Nasen: die Russen wünschten sich eine vom lieben Gott die beim Trinken nicht stört, die Georgier wollten eine wie die kaukasischen Berge, die Armenier fragten was sie koste - nichts? Dann die größte und schönste - dürfte aus Aserbaidshan stammen, auch die Erklärung warum die Armenier keinen Basketball spielen hat wohl denselben Ursprung: keinen Ball in einen fremden Korb! Fahrt durch ein Bergtal, Bienenkästen an ehemaliger Eisenbahnlinie entlang alter Waggons, der Fluss mit Kiesabbau begleitet uns, sehr langes Tal; schon die ganze Zeit gewittrig und nun regnet es, rechts eine Ortschaft, Häuser jeweils mit Terrasse, links Raststätte und Café, wir sind auf 1 700 m, an dem Berghang links kahle Stellen, kleine Schweine- und Kuhherde mit Kälbchen unterwegs auch ein freilaufendes Schwein mit zwei Ferkeln unter Bäumen am Abhang, 180 km liegen hinter uns, wir sind in **Bilichan** und essen zu Mittag: salzigen Fisch mit Nudeln - dürftig, noch 290 km bis Eriwan, der Gebirgspass beginnt, zunächst mäßiger Regen der reichlich zunimmt, die Schneeberge im Hintergrund verschwinden bald in den Wolken, weißer Blütenteppich dann gelbe Blumen, nun lang- und kurzstielige Blüten mit lila und rosa Glöckchen, haben höchsten Punkt auf 2 144 m erreicht: **Simjonowka** russische Siedlung, Menschen ehemals von einer Zarin dorthin beordert, ziemlich vergammelte Hütten, Ort Siwan und See in Sicht, es schüttet wie aus Kübeln - doch den See muss man ja aus der Nähe gesehen haben, allen die so denken werden zumindest die Füße gründlich gewaschen - mir auch, aber es ist nicht kalt so hat die Neugier keine Folgen, der Siwansee gehört zu den höchstgelegenen Seen der Erde, auf 1 700 m Fläche 1 400 km², fischreich, hat auch Forellen und sehr gutes Trinkwasser, durch Nutzung für Elektrizität und Bewässerung sank der Wasserspiegel inzwischen um 18 m, Zuflusskanäle sollen ihn wieder anheben der zu großen Versandung entgegenwirken - wir fahren um ein Ende des Sees herum, an ihm entlang, dann ist er weg; verfallene

Häuser, überall wird neu gebaut, die grau verputzten Steinhäuser sehen sehr ordentlich aus, an Holz blättere die Farbe so schnell ab, immer wieder einmal ein Monument oder eine Kolossalstatue; Ortschaft rechts, noch 58 (?) km bis zum Ziel, ‚Almlandschaft‘ darauf zum Teil überwachsene Steinhaufen, gelber Blütenteppich, es grünt und blüht überall, ab und zu große Steinbrocken gelegentlich Büsche, nun ein Streifen halbhoher Bäume erst Pappeln danach Nadelbäume, jetzt links Schneeberge im Hintergrund, ganze Kette einer mit Gletscherfeld - der Kaukasus! Zeitweise Büsche und Bäume wie am Michigan-See in Nordamerika nur etwas niedriger, Schafherden, weite Felder dunkler fruchtbarer Erde, die schneebedeckte Bergkette setzt sich fort, wird höher kommt näher, Schnee, Höhe ca. 3 500 m, Hügelkette dazwischen versperrt den freien Blick - wird dann doppelt; um 17 Uhr geht's vom Hochplateau hinunter - Abfahrt war um 10 Uhr, Mittagspause 14.15 Uhr, am See sind wir um 16.30 Uhr gewesen - da sind auch rechts Berge mit Schnee am Horizont, Aussichtspunkt mit liegender Statue und wir fahren der Sonne entgegen; die Straßen waren zunächst nicht gut, Löcher und Split, ab See Asphalt mit Ausbesserungsstellen, bald Autobahn und Zubringer für Eriwan: 2 x 2 Fahrbahnen durch einen Grünstreifen geteilt, „Adlerstatue“ rechts, Blick auf den „Ararat“, Stadtbeginn: etliche Elendshütten aus Zementrahmen oder -mäuerchen an den Seiten manchmal auch nur rostige Bleche, letztere ebenso als Dach; **Eriwan** im Ararat-Tal gelegen wurde 785 v. Chr. gegründet: „Leninplatz“, „Schachspielhaus“, rundes Turmgebäude daneben Jugendhaus, „Siegespark“, Freiheitsstraße; „**Ararat**“ hat zwei Gipfel, der eine ist 5 160 m hoch und der andere 3 914 m, zehn Millionen Jahre alter erloschener Vulkan, dient als Wappen in der Nationalflagge (im Mittelalter war es ein Adler), die ‘Arche Noah’ sei dort gelandet deshalb gilt er als heiliger Berg, die Stadtgrenze ist Staatsgrenze zur Türkei, Armenier möchten ihn ihrem Gebiet einverleiben, es gehe ihnen um **Berg-Karabach,** die Enklave von Aserbaidshan, der Berganteil sei von Stalin aus unklaren Gründen an den Nachbarn Türkei gegeben worden, reich an Bodenschätzen und Industrie wollen diese ihn natürlich behalten, viele Armenier scheinen verbittert zu sein, beklagen ihre leidvolle Situation und wie ein verletzter Löwe ‚lecken sie ständig ihre Wunden’; das Gebiet teilt sich in 9/10 West- und 1/10 Ost-Teil auf mit 3 1/2 Millionen Einwohnern, noch 1 Million lebt verstreut in der UdSSR deren Teil Armenien seit 1922 ist, 8 Millionen in der übrigen Welt, die Hauptstadt bevölkern 1,2 Millionen Menschen, Höhenlage 1 000 m, Klima sehr trocken, zur Verbesserung der Luft gibt es eine Menge Springbrunnen: 2 750 - stimmt habe sie gezählt, Kontinentalklima von -30°C bis +40°C; 1975 gebauter Fernsehturm: sieben Kanäle, Sendungen auch in türkisch und iranisch, Aussichtsplattform 300 Meter über der Stadt, die Bauten bestehen aus Tuffstein, viele Großplakate mit Symbolen Parolen, „Lenindenkmal“ geschmückt mit Fahnen, Treffpunkt für Diskussionen und Demonstrationen ist der „Theaterplatz“; „Handschriftenmuseum“: das armenische Alphabet hat 36 das georgische 32 Buchstaben, Weinlager in ehemaliger Festung über 200 Sorten und das Bier hier ist sauer; 'Disneyland' für die Kinder in einem Graben, etliche Seen auch ein künstlicher mit Strand, oft breite Straßen, häufig Verkauf von Büchern aber kaum Neugedrucktes - wie überall, außergewöhnlich gut bestückter Musikladen: Schallplatten, vor allem Notenmaterial: Kinderlieder sowie alle Werke von Chopin, Beethoven, Bachsonaten etc., Markt: ein Schaf kostet 100 Rubel, hübsche

Gemälde werden von Künstlern angeboten, herrliche Intarsienarbeiten - zu sündhaft hohen Preisen, reiche Amerikaner würden viel kaufen - na denn, gehöre nicht dazu; man sieht häufig russische Soldaten auf den Straßen, selten zu zweit meist ein ganzer Trupp, laufen wohl herum um Präsens zu zeigen, Partnerstadt von Eriwan ist **Carara**; im Nachbarort steht die älteste orthodoxe Kirche die 310 n. Chr. erbaut wurde, eine andere aus dem Jahr 580 n. Chr. ist zum Gedenken an die 35 Frauen errichtet die ein Zar ermorden ließ weil die Eine die er wollte sich ihm verweigerte, im Hintergrund die Berge des Kaukasus - nach der Vorbeifahrt zurückgelaufen für den Besuch der ältesten armenischen (christlichen?) Kirche: zur Zeit der Kreuzzüge innen mit iranischen Wandmalereien versehen um die damalige persische Besatzung an der Zerstörung zu hindern, Altar in der Mitte an der Stelle errichtet wo der erste „Katholikos" (oberster Bischof) eine Vision von Jesus hatte, Zentrum für Beschulung und Studium, nach Abitur Wahl des „Weges": „Schwarzer Weg" = Zölibat und Aufstieg in der Kirchenhierarchie, „Weißer Weg" = Studienzweige: Mathematik, Physik, Medizin, Theologie; Stelen, Haus des Bischofs - ein Pfad führt direkt von dort zum Kircheneingang, unter einem Torbogen hindurch: „Wer ihn durchquert dem sind die Sünden vergeben", praktisch wohnt er der Herr Bischof und - es ist kaum zu fassen, hier gibt's Toilettenpapier! An der Hauptstraße noch ein früherer Tempel im Anblick des Ararat, hier archäologische Ausgrabungen: dieser Bau stammte wohl aus dem 4. Jahrhundert, wurde Anfang des 19. gefunden, hatte Kreuzform, Kulturzentrum gewesen, früher heidnische Kultstätte, Restaurierung nicht vorgesehen sondern der Neubau nach den alten Plänen neben den Ruinen, da liegen viele Obsidian-Splitter; die Armenier sind fleißige strebsame Leute, sparen für ein eigenes Haus, pflegen geistige Werte und nehmen Bildung wichtig, einerseits erscheint das Lebensniveau tatsächlich besser als z. B. in Moskau - jegliche Angebote sind vielfältiger und gediegener, andererseits halten sich diese Menschen wohl für eine Elite denn auch zu den Georgiern scheint kaum Kontakt zu bestehen, leider verhindert der nur oberflächliche Eindruck - Aufenthalt ein Tag - bessere Erkenntnisse.

Der Flug von Eriwan nach Baku dauert 50 Minuten, es gibt keine Zeitverschiebung; Aserbaidschan 6,8 Millionen km² groß hat 6 Millionen Einwohner, „dobre dschen" = guten Tag **Baku**, die Hauptstadt ist außerdem größter Hafen am Kaspischen Meer, transkaukasischer Warenumschlagplatz, 250 km entfernt liegt der iranische ‚Gegenhafen'; Erdgas und -öl liegen ziemlich dicht unter der Erdoberfläche, massiver Abbau, es riecht penetrant danach, die Stationen im Meer wirken störend; Land war Halbwüste, tiefste Temperatur im Winter +20°C Luftfeuchtigkeit 100%, Parkanlagen sollen auf folgende Art möglich gemacht worden sein: „Eintrittsgeld" zur Stadt für Händler war ein Sack guter Erde, Wappen: 3 Feuer im Meer, viel Industrie: Leichtmetall, Elektronik, Elektrotechnik, Fördertechnik für Erdöl, Herstellung von Klimaanlagen, Fabrikbesichtigung erfolgt, Petrochemie, Kühlhaus für Obst, Safran-, Blumen- und Weintraubenzucht, Baumwolle zwei bis drei Ernten pro Jahr; Gebäude aus Kalkstein der von weiß bis schwarz die Farbe wechselt, sie nennen das „Schattenspiel", die Häuser haben in der Regel fünf Stockwerke, Rosen sind Symbole der Liebe und der Türkis Liebes- und Nationalstein, von einem Mann geschenkt auch Schutzstein - die Frau die ihn trägt besitzt offenbar die Liebe eines Mannes evtl. ihres Bruders, es empfiehlt sich ihr gegenüber sehr höflich zu sein; sie sind stolz auf die „Befreiung der Frauen" - keine Schleier und die aser(baidshan)ische Kultur: Schriftsteller, Maler, eigenständige Musik, es gibt ein nationales Theater und ein russisches, orientalische Stadt: im Mittelpunkt die Bäder um Geschäfte abzuschließen oder Neuigkeiten auszutauschen, Handel auch mit Salz und Seide blüht; arg unbeständiges Wetter, auf unserer Rundfahrt geraten wir in ein sehr schweres Gewitter, rasch steht das Wasser in den Straßen einen halben Meter hoch, über die Verkehrswege am Hang schießt ein Lehmstrom mit Geröll und Ästen dem Meer zu, Autos bleiben in der Schlammbrühe stecken, der Bus ‚schwimmt' aber ‚unser' Fahrer erreicht sicher das Ziel - ist er so gut oder entspricht es dem Willen Allahs, vielleicht beides; für die Menschen der Stadt wird das Süßwasser von der 350 km entfernten „Kura" bezogen, deshalb Verbrauch rationiert, ist morgens und abends je drei Stunden verfügbar, nur Kliniken haben den ganzen Tag über Wasser und - unser Hotel, man kann als Frau allein herumlaufen ohne ‚angemacht' zu werden, ein junges Mädchen aus der Gruppe erzählt allerdings von einer anderen Erfahrung, mit Schuhen Moscheen und das Mausoleum betreten ist erlaubt, der Islam wirkt hier nicht so verbissen wie anderswo, eher locker und tolerant obwohl es Schiiten und keine Sunniten sind - der Weg zu einer friedlichen Koexistenz? Aber da gab's ja auch die blutigen Auseinandersetzungen in Berg-Karabach, dort handele es sich um konfessionelle Armenier und nicht von der Genetik her heißt es, sie hätten ihre eigene Sprache, könnten frei leben, außerdem seien es nur 30%, die übrigen Russen Aserbaidschaner, Aserier (inzwischen angesiedelt?) etc., ihr Land habe auf Geheiß von Lenin den Georgiern und Armeniern eigenes Gebiet überlassen, sie wollten nun nichts mehr abgeben sondern das friedliche Zusammenleben der vielen Nationalitäten praktizieren, wenn alle Erdboden und Autonomie bekämen bliebe kaum noch etwas übrig, sie betonen ihre offene Grenze zur Türkei - das Abschlachten von 35 Christen, ein Pogrom vor wenigen Tagen nahe Baku stempele sie als Mörder ab - das scheint sie zu stören nicht der Tod dieser Menschen; habe Durst: „Paschálusta tschai" (bitte Tee), er schmeckt prima, löscht den Durst, und dazu gibt es „Honig-Nüsse" die drei Tage in Schnaps eingelegt wurden dann in Honig - ein fantastischer Genuss! „Jungfrauenturm", „Teppichmuseum", „Karawanserei" haben sie zu bieten, ein besonderes Gruppen-Abendessen? Teuer und dürftig: die typischen leckeren Schaschlickspieße und mehr werden in einen anderen Raum getragen und unsere Versorgung ist zu Ende als man uns nichts mehr zu trinken bringt - kein Mineralwasser, Wein gab's sowieso nicht. - Ausgrabungen fördern Behausungen von 1860 zutage, Arbeiter holen mich herein weil sie am Arbeitsplatz fotografiert werden möchten und sie meine Kamera gesehen haben, ein Aufsichtsmensch kommt in die Quere, mit Mühe ergattere ich noch den Zettel mit einem Namen und Anschrift für die Bilder - für mich absolut nicht lesbar, ‚unsere' Russin hilft, schreibt alles nochmals sauber darunter, die Fotos sind gut geworden, Abzüge gingen auf die Reise, an der Adresse ‚malte' ich eine halbe Stunde, hoffentlich ist es kein Schimpfwort, ich habe keine Ahnung - aber der Brief kam nicht zurück; ein Bus überrollt mich fast auf der Straße, der Fahrer hängt sich aus dem Fenster, sieht mich zornig an und brüllt auf Deutsch „blöde Christin" - merkwürdiges Schimpfwort, doch nichts mit Toleranz? Ab und zu fahren Soldaten durch die Stadt oder Panzer am Ufer entlang, halten sich sonst aber im Hintergrund; Besuch bei der

„Aserbaidschanischen Freundschaftsgesellschaft", von Kommune geschaffen, knüpft und pflegt Auslandsbeziehungen zu vielen Ländern, ehrenamtliche Mitarbeiter: ein Vorstand, drei Vertreter, finanziert sich durch Mitgliedsbeiträge von Einzelpersonen und Betrieben, an der Wand UNO-Symbol: Händedruck, der umgebende Kreis ein roter, blauer, roter Streifen darin Hammer und Sichel in Gelb, Mainz soll Partnerstadt werden - ist es inzwischen; ruppiges Benehmen und Ellenbogentechnik am Aufzug im Hotel - à propos Aufzüge: Novum, deshalb hochinteressantes Spielzeug für Halbwüchsige, oft defekt, viel zu wenige vorhanden und gleichzeitig erfolgt Lastentransport - manchmal chaotische Zustände; Erdbebengebiet, Stadt einmal im See versunken, das Kaspische Meer ist so groß wie Gesamtdeutschland, liegt 28 m unter dem Ozeanspiegel, steigt zur Zeit wieder, sehr viele Fischarten auch Lachs und Stör: roter und blauer Kaviar, Jod- und Bromgewinnung, ziemlich salzig - das Schwarze Meer habe noch höheren Salzgehalt, keinerlei Leben darin; Fahrt zum Badestrand - einzige Erholungspause, tut die gut! Spaziergang, die Hafenpromenade ist hübsch angelegt: viele Kinderspielplätze mit verschiedenen Karussells, die Straßenbahn besteht aus einem Wagen wie so häufig, Autoscooter im Park am „Kirow-Denkmal", Aussichtsplattform mit Blick auf die Bucht in der Baku liegt und auf die Halbinsel Apacheron mit "Feueranbeter-Tempel" - nachher von uns besichtigt, alte persische Religion des Reformators 'Zarathustra' der dort geboren ist (persisch Abisheron) und in Pakistan starb, nach 5. Jahrhundert v. Chr. hinduistische Gebetsstätte, hielt sich lange als Ort der Verehrung, der Islam habe viel alte aser- (baidshan-) ische Kultur vernichtet, die Feueranbeter mussten flüchten, lebten dann nahe Bombay, einige kamen später zurück und bauten den „Tempel der sieben heiligen Feuer": Gott des Lebens, Gott des Todes, zwei Bücher in mittelhochdeutsch sind erhalten: Arier = sauber, Ermordung behinderter Kinder, Hakenkreuz bedeutete „guter Anfang", Nietzsches Übermensch hatte hier seinen Vorläufer; „Land der Feuer", brennendes Erdgas soll heute noch vielerorts mit kleinen Flammen aus dem Boden lodern, Gas das sich selbst entzündet, Fahrt durch Industriegebiet, schwarze Stadt der Ölarbeiter weiße Stadt der Reichen, Lkw rundum voller ausgebeulter Stellen unterwegs mit unten angehängtem Eimer - aber er fährt! Ölpumpe im Vorgärtchen, Lenin überall: auf Plakaten, als Freske oder Büste, natürlich gibt es in Baku auch einen „Lenin-Platz" wie in jeder Stadt und seine Statue schmückt, bewacht ihn - oder so; fleißige Leute, der Schlamm wird weggeschippt, die Straßen gekehrt, möchte nur nicht wissen wie es in manchen Kellern aussieht; Betriebsbegehung: japanische Maschinen und 'Gildemeister', sei die erste Fabrik mit selbständigem 'Manager' gewesen, Bandarbeiter, niedrigste Lohngruppe Verdienst 120 Rubel monatlich, Staffelung bis 800 Rubel möglich je nach Schwierigkeitsgrad der Tätigkeit an den verschiedenen Maschinen, nur wenige bekommen noch mehr, 42 Wochenarbeitsstunden, 18 bis 24 Urlaubstage pro Jahr abhängig von der Leistung nicht vom Alter, Ingenieure bekommen mehr Urlaub wegen der Überstunden, der betriebseigene Arzt überprüft auch Krankmeldungen, vergünstigte Einkaufsmöglichkeiten bestehen für Lebensmittel, Stoffe, Schuhe, außerdem: Erholungsangebote mit Betriebszuschuss, ebenfalls leistungsabhängig, normal kosten 20 Tage am Urlaubsort für eine vierköpfige Familie 215 Rubel, mit Zuschuss verbleiben 54 Rubel Eigenanteil, bei Krankheit zwei Monate Lohnfortzahlung, reguläres Rentenalter für Männer das 60., bei Frauen das 55. Lebensjahr, das Arbeitstempo ist vergleichsweise geruhsam, an den Bändern sehr zögerlich, nebenher Domino zu spielen möglich, da wo etwas flotter gearbeitet wird fällt auf dass hier nur ganz junge Leute tätig sind - wirklich alte Mitarbeiter gibt's wohl gar nicht; große Ballen teuren Alu-Blechs und Kupferdraht liegen reichlich und ziemlich achtlos herum neben völlig veralteten Maschinen, Leistungstafeln fallen ins Auge Produktion und Mitarbeiter betreffend; Folklore-Abend, leider sehr professionell - in Baku ist der Lebensstandard offenbar am höchsten: das Nahrungsangebot ausreichend und vielfältig, Kleidung von besserer Qualität, allerdings Schuhe meistens aus Plastik wie wir sie als Badeschuhe kennen - vermutlich aus hiesiger Produktion, das eine Kaufhaus in der Nähe unseres Hotels wimmelt von Käufern, Kosmetika sind gefragt - auch in Moskau begehrt; hier, wie bereits öfter zuvor, ist lästig dass jeder gerne D-Mark einwechseln möchte, nicht 1 zu 3 (100 DM = 35 Rubel und ein paar Kopeken) gemäß Kurs sondern 1 zu 2 oder 1 zu 1, mit Devisen kann man im „Intershop" einkaufen, aber kaum etwas anderes als üblicherweise, wahrscheinlich denken die Leute wunder was es da gäbe. - Wir fliegen zurück nach **Moskau,** sind wieder im selben Hotel, Ausflug auf der Mosqua (MOCKBÁ): schippern u. a. am „Hotel PYCCIR" vorbei, Kapazität 6 000 Gäste, Luxusklasse für Delegierte des Parteitages, es gibt auch mindestens drei verschiedene ‚Bus-Klassen' in dem Land ‚in dem alles gleich ist': ohne oder mit Kühlschrank, elektronischer Ausstattung, Polster- oder Plastikbezügen der Sitze, in den Hotels findet man unterschiedliche Essensräume; erneut der 'Kreml', Brücke nahebei auf welcher der junge Rust ein Jahr zuvor landete - also mitten in der Stadt, Sprungschanze, Lenin-Stadion, längste Brücke misst 2 km; Besuch des Jungfrauenklosters „Nowjetnewitsche" von 1524: auf dem Weg dorthin Eichen, Birken, Pappeln und – Nebelkrähen, Gefieder schwarz und grau mit schwarzen ‚Häubchen', auch in der Nähe der Stadt im Park zu Hause, „Lenin-Museum", „Lenin-Mausoleum", „Kunstmuseum": Ikonen und moderne Malerei, im Ikonensaal ein Kolossalbild: Christus in der Mitte die aufgeschlagene Bibel in den Händen, rechts und links je vier Apostelfiguren ihm zugewandt, Christuskopf mit Augen die den Betrachter immer ansehen egal wo er sich im Raum aufhält, eine ganze Menge wunderschöner alter Ikonenmalereien, modernes Bild: Fiedler auf dem Dach ('Anatevka'), Bronzeskulptur: Tänzerin mit Kopftuch, Alltagsleben auf Gemälden dargestellt - Geschäfte in Etagen, sehr schön die lebendige Fußgängerzone im Stadtzentrum, etliche Künstler bieten selbstgefertigte Werke an; Gespräch mit zwei Universitätsprofessoren, „strasswutje" (allgemeiner Gruß): vorgesehen seien Plan- und Marktwirtschaft nebeneinander bis zur Erreichung letzterer, Kreditgabe vom Staat an Firmen die dann auf eigenes Risiko arbeiten, gemeinsames Geld im „Comicon" geplant, bürokratischer ‚Wasserkopf' werde abgebaut, praktisch keine Arbeitslosen, aber noch spiele man für 150 Rubel im Monat in den Betrieben Domino - man weiß es also, Umstellung auf Leistung wolle man durch Kaufanreiz erreichen daher Warenangebot zu verbessern dringlich, außerdem Umdenken in der Gesellschaft nötig: Arbeiter und Unternehmer genossen bisher kein Ansehen nur Akademiker und Spezialisten, z. Zt. 30% Lohnsteuer - wollen auch Parlament umgestalten, echte Volksvertreter als Mitglieder. - Die UdSSR besteht aus 15 vereinten Republiken, SSR und einigen autonomen ASR wie die Ukraine, Aurelia,

Kalmüken, früher gab's auch noch Krim-Tataren und Wolga-Deutsche insgesamt mehr als 100 Nationalitäten, jetzt sind 38% Minoritäten besonders slawische und turko-mongolische Gruppen, zurzeit insgesamt 280 Millionen Bürger, Größenanteilverhältnis ändert sich da Russen ein bis zwei Kinder haben andere ethnische Gemeinschaften mehr, für alle Turksprachen ist das kyrillische Alphabet verbindlich, 40 neue Zeichen mussten für moderne Ausdrücke erfunden werden; Lenin wollte die Einwurzelung des Sozialismus in den Republiken mit Hilfe der Funktionäre = Kader verwirklichen unter Wahrung der vorhandenen Kultur - gelang nicht, sie wurde meistens zerstört z. B. durch hübschen Neubau anstelle eines alten Gebäudes, die Behauptung sie hätten vor dem Anschluss an die UdSSR gar keine Kultur gehabt ist am einfachsten, Analphabetentum teilweise (ganz?) mit Gewalt behoben, dadurch aber Gebildetenschicht entstanden mit Nationalbewusstsein, seit 1986 Bestrebungen von vielen Teilstaaten nach Unabhängigkeit, die vertriebenen Krim-Tataren wollen zurückkehren usw. - so hat alles seine zwei Seiten. Abendspaziergang durchs nahe Birkenwäldchen dann über die Hängebrücke zur Hochhaussiedlung, auf dem Rückweg angelegter Teich, man schwimmt und angelt, Hunde baden darin – nein lieber schwitzen, mitreisendem Ehepaar und mir begegnen zwei schwarzhäutige Studenten aus Mali, der eine geht in einem Jahr wieder nach Hause da bereits fünf Jahre hier, der andere lernt russisch, ist noch im ersten Jahr, was sie erzählen bestätigt alles was man uns übers Studium mitgeteilt hat, die Verständigung läuft über Hände, Füße, englisch, französisch – letzteres solange der Vorrat reicht, sie waren leicht als Studenten zu erkennen, liefen mit ihren Heften in den Händen lernend herum wie Mönche mit dem Brevier - sie hätten auch daheim in Timbuktu auf die Universität gehen können wurden aber von ihrer Regierung hierher geschickt; der Reisepass muss von jedem im Hotel stets abgegeben werden, man bekommt ihn erst bei der Abreise zurück - Zollerklärung gut aufheben, Hotelkarte immer dabeihaben besonders bei Alleingängen, notfalls weiß ein Taxifahrer wo man hingehört; abends essen gehen nur mit Vorbestellung möglich auch in Cafés, Alkohol gibt es in bestimmten Verkaufsstellen zu gewissen Öffnungszeiten, auch in Weingegenden nur so oder nicht zu bekommen, im Hotel nur Bier und Mineralwasser meist auch in den dortigen Bars, Ausnahme war in Baku das „Intourist", da gab's (fast) alles, sogar Zigaretten und Whisky - gegen Devisen versteht sich, Busfahrer in Moskau ein junger Mann verkauft Sekt - her damit, für 10 DM Krimsekt? Ich weiß es nicht, soll's sein, jedenfalls schmeckt er prima! Es hat wenig Sinn Rubel einzutauschen, kaum jemand will sie, nur zum Souvenirkauf in normalen Läden kann man sie verwenden aber die haben nichts Reizvolles, Straßenhändler schon eher, die Karte für den Besuch des Staatszirkus ist auch lediglich für DM zu haben, dazu überteuert, fürs „Bolschoi-Theater" (bolschoi = groß) gibt's gar keine, die Darbietungen im Zirkus sind ein Erlebnis, in der Pause habe ich Durst, es wird ‚Bonbonwasser' angeboten, stelle mich bei der Schlange an: orangefarben und süß kühl und nass! Essen: normales Frühstück, gelegentlich herrliche Brötchen, Zugaben an Wurst und Käse häufig knapp kalkuliert konnte meinen Anteil gut loswerden da ich nur ‚süß' frühstücke, mittags und abends Warmes: immer eine Suppe vorweg zu meiner Freude für den nötigen Flüssigkeitsausgleich, den der Spurenelemente, Mineralien, manchmal wunderbar cremig aus Lauch etc., ab und zu merkwürdig, auch im Geschmack, Hauptgericht: Fleisch-Scheiben, -bröckchen, -bällchen ich meine häufig Hammel, meistens Reis dazu, mal Kartoffeln, selten Nudeln - aber Gemüse! Stets ein oft sehr süßer Nachtisch: Gebäck oder Cremespeise, satt wurden wir immer, über Geschmack lässt sich nicht streiten, sehr einprägsam ist nichts für mich gewesen; leider gab es bald Durchfall in unserer Gruppe, teilweise litt man sehr, mich erwischte es erst zu Hause - meine Aufnahmefähigkeit war also während der Reise nicht gestört, wer Sonnenblumenöl nicht mag sollte nicht nach Russland reisen, es wird damit gekocht, gebraten - und nicht sparsam; schade, das Land ist durch Hochhäuser geprägt, nicht alte Bauten und ‚Zwiebelturm'-Kirchen, die Kolossalstatuen und Monumentalgebäude unterwegs in den Städten und deren Nähe erinnerten unangenehm an deutschen Größenwahn - denke lieber zurück an Birkenwald, Kaukasus und Tbilissi - „prasstschei" = leb' wohl Rußland oder „do swidanja" = auf Wiedersehen! Zwei Aussprüche wurden gerne benutzt: „Wir haben das Beste versucht, aber dann kam es wie es immer kommt" und - wenn etwas vergeblich ist: „Leg deinen Wunsch in Iwans Korb".

Es war eine Studienreise, man merkt es, wir waren von morgens bis abends unterwegs; ich habe nie zuvor auf einer Reise so viel gedurstet, weder in Hotels noch Intershops bot man uns etwas an, außerhalb bestimmter Zeiten konnte man im Hotel auch nichts kaufen, selbst die Gespräche und Werksbesichtigungen verliefen, trocken' mit einer (Tee) Ausnahme, eine Kaffeepause gewährte man uns aber auch nicht; Organisationsschwierigkeiten gab es häufig: Eile geboten, wir sausten los - dann standen wir eine halbe Stunde in der Sonne oder sonst wo nutzlos herum, das machte die Tour unnötig anstrengend, meinen am Colorado ‚gebadeten' Fotoapparat musste ich nach zweimaliger Reparatur jetzt endgültig aufgeben, ein paar Bilder von der Reise wurden nichts drei Filme waren komplett schwarz - schade!

Indien-Studienreise (1989)

Flug von Frankfurt nach Rom mit „Air India", ab 19.30, Rom an 20.45 Uhr, von dort weiter um 22.15 Uhr über Jugoslawien, Bulgarien, Iran, Pakistan nach Delhi, die Durchschnittsgeschwindigkeit wird einmal mit 920 km/h angegeben. Wir haben bei der Landung auf dem „Indira Gandhi"- Flughafen 55 Minuten Verspätung, es ist 5.10 bzw. 9.40 Uhr Ortszeit, kaum geschlafen liegt der Tag vor uns mit den ersten Programmpunkten wie der Erkundungsfahrt hier: **Delhi** ist die drittgrößte Stadt Indiens nach **Kalkutta**, der Haupt- und Hafenstadt von West-Bengalen und Bombay, sie besteht aus Alt-Delhi der Ursprungssiedlung 8 km² groß, und Neu-Delhi im Auftrag der Engländer gebaut Ausdehnung 40 auf 40 km; Shari Shandri Einkaufs- und Verkaufsstraße, Spezialbereiche: Fahrrad- und Silberviertel oder Fachgeschäfte, keine Supermärkte, 'Alles unter einem Dach' gibt es nirgends; „Sikh-Tempel" mit goldener Kuppel, „Freitags-Moschee" („Jama Mashid"), bettelnde Kinder am Bus, auf mein Kopfschütteln hin fragt ein Junge „tomorrow?" Ich nicke obwohl ich weiß dass ich morgen nicht wiederkommen werde, er legt sein Händchen in meine Hand und bleibt wartend neben mir stehen bis ich als letzte in unseren Bus einsteige, leb' wohl „tomorrow", es war das einzige englische Wort das er kannte; fahren zum „Roten Fort" Grabmal Gandhis besuchen, „Qutb Minar" den 72 m hohen Minarett-Turm von 1199, die „Ashoka-Säule" (Ashoka, indischer Kaiser 272 bis 237 v. Chr.) eiserner Pfeiler der nicht rostet, Monolith gleichen Namens und Ashoka-Bäume; „India Gate", das Stadion hat 75 000 Plätze, dort fanden 1982 die Asienspiele statt; **Delhi** = Tor zu Indien am Ufer des Yamuna gelegen, hier befinden sich etwa 8 Millionen Einwohner, jährlich kämen fast 13 Millionen dazu, Industrie: z. B. größter Filmproduzent der Welt, tägliche Fertigstellung von 2 Filmen, 35% der Menschen dieser Stadt leben unter der Armutsgrenze, als Minimum werden 350 Kalorien pro Tag angesehen, 1/2 l Mich = 300 Kalorien durch die freilaufenden Kühe evtl. noch zu bekommen, 40% sind Analphabeten, Lehrer und Angestellte im öffentlichen Dienst verdienen ca. 200 $ im Monat = 3 800 Rupien, für sie besteht Krankenversicherung - private gibt's auch, außerdem wird ihnen die Wohnung gestellt, Richter haben es noch besser: ihre Krankenbehandlung ist ebenfalls kostenlos, die übrigen müssen auch diese Versorgung selbst bezahlen, für Impfungen entstehen allerdings keine Kosten: Pocken, Tbc und für das seit 1952 offizielle Familienplanungsprogramm auch nicht: Empfängnisverhütungsmittel, Sterilisation, Abtreibung - seit 1971 bis zum fünften Monat (!) legalisiert, bei Schwangerschaftsunterbrechung greift man auch gerne auf traditionelle Methoden zurück: Pflanzentrank, Amulette, Zeremonien, ein früherer Versuch der Zwangssterilisation scheiterte schnell, Erfolge der Familienplanung differieren regional erheblich, wenn beide Elternteile arbeiten ist es ihnen möglich zwei Kinder mit Zukunftschancen aufzuziehen; „Delhi Welhi", Delhi-Bauch, es dauert drei Tage dann wissen einige Mitreisende leidvoll was damit gemeint ist, doch zunächst noch: Süden von **Neu-Delhi** ähnlich der Altstadt mit mittelhohen Hochhäusern, Linksverkehr auf den Straßen, man fährt Fahrrad meistens ohne Lampe - kostet ein Monatsgehalt, lässt sich mit Dreirad-Taxi oder Fahrrad-Riksha transportieren weniger mit normalem Taxi, eigene Motorroller oder -räder sind nicht allzu häufig noch seltener ein eigenes Auto, der Gepäckträger eines Fahrrades ist auf jeden Fall für einen Mitfahrer gut, meistens Mitfahrerin, Vespas eignen sich zur Fortbewegung ganzer Familien: Fahrer, Frau, zwei bis drei Kinder, ich bewundere den Gleichgewichtssinn der Transportierten die frei schwebend dasitzen wie im bequemsten Sessel! Für Zweiradfahrer besteht Schutzhelmpflicht, einen Führerschein kann man für 500 Rupien an bestimmten Tagen zu gewisser Zeit käuflich erwerben, also z. B. montags zwischen 10 und 11 Uhr; chaotischer Straßenverkehr, oft kommt man sich vor wie in einem Elektro-Auto auf dem Rummelplatz, natürlich gibt es Regeln, ab und zu sogar Ampeln oder Verkehrspolizisten aber - der Inder ist Individualist, durch Verständigung klappt's noch am besten, für Fußgänger lebenswichtig, zwischen Lkw- und Busfahrern geht es ebenso per Handzeichen selbst auf Überlandfahrten, von der Lichthupe wird gern Gebrauch gemacht; die Inder lieben Blumen, sakrale Bedeutung haben Tagetes und Frankopani = Götterblume - wegen Buddhas Erleuchtung unter einem Frankopanibaum, Frauen tragen Ketten aus Jasmin die mit Bananenfäden gebunden werden, halten dadurch länger, eine Geldausgabe die sein muss, sie haben viel Sinn für Farben und Formen, jeden Marktstand gestalten sie liebevoll und wunderschön, sogar die Bonbons in den Gläsern sind hübsch aufgeschichtet; auf dem Markt und der Straße wird gehandelt, Ausländer zahlen grundsätzlich mehr als Einheimische, akzeptabel denn umgerechnet ist Vieles immer noch sehr billig, für ein ganzes Päckchen „Crêpe-Fladen" z. B. gebe ich 10 Rupien aus (1 DM = 8 Rupien), esse mittags drei Tage lang davon, mit Obst eine Mahlzeit, eine Ananas kostet 7 Rupien - habe nur einen Zehner, ,verprasse' ihn indem ich noch 5 kleine Bananen dazu erwerbe; á propos Geld: der Dollar steht in Indien noch weitaus höher im Kurs als bei uns, wohl deshalb nehmen sie später im internationalen Sektor von Bombay nur Dollars keine Rupien. - Die Wüste wächst auf Delhi zu, Eukalyptus-Anpflanzungen sollen das Wasser im Boden halten, Maßnahmen des Wasserministeriums: Anreiz für Erschließung von Brunnen und Bewässerung durch günstige Darlehen, Ernten nur in Kulturböden, auch Obst wird in Plantagen angebaut, wild wachsen nur gelegentlich ein paar Kokospalmen, Indien sei inzwischen autark, man führe lediglich noch Technologie ein - und über der Stadt fliegen die Geier, aber es gibt auch Wiedehöpfe, Papageien, Störche und frei herumlaufende Schweine; Begüterte, die oft in Eigentumswohnungen leben ziehen sich in der Monsunzeit - Juli/August - nach Kashmir in Ausweichquartiere zurück, die hierarchische Ordnung setzt sich fort je nach Finanzkraft bzw. -schwäche: zum Mittelstand zählt u. a. wer in einem kleinen eingeschossigen Stein- oder Lehmziegelhaus aus gebrannten oder ungebrannten Ziegeln wohnt mit ziegelgedecktem Dach oder einem gepressten Geflecht von Palmblättern, Hütten aus Blättern haben zum Teil kunstvoll geflochtene Seitenwände, es gibt sie auch ohne oder vier Pfosten mit Lumpendach, als kleine Zelte aus Lumpen, welche aus Plastiklappen, ein Tuch oder eine Plastiktüte mit zwei Stützen vor einem Zaun und dann - gar nichts mehr über dem Kopf, wer noch etwas besitzt hat es in einem Bündel bei sich und haust auf einer Stelle des Gehsteigs oder einer Verkehrsinsel, da wird 'Eintopf' gekocht, gelebt, geschlafen, ein Metallfass mit Röhre auf vier Steinen ist schon ein Luxusherd, gar nichts besitzen die Menschen die auf den Abfallhalden vegetieren, den Abfall per Hand verlesen und deren Lebensraum ihr

Arbeitsplatz ist; das Kastensystem durch Gesetz zwar abgeschafft hat nach wie vor erheblichen Einfluss auf die Sozialstruktur bestimmt jedoch nicht die Finanzkraft: Energie, Mut und Einfallsreichtum können die wirtschaftliche Lage verbessern, viele Rikschas fahren auf Leihbasis, Fahrrad-Rikschas sind meistens Schlafplatz der Betreiber, morgens werden die Räder frisch aufgepumpt, um ein Gefährt zu erwerben muss man entweder eisern sparen oder einen Kredit aufnehmen für den allerdings ein Bürge gebraucht wird, manche schaffen es und wer einen kleinen Laden hat ist schon gut dran, gesellschaftlich ändert das an seiner Kastenzugehörigkeit allerdings nichts, was bedeutet man bleibt streng unter Seinesgleichen im persönlichen Umgang und natürlich auch bei Eheschließungen, wer sich vom Handlanger zum Händler hochgearbeitet hat steigt deshalb nicht von der 4. Kaste in die 3. auf - vielleicht nach der Wiedergeburt aber nicht in diesem Leben, das Kastensystem ist ein wesentlicher Bestandteil des Hinduismus dem ca. 80% der Inder angehören, gemäß Grobeinteilung sind „Brahmanen": Priester und Intellektuelle, „Kshatrijas": Krieger, „Vaishjas": Geschäftsleute, Händler, Künstler, Kunsthandwerker, „Shudras": einfache Bauern, Arbeiter, Handlanger - jede Kaste hat noch mehrere Unterkasten, innerhalb dieser kann man aufsteigen, das gesetzliche Benachteiligungsverbot nach dem Kastensystem ist deshalb illusorisch, weil Vor- und Familiennamen Merkmale dafür enthalten, z. B. Pandit = Brahmane, Singh = Kshatrija, Gupta (Sikh) = Vaishja, es wird erzählt dass ein Mann aus einer nachgeordneten Kaste Minister wurde, es war schwierig Verwaltungsangestellte zu finden die bereit waren ihm Akten etc. zu bringen, zu den Kastenlosen den Ausgestoßenen den „Parias" gehören die 'Abfall-Menschen', Homosexuelle, Zwitter und - Schwarze, dabei sieht es gut aus wenn sie lachen und eine Reihe perlweißer Zähne sichtbar wird die mit der dunklen Farbe des Gesichtes kontrastiert, Rassismus scheint eine große Rolle zu spielen, je heller die Hautfarbe desto besser; die Kastenlosen schlagen sich mühsam durch, auch mit Betteln, sie haben keine Chance, in den Städten trifft man sowieso ständig auf Bettler, es fällt nicht leicht, schwer verwachsenen und unvorstellbar verstümmelten Menschen wie ich zuvor noch nie welche gesehen habe nichts zu geben, das schlechte Gewissen bedrückt, aber wollte man alle bedenken müsste man nach wenigen Tagen nach Hause fahren, denn man hat ja keinen 'Esel-streck-dich' dabei - auch diese Überlegung ist wichtig; wegen der Krankenversicherungsmisere unterhalten kirchliche Institutionen Häuser in denen kostenlose Behandlungen auch Operationen durchgeführt werden, der Anreiz dorthin zu gehen bleibt gering wenn der erbarmungswürdige körperliche Zustand Betteln so lukrativ macht, meistens sind die Menschen nicht aufdringlich, verstehen Englisch, verschwinden wenn man sie bittet in Ruhe gelassen zu werden spätestens nach ein oder zwei kräftigen „no"; manchmal stößt man auch auf Straßenhändler oder „freundliche Begleiter" die dafür dann Geld verlangen, die Verkäufer reagieren auch auf Ansprache, bei den 'Begleitern' kann die Stimmung plötzlich umschlagen, sich ihrer schnell und ohne Diskussion zu entledigen ist zweckmäßig; der Verkauf von Alkohol bedarf in Delhi der Lizenz, die Getränke sind mit hoher Steuer belegt, es soll wenig davon und zu Hause konsumiert werden, 70% der erwachsenen Einwohner würden trinken, Muslime und Hindus meist Mittelständler obwohl es die Religion untersagt, Hindus essen auch Rindfleisch wenn sie's bezahlen können - weitere der vielen Widersprüchlichkeiten die für Indien normal sind, hinter der Stadtgrenze, auf dem Land gibt es Hochprozentiges steuerfrei, schwere alkoholbedingte Verkehrsunfälle kämen häufig vor; Schulsystem: es besteht Schulpflicht, die wenigen Privatschulen kosten ca. 380 Rupien monatlich, das ist teuer, trotzdem sind sie begehrt weil an fünf Tagen der Woche unterrichtet wird unabhängig von Feiertagen, also nicht nur an zwei Tagen wie in öffentlichen Schulen wegen der Gleichberechtigung aller Religionen, deren unterschiedlichen Ruhe- und Feiertagen, zudem erfolgt nicht lediglich Wissensvermittlung sondern ganzheitliche Bildung, Aufnahmekapazität allerdings begrenzt, Grundschulen: Muttersprache regional verschieden, meist keine Lernmittelfreiheit, Höhere- und Hochschulen, über 70 Universitäten, das Schulwesen untersteht den Einzelstaaten, innerhalb des Landes 50% Analphabeten, Anteil der Mädchen am Schulbesuch 50 bis 60% auf der Universität 20%, die Anstellungsvergabe erfolgt gemäß Quotierung: Frauen meistens auf 'weibliche' Berufe beschränkt wie Lehrerin, Verwaltungsangestellte usw., sie können auch Polizistin werden, sich beim Straßenbau abrackern oder Bausteine schleppen; 20 bis 25% aller Schüler erreichen den Schulabschluss der für ein Studium qualifiziert, viele Abbrecher auch auf der Universität wegen der hohen Arbeitslosenzahlen nach dem Examen, manche wandern deshalb danach in arabische Länder aus; es besteht Schuluniformzwang für Knaben-, Mädchen- und gemischte Schulen, geplant ist ab der 3. Klasse Hindi und Englisch zu lehren, in dem großen Land existieren offiziell 15 Sprachen Sanskrit eingerechnet und 80 Dialekte, die Verständigung untereinander stellt Englisch her, etliche möchten dass Hindi allgemeine Amtssprache wird; Mädchen tragen ab Teenager-Alter den „Sari", zu Beginn in einer Länge von 2 m, bei erwachsenen Frauen mindestens 5 m, man bindet sich ein Seil um die Taille - nicht zu eng und knüpft es zu, beginnt dann rechts mit dem Einstecken des Stoffes bis sich vorne neun breite Lagen mit Gehfalten gebildet haben, nun steckt man weiter ein bis zum Zusammentreffen der Stoffenden, die restlichen Meter werden dreifach gefaltet über die Schulter gelegt; die Götter der Hindus sind Brahma = Schöpfer, Vishnu = Erhalter, Shiva = Zerstörer, Lakshmi, Sarasvati, Durga (Kali), Devi, Ganesha (Ganpati, erster Sohn Vishnus), Kartikkeya (zweiter Sohn Vishnus), Hanuman, Rama (verheiratet mit Sira), Krishna (8. Inkarnation von Vishnu), Buddha (9. Inkarnation) - warten auf die Zehnte, der Garuda (Vogel) ist Vishnus Transporteur, Feuerbestattung der Toten; außer dem Hinduismus leben hier auch Anhänger des Buddhismus, Islam und des Sikkismus, bei letzerem spielen die 5 „K" eine wichtige Rolle: Haare nicht schneiden und auch den Bart nicht scheren, Turban, Gürtel, Messer, Glaubenslehre - Radikale unter ihnen werden als Belastung empfunden, es gibt außerdem Zoroaster (Zarathustra) oder Parsen die das Feuer und andere Elemente verehren, sowie Juden und Christen, fast jeder Wochentag ist einem Heiligen geweiht, die Tiere haben eine eigene Bedeutung und - neue Religionen entstehen z. B. eine mit dem Mittelpunkt von Akbars Grab in **Sikandra** das zwischen Delhi und Akra liegt; es bestehen besonders Spannungen zwischen Muslimen und Hindus, Moslems und Christen, beeindruckend ist die alltäglich gelebte Religiosität besonders der Hindus: 'Marterln' auf den Straßen werden betend umrundet. Zwei Tage hintereinander indisches Essen, da leiden Magen und Därmchen, zu scharf gewürzt - nicht mal original (!) ich weiß, ich weiß, für mich trotzdem belastend, schade dass man es hier nicht wie in China macht: gewürzlos servieren und die Gewürze dafür separat auf den Tisch stellen: in Indien leben z. Zt. 80 Millionen Menschen, die Geburtenrate ist dreimal so hoch wie die Sterberate, eine Entwicklung die erst in den Fünfzigerjahren deutlich wurde, Scheidungen sind selten da eine geschiedene oder alleinstehende Frau gesellschaftlich ausgegrenzt wird, Witwenverbrennungen gibt es nicht mehr doch passieren häufig Küchenunfälle, durch Herdfeuer verursacht oder es kommt zum Suizid der Witwe unter dem Druck des Gemeinwesens, die Lebenserwartung der Männer liegt bei knapp 47 Jahren, die der Frauen bei etwa 45 - über diese Besonderheiten klärt uns eine Doktorandin auf; südwestlich von Delhi, 200 km entfernt liegt Agra die rote Hauptstadt des Moghul-Kaisers Akbar, wir brauchen ca. vier Stunden mit dem Bus dorthin, fahren an Häusern aus Ziegelsteinen vorbei mit Dächern aus festgepresstem Stroh, dann über zwei Grenzen von Bundesstaaten einmal mit und einmal ohne Gebühren zahlen zu müssen, im Staat Haryana werden hauptsächlich Zuckerrohr, Bananen und Raps angebaut, letzteren isst man auch als Gemüse zu Fladenbrot, bei Kälte wärme er den Körper; gute Straßen zeitweise zweispurig in einer Richtung, lange Überholmanöver, ein 'Geisterfahrer' unterwegs, früher ca. 10 m hohe Türme als Meilensteine, echte Landstraßen häufig wenig befahren oder leer, Eisenbahnnetz, **Agra** im Bundesstaat Uttar Pradesh, das „Taj Mahal" (1631 - 1653) liegt auch am Yamuna(-Fluss) und verzaubert durch Edelsteine und kunstvolle Einlegearbeiten, „Das Fort", „Mutter-Teresa-Heim", Universität im ehemaligen Sultanspalast, „Kaiser-Akbar-Moschee", große rote Bauten; weiter geht's nach **Jaipur**: „Palast der Winde", ein Junge verdient damit Geld dass er einen Affen vorführt, Werkstattbesuch: Kinderarbeit soll eigentlich nicht sein aber für schwierige Einlegearbeiten werden ihre geschickten Finger gerne genutzt; um 19 Uhr sind wir am Flughafen, 20.30 Uhr soll das Flugzeug nach Bombay abheben, nach ‚Gepäckidentifizierung' j. w. d.' sitzen wir schließlich um 22.45 Uhr im Airbus 300 der „Air India" und fliegen sogar 23.25 Uhr los - Ankunft 0.05 Uhr in **Bombay** = Bambaju, Babybaju, bon baia = schöne Bucht im Staat Maharaschthra, bestand ursprünglich aus sieben Inseln in einem Sumpfgebiet, die Zwischenräume wurden aufgeschüttet und bebaut, auf diese Weise wächst die Stadt immer noch, jetzt 60 km lang aus einem Fischerdorf Kuli entstanden, Reste davon sind noch da, wir sehen und riechen es als wir über eine Brücke fahren es stinkt dort bestialisch; unser „Holiday Inn"-Hotel liegt 25 km vom Stadtkern entfernt, zum Essen müssen wir ans entgegengesetzte Ende - wieder in den Bus, Gerüttel und Geschüttel: zunächst schaut man auf einstöckige Steinbuden, dazwischen streckenweise nur Hütten, hier sogar am Straßenrand ‚Abfallverleser', tolle Schilder an einfachen Häuschen: „London Diet", „Ceasar's Palace" - „kwality ice cream" kann man da kaufen oder sich einem „computerised eyetesting" unterziehen (Schreibweise ist original), es folgen drei- bis fünfstöckige Häuser und Hütten davor, Menschen schlafen auf dem Rasen, der Straße, dem Gehsteig mit einer Matte als Unterlage Papier oder gar nichts, auch vor ihrem Geschäftchen das durch einen Rollladen gesichert ist oder im Dreirad-Taxi; der Imbissmarkt ist sauber und ordentlich, es gibt Gekochtes und Gebratenes, appetitlich und anregend, Obststände; durch etliche Kolossalbauten aus der Kolonialzeit wirkt Bombay europäischer und anheimelnder, jetzt sind in diesen Gebäuden Banken und Büros untergebracht, die alte Asphaltdecke der Straße wird teilweise noch mit Keil und Hammer aufgebrochen, aber da ist auch ein Presslufthammer am Werk auf dem Weg zum Alters- und Pflegeheim das wir besuchen: wer das Glück hat hier zu leben hat ausgesorgt, die Beschäftigung ist verkaufsorientiert angelegt, z. B. produzieren geschickte Hände hübsche Blumengestecke aus selbstgefertigten künstlichen Blüten, im nahen Behindertenheim das ein englischer Bomberpilot nach dem zweiten Weltkrieg gründete als „hope for the hopeless", werden Plastiken modelliert auch nach Hummelfigur-Vorbildern; das „Frauenhaus" nahe beim Lotus-Kino ist die Zweigstelle einer anderen Stiftung und 24 Stunden geöffnet, Frauen aus allen Schichten finden bei ehrenamtlichen Helferinnen Beratung, auch in Erziehungsfragen oder Aufnahme, zweimal wöchentlich steht ein Arzt zur Verfügung für eine komplette Untersuchung der Neuankömmlinge und bei Bedarf Behandlung oder Verbringung ins Krankenhaus; Familientherapie wird betrieben, gelingt die Sanierung der Beziehungen nicht werden den Frauen Fertigkeiten vermittelt die sie befähigen sollen sich zu ernähren, das Ziel ist ihre Verselbständigung, normales Geburtsgewicht eines Babys beträgt 2 500 g, hierher werden Säuglinge gebracht die 1 400 g wiegen; in dieser Stadt existieren „Billigläden", staatliche Einrichtungen in denen man mit speziellem Berechtigungsschein Grundnahrungsmittel zum halben Preis erwerben kann und Kerosin zum Kochen, 1 Kilo Reis kostet normal 5 Rupien, 1 Kilo Büffelfleisch 20; es soll hier 35 000 Taxis geben, aber Rikscha-Taxis sind im Zentrum verboten, man sieht nur Reklame für indische Filme doch es gäbe Austausch - sagt man, wenn sie gezeigt werden weiß ich nicht wo, vielleicht in Städten in denen wir nicht waren? Die „Lincoln Road" ist die Verkaufsstraße, Halbinsel mit Lumpenhütten, ehemaligen Herrschaftshäusern, „Bungalows" mit Moderflecken und vergammelt - die Unterhaltung sei teuer; auch Bombay besteht aus einem alten und einem neuen Teil: „Victoria Station", Hauptbahnhof, Rathaus, ‚kirchtürmchen'-verzierte Universität, Museum mit Kuppel, der hohe weiße Turm ist Sitz von „Air India". „Ghandi-Denkmal", „Gateway of India" am Hafen: Tor zu einem Kontinent, die Prachtstraße „Marine Drive" zieht sich als Promenade am Ufer des Arabischen Meeres entlang „wie die Perlenkette einer Königin"; Moschee auf einer Halbinsel im Meer, wunderschön gelegen, werden wir bestimmt ansehen heißt es - wir besuchen sie nicht, das „Malabar People" Malabar = Pfefferküste lebt im besten Wohnviertel in Hochhäusern, als Nationalsportarten pflegt man Kricket, Fußball und Hockey; Wäschereien sind traditionell Familienbetriebe: die Männer holen die Wäsche ab, die Frauen bearbeiten sie und die Kinder bringen sie nach einer Woche zurück, die Wäschestücke werden gewaschen, gekocht, getrocknet und gebügelt, 100 kosten 60 Rupien; vor zwei Jahren sei eine Großaktion versucht worden mit dem Ziel alle Bettler zu integrieren: 200 km von der Stadt entfernt siedelte man ‚Straßenbewohner' an, gab ihnen Arbeitsstellen, richtete eine Klinik ein etc., das Projekt schlug natürlich total fehl (Entfernung zu groß), nach kurzer Zeit waren alle wieder in ihren miesen Lebensverhältnissen in Bombay, Begründung der Regierung für weitere Untätigkeit: Indien sei ein demokratisches Land in dem jeder leben könne wie er wolle - auf die Idee soziale Probleme als gelöst anzusehen muss man erst einmal kommen! Die eigentlichen Slums sind im Zentrum auf 1 bis 2 km konzentriert denn Reiche und Arme leben friedlich direkt beieinander wohl dank des ‚gottgegebenen' Kastenwesens, neben Elendshütten befindet sich ein britischer Snob Club, sehr nah einer großen weißen Moschee stehen Verkaufsbuden; die Inder spucken nicht, sie pinkeln überall hin, an Hauswände, Mauern, den schönen Blick auf einen Teil der Stadt haben wir von den „Hängenden Gärten" aus und fahren nun an den „Türmen des Schweigens" vorbei den Begräbnisstätten der Parsen die man nicht sehen noch weniger das Gelände betreten kann; im Hotel frage ich ein Zimmermädchen nach ihrer Tätigkeit: sie erzählt dass sie an sechs Tagen in der Woche je zehn Stunden arbeitet, die Bezahlung stehe dazu in keinem Verhältnis, sie mache das nun seit zehn Jahren, habe jetzt die Chance in einen Privathaushalt zu wechseln: weniger Arbeit, gleicher Lohn plus 300 Rupien monatlich extra, ich wünsche ihr Glück - sie muss schnell weg sonst gibt es Ärger weil sie zu lange blieb. - Täglich treffen 1 000 Neuankömmlinge in der Stadt ein die hoffen hier ihre Lebenssituation verbessern zu können, das Gros landet im Elend aber ins Heimatdorf kehrt keiner zurück weil sie sich genieren, so erfährt von ihrem Scheitern niemand und der Zustrom hält an - erinnert an Auswanderer in ein fremdes Land! Von Bombay nach Madras fliegt man 1 Stunde 35 Minuten, auf den Kurzstreckenflügen gibt es nicht einmal Tee oder sonst etwas zu trinken - überhaupt ist der Tee-Service eine traurige Angelegenheit weil die Inder ihn nach dem Essen trinken, zwischendurch oder vorher ist er kaum zu bekommen - das hatte ich mir anders vorgestellt, na, so hat halt meine Thermoskanne mit Wasser Hochkonjunktur; **Madras** die Hauptstadt des Bundesstaates Tamil-Nadu viertgrößte Stadt des Landes, ist eine Verwaltungsstadt mit 5 bis 6 Millionen Einwohnern 120 km² groß, „St. Thomé-Kathedrale", sowie der älteste Tamilen-Tempel, ansonsten Fischerdörfer am Meer, bisher wurde bei ihnen die Einführung von Hindi als Unterrichtsfach erfolgreich verhindert, die Regierung ordnete vor kurzem an nur noch die tamilische Sprache zu benutzen, überall wurden englische Schreibmaschinen abgeholt, die Tradition der Ureinwohner sind Messingarbeiten und Webereien; eine Gesprächsrunde mit Juristen ergibt folgende Informationen die vorher und nachher in gleicher Weise geäußert bzw. ergänzt werden: kleinere Übergriffe die das Zusammenleben in der Gemeinschaft stören regelt der Dorfälteste, größere Verstöße gehen an die Polizei - letztlich an die Justizbehörden, sobald die Anzeige offiziellen Charakter annimmt ist dauerhafte Verfeindung der Parteifamilien die Folge - ein erhebliches Hemmnis, vieles wird deshalb ohne Polizei erledigt und nur ein ganz geringer Prozentsatz von Gesetzesverstößen erreicht das Gericht, innerhalb von 15 Tagen bis zu 1 Monat findet die Verhandlung statt an der oft ein Verteidiger teilnimmt, die Zuteilung eines Pflichtverteidigers ist für alle Fälle möglich, große Anwaltspraxen mit Erfahrung werden damit betraut die sie an Anfänger in der Kanzlei vergeben, spezielle Jugendgerichte sind kaum vorhanden, Entscheidungsgrundlage für die Ahndungsmaßnahmen ist das Jugendgerichtsgesetz von 1987 das sich am englischen System orientiert (wie auch alle Regelungen für Erwachsene), anwendbar für männliche Kinder und Jugendliche ab etwa 6. bis zum 16. Lebensjahr, weibliche bis zum 18., die erste Stufe der Sanktionen sieht vor: die Eltern bitten darum das Kind bei ihnen zu belassen und sie versprechen bessere Aufsicht und stärkere Einflussnahme, die zweite Stufe: die Unterstellung eines Bewährungshelfers dessen Anweisungen zu befolgen sind, teilweise wird damit verbunden die in Zentren angebotene

Gruppenarbeit zu nutzen, die dritte Stufe: Besserungsheim (correction home), Elternlose werden gleich dort eingewiesen, der Aufenthalt begründet keine Vorbelastung; Instanzenzug ist analog dem unseren aufgebaut: Amtsgericht, Landgericht, Oberlandesgericht und ein Bundesverfassungsgericht existiert mit fünf Richtern besetzt, eine Kommission des Gerichts unterzieht die eingereichten Klagen einer Vorprüfung ca. 10% werden zugelassen, davon sind 30 bis 40% erfolgreich, man achtet streng darauf politische Einflussnahme zu verhindern – Konsequenz, die Richter vereinsamen, seit einiger Zeit sind die Landgerichte nicht mehr erstinstanzlich tätig, in Bombay gibt es auch eine Richterin - was besonders betont wird; das Oberlandesgericht hat u. a. über Eingaben zu entscheiden welche die Änderung eines Todesurteils erwirken sollen, manchmal tut es das schnell - kann aber auch fünf oder sechs Jahre dauern (?!), das erste Strafgesetz, das für alle gelten sollte datiert von 1826, daraus entwickelten verschiedene Bundesländer eigene Regeln, in einigen bestanden offiziell gar keine darum wurde 1987 ein einheitliches Bundesgesetz erlassen, die Jugendkriminalität sei in den Metropolen im Anwachsen begriffen, weniger auf dem Land, Drogengebrauch ist nicht strafbar aber der -handel und der spielt keine geringe Rolle, Indien sei Transitland, der Anbau seit 1985 hier verboten; Halbwüchsige gehen oft in die Großstadt um Arbeit zu suchen werden dann als Taschendiebe angelernt, Transporteure für Drogen und schwarz gebrannten Alkohol benutzt, Zubringer für Prostituierte und als Mörder z. B. durch Zustellung von vergiftetem Essen oder für politische Anschläge; zur ausgezeichneten finanziellen Situation der Richter wurde schon freie Wohnung und kostenlose Krankenbehandlung erwähnt, auch steht ihnen ein Auto zur Verfügung und jährlich zweimaliger Urlaub innerhalb Indiens, Anfangsgehalt 8.000 Rupien monatlich, auf dem Land etwas weniger; ein Rechtsanwalt erzählt mir beim gemeinsamen Essen mit unserer Gruppe dass seine Frau ebenfalls Anwältin ist, in seiner Praxis mit ihm zusammenarbeitet bei Gericht aber nicht auftritt, „wir haben unsere Frauen lieber zu Hause, respektieren sie sehr, kaufen ihnen gern schöne Kleidung und was ihnen sonst Freude macht", er isst mit den Fingern wie allgemein üblich, hat andere Speisen als ich, deshalb werde ich ab und zu mit einer Gabel gefüttert - muss versuchen, ich sage ihm, dass mein Magen nichts Scharfes verträgt und er hält sich daran - bis zum Schluss, da werde ich über' s Ohr gehauen glücklicherweise wenig weil ich es ahnte, er schüttet sich aus vor Lachen, Widersprüchlichkeiten - das ist Indien, zum Abschied füllt er meine Tasche mit Obst für den nächsten Tag, bringt das Hotelpersonal fast zur Verzweiflung, weil er „anständige" rötlich-braune Bananen verlangt statt der uns angebotenen gelben, welche die Inder nur zum Kochen und Braten verwenden, die besonderen schmecken wirklich herrlich aromatisch, sollen auch „Medizin" sein - ich mag keine gelben Bananen mehr! Die Polizei ist eine staatliche, Stellen werden nach Bewerbung besetzt politische Parteizugehörigkeit scheint jedoch eine Rolle zu spielen wie bei den Richtern, Korruption ist für alle ein normales Mittel der Beeinflussung; die starke Position des Polizisten erleben wir in einem muslimischen Dorf in dem wir mit dem Ältesten diskutieren wollen - dürfen, auf die erste Frage eines Mitglieds unserer Reisegruppe was im Dorf am häufigsten zu regeln sei antwortet er nach längerer eingehender Beratung mit dem Polizisten, er könne zu dieser und anderen Fragen nichts sagen - möchte noch jemand etwas wissen? Evtl. hängt dieses Verhalten auch mit den bevorstehenden Wahlen zusammen, wir sind zufällig in eine brisante Zeit hineingeraten; wieder unterwegs passieren wir Kokos- und Mangoplantagen, letztere mit Früchten verschiedener Sorten, Erntezeit aller Art von Bananen April bis Juni, Palmblätter werden für Aufzeichnungen und um Dächer zu decken benutzt, Tamariskenbäume; Besuch der ältesten Einrichtung eines „Besserungsheimes" in Häusern die der Festung Madras vorgelagert waren, 1887 gegründet als erstes seiner Art im Land, Mischung von Erziehungsheim und Gefängnis, solche Heime gäbe es nun auch in anderen Bundesländern, doch sie seien Ansprechpartner für Gesetzesänderungen geblieben z. B. beim Jugendwohlfahrtsgesetz, die Einweisung erfolgt vom Gericht als Alternative zu Untersuchungshaft oder nach der Verhandlung, es gibt zwei unterschiedliche Arten von Heimen: für Heimatlose, Bettler, Streuner oder Kriminelle, Jungs bleiben bis zum 18., Mädchen bis zum 20. Lebensjahr, durchschnittliche Verweildauer zwei bis fünf Jahre, Wechsel in ein Anschlussheim möglich, Schulbesuch erfolgt bis zum Abschluss der zehnten Klasse, gegen Ende der Zeit werden vom Bewährungshelfer die Entlassungsbedingungen vorgeprüft bei Eltern und Verwandten, Jugendliche ohne Bezugspersonen verlassen die Einrichtung gerüstet für eine eigene Existenz, drei Jahre stehen alle diese jungen Leute noch unter Bewährungsaufsicht, 70 bis 80% würden nicht rückfällig; die Musterinstitution hier mit einer Aufnahmekapazität von 154 Jugendlichen bietet Ausbildung zum Tischler, Schmied, Weber etc. und verfügt über eine eigene Landwirtschaft zur Selbstversorgung, in den Gebäuden fallen mir die Buddha-Bilder an den Wänden auf, im Heim herrscht Rauchverbot auch sonst ein strenges Reglement, Wachmänner kontrollieren sogar das Eingangstor, Ausreißer müssen der Polizei gemeldet werden, Verstöße gegen die Ordnung werden mit Strafarbeiten und Stockschlägen geahndet; es bestehen fünf Gruppen, jeweils ein Vertreter davon gehört einem Gremium an das gelegentlich über Sanktionen entscheide; einmal im Monat ist gemeinsamer Ausgang z. B. ins Kino - hat Volksfestcharakter da Filmvorführungen 2 1/2 oder 3 1/2 Stunden dauern, man unterhält sich, isst und trinkt dabei; einmal monatlich darf man an die Eltern schreiben, Besuche von ihnen sind immer gestattet, an Feiertagen kann es „Heimurlaub" geben und einmal wöchentlich ist Religionsunterricht; im Bundesland Tamil Nadu gibt es ein Heim für Mädchen, ein ehemaliges Gefängnis das nach der Unabhängigkeit umgewandelt wurde. In den letzten Tagen hat es stark geregnet, überall sind die Straßen überschwemmt, fahren an großem staatlichem Krankenhaus und medizinischem Reha-Zentrum vorbei, wir benutzen hier einen bequemen Bus bestückt mit Digital-Uhrzeit und TV-Bildschirm außerdem einem Mikrophon das einwandfrei arbeitet, d. h. ohne Aussetzer oder völliges Versagen, erhalten die Information dass es in dieser Gegend besondere Steine gäbe die sich in dünne Scheiben schneiden ließen, technisch verwertbare Möglichkeiten dieses Phänomens würden z. Zt. von Japanern ausprobiert; Grundnahrungsmittel ist eine braune Frucht die als Gemüse zu Reis oder als Ergänzung in Suppe zubereitet wird, Fleisch gibt es nur bei besonderen Anlässen; durchqueren weites grünes Land mit Wassertümpeln, dann helfen die Autos beim Dreschen indem sie über das Getreide rollen das auf der Straße liegt, 80% der Bevölkerung Indiens lebt auf dem Land, das zunächst Tempelbesitz war dann den

Maharadschas gehörte schließlich Großgrundbesitzern, der minimale Eigenanteil der Bauern löst Landflucht aus, sie teilen sich in drei Kategorien auf: Tagelöhner ohne Grundbesitz, kleine 'Farmer' und – solche die mit Maschinen den Boden bearbeiten; im Norden werden vor allem Erdnussöl, Kokos- und Senföl produziert, es gibt Kuhherden allerdings mit geringem Milchertrag, Reis wird dreimal im Jahr geerntet der beste in der Monsunzeit, Reis fungiert teilweise auch als Zahlungsmittel, Frauen säen ihn verpflanzen ihn drei Wochen später vereinzelt in Boden den die Männer mit dem Pflug oder einer kurzstieligen Hacke bearbeiteten, es werden auch Kartoffeln angebaut, süße ln rosa oder weiß, Dorfleute leben genügsam von der Hand in den Mund, Erntedankfest feiern sie im Januar, dafür wird das Haus innen und außen geputzt und am 1. Tag die beste Kleidung angelegt, der 2. Tag ist Ochsentag, die werden gewaschen, geschmückt und ihre Hörner verschiedenfarbig bemalt, am 3. Tag kommt die Verwandtschaft zu Besuch die Kleidergeschenke etc. mitbringt; in der Regel steht am Ortseingang ein Tor das gute Geister einlassen böse fernhalten soll, die Häuser haben nur zum Teil Ziegeldächer, als Heizmaterial dienen getrocknete Kuhfladen oder eine spezielle Art Palmholz, in den Küchen findet man Kerosin- oder Propangasherde; jetzt fallen Libellenschwärme auf, hier gibt's Zuckerrohrfelder und Plantagen für Gemüsebananen, felsiger Erhebung folgt nun Hügelkette - teils lückenhaft teils dicht mit Grün überwachsen, Reisfelder auf beiden Seiten, in der großflächigen Ebene sind ab und zu Tempelreste zu sehen 108 gäbe es in dieser Region einer magischen Zahl entsprechend, z. B. hat die Gebetskette der Hindus 108 Perlen, die 9 spielt ebenfalls eine wichtige Rolle; Tempelanlagen waren Mittelpunkt des Lebens und haben teilweise heute noch diese Bedeutung, alte Hindus ziehen sich für die letzte Zeit ihres Daseins dorthin zurück, auch boten Tempel Schutz vor Feinden, Oberhäupter waren und sind die Priester die immer noch etliches Land besitzen das Bauern für sie bearbeiten, zudem bestehen Opfergaben auch aus Naturalien; die Wasserflächen werden größer, Brücken führen darüber - aussteigen um die Tempelanlage „Mahabalip´u`ram" zu besichtigen deren Monumente aus dem 7. und 8. Jahrhundert stammen, wir gehen am „Krishna Ball" einem sehr großen Monolith vorbei, der Anlage mit Elefant „Shiva" und Transport-Stier „Nandi", Steinmetze verkaufen hier ihre Kunstgegenstände, die Berufsausbildung dauert fünf Jahre: zunächst lernen sie die Bearbeitung von weichem dann von hartem Holz, weichem zuletzt hartem Stein; Leuchtturm - wir stehen am Golf von Bengalen, 60 km von Madras entfernt - nun geht's zurück; wir waren von 7.30 bis 18.15 Uhr unterwegs, Mittagessen war Selbstverpflegung im Bus zwischendurch während der Fahrt - wie so oft, ich habe keine Lust noch mal rein ins Gefährt wegen eines original tamilischen d. h. rein vegetarischen Abendessens, das „Thai-Buffet" im Hotel versorgt mich bestens und - das Bett ist so schön nah! - Flug nach Madurai, in Madras läuft alles wie am Schnürchen, dann zwei Zwischenstopps bei 70 Minuten Gesamtzeit in der Luft aber - wunderschöner Blick auf die „Sri Meenaksi-Tempel; ich fotografiere unser Flugzeug nach der Landung und werde fast meinen Film los weil das verboten sei sagt mir ein Ordnungshüter; **Madurai** ist nicht nur das Herz der drawidischen Kultur - Tamilen sind ebenfalls Drawiden, sondern auch Knotenpunkt von „Air India", „das geschäftliche Eingangstor für Europa" - nicht nur denn wöchentlich gehen zwölf Flüge nach London, sieben nach Singapore, fünf Frankfurt, drei Rom, zwei Amsterdam und je ein Flug nach Paris und Tokio, die Verbindung mit New York besteht über London; Palastbesichtigung, Baumaterial Kalkstein und Gemüse, als Mörtel wurde Eiweiß mit Zitrone benutzt, „Minaksi-Tempel": Anlage fast quadratisch, eine Seitenlänge ca. 250 m, am höchsten Eingangstor 33 Millionen Figuren, der untere Teil besteht aus Granit darauf sind Ziegelsteine gesetzt dann Stuck; wir geraten in eine Tempelzeremonie: Schrein der Frau Shivas „Parvati" wird eilends in Prozession durch das innere Tempelgelände getragen mit jeweiligem Aufenthalt an drei Haupttempeln zur Huldigung, mit Gesang Instrumentalmusik und Gebet, zuletzt kommt „Shiva" - symbolisiert durch einen goldenen Hocker in goldenen Schuhen um sie abzuholen, er bringt ihr Blütenblätter, Blumen und einen Strauß Palmblätter mit; das einzige Vergnügen auch der Menschen hier ist ein Kinobesuch, man isst dort von Palm- oder Bananenblättern - im TV gibt's „Miami Vice". Wieder unterwegs halten wir kurz an einer kirchlichen Institution die Studenten-, Kinderheim und Schule gleichermaßen ist, dem betagten Pater werden oft Säuglinge vor die Tür gelegt besonders Mädchen; die Weiterfahrt bringt uns durch ein von Plantagen ausgefülltes Tal zwischen zwei Gebirgszügen den Ost- und den Westbergen: Bananen, Mangos, Maulbeer-, Kokos- und Tamariskenbäume, Sonnenblumen, Getreide, von hier werden auch Erzeugnisse exportiert, wir wenden uns nach Westen unser Ziel ist das Wildreservat „Tiger Reserv" von Thekkady, das Grün nimmt weiter zu unterbrochen von einem langgestreckten riesigen Felsen, gelegentlich steht eine Villa im Gelände; die Lautsprecher dröhnen in den Dörfern Wahlpropaganda, das ist nach einer gerichtlichen Grundsatzentscheidung zwar verboten interessiert aber niemand, Kommunisten-Embleme überall, die insgesamt 210 Parteien werben mit Symbolen auf Plakaten und an Hauswänden z. B. Schmetterling, Fahrrad, Speichenrad, eine über zwei Hügeln aufgehende Sonne, das Wahlrecht wurde erstmals von 21 auf 18 Jahre herabgesetzt, der Besitz einer Geburtsurkunde ist gesetzlich vorgeschrieben, sie wird am Wahltag vorgelegt und wer seine Stimme abgegeben hat bekommt einen Finger abgestempelt um Mehrfachgänge zu verhindern; Indien ist ein Staat im 'Commonwealth', die Verfassung stammt von 1950, das Parlament besteht aus dem „Staatenrat" (= Oberhaus) = Radsha Sabha und „Haus des Volkes" (= Unterhaus) = Lok Sabha, letzterem gehören 540 Abgeordnete an, alle glauben Gandhi verliere zwar prozentual bleibe aber Premierminister mangels Alternative, die anderen hätten kein Programm außer der Forderung „Gandhi muss weg" - nun, es kam anders und die Kommunistentöne wurden ebenfalls leiser, 26.01. Unabhängigkeitstag, 30% des Staatsetats fließen dem Heer einer Freiwilligen-Armee zu; **Thekkady** liegt 1 200 m hoch in den Weinbergen, das Leben ist vom Regen abhängig denn ohne ihn bleibt die rotbraune Erde trocken und staubig, über die schlechte Straße laufen Hühner in ihrer arroganten Gangart, der Stausee im Reservat wurde vor 100 Jahren angelegt, bei der Bootsfahrt beschränkt sich die Tierbeobachtung auf ein paar Vögel und eine Handvoll Rotwild am Rückweg - es ist früher Nachmittag, uns wird als Begründung gesagt, die Regenfälle der vergangenen Tage hätten die Bedeutung des „Wasserloches" aufgehoben; wir übernachten hier und in der Morgendämmerung höre ich Elefanten trompeten - doch wir reisen ab, wieder Gerüttel-Geschüttel im Bus: Pfeffer erntet man grün und rot, grün gepflückt und in der Sonne getrocknet wird er schwarz, entnimmt man dem rotgereiften den weißen Kern gilt dieser als (heraus-)geschält; es geht durch kultivierten Dschungel: Kaffeesträucher, Bananen, Cardamon, Mischkultur ist sinnvoll weil Cardamonbäumchen Schatten brauchen, seine Blüten sehen wie kleine Orchideen aus die Frucht wie eine 'Cashue'-Nuss, das übrige am Bäumchen findet bisher keine Verwendung sogar die Tiere mögen nichts davon, Bethel-Pfeffer und nun Tee-Plantagen auf denen zu 2/3 Pflückerinnen tätig sind allerdings fast zum gleichen Lohn wie die Männer: 20 Rupien pro Tag, ein Erfolg der Gewerkschaften, die Plantagenbesitzer leben überwiegend in Städten, Bombay oder Madras; immer wieder einmal ein Frankopani mit orangefarbenen Blüten, eine Engelstrompete, dann Kautschuk-Plantagen, ihre Besitzer sind am wohlhabendsten da sechs bis sieben Bäume bereits 1 kg Rohgummi liefern, zwei Bäume sichern schon den Lebensunterhalt; es geht an einem Viehmarkt vorbei – eindrucksvoll wenn auch nicht mit dem größten der Welt vergleichbar jeweils am 14.11. in Pushkar; wir sind schon eine ganze Weile in Kerala dem Land der Kokosnuss, dem kommunistisch regierten Staat, führend in Familienplanung und Kindererziehung, die öffentlichen Schulen haben zehn Klassen, Bücher sind frei erhältlich und jedes Kind bekommt eine kostenlose Mahlzeit pro Tag, bevorzugt isst man Tapioka Fisch - und Papaya, zu trinken gibt es Kakao und Kaffee beides etwas bitter im Geschmack, im Norden des Bundeslandes leben Muslime im Süden Christen außerdem Hindus und einige Juden, keralesische Christen finde man überall in Indien auf Verwaltungsposten, ihr Einfluss sei nicht gering durch ihre entsprechende Schulbildung und die Gewöhnung an eine geordnete Hierarchie brächten sie gute Voraussetzungen für diese Stellen mit; unterwegs ‚testen' wir gebackene Bananen, Tapioka, „Rad-Donuts" und Kuchen, es gibt noch Taro (‚Elefantenohren'), Teakbäume und Ananas zu sehen, Exportartikel sind Holz, Früchte, Gewürze und verschiedene Sorten Nüsse; jetzt fahren wir zeitweise an kahlem Fels vorbei dann trägt er grünen Überzug, langsam geht die Landschaft in üppige Tropenvegetation über, **Cochin** erreicht einen der Exporthäfen den wichtigsten des Westens an der Malabar-Küste, besuchen den Palast anschließend die Synagoge die im 16. Jahrhundert mitgebaut wurde um die erlaubte Religionsausübung zu dokumentieren, in der Zugangsstraße befinden sich an den Häuserwänden und manchen Fensterrahmen nebeneinander eingearbeitet Davidsterne und Hakenkreuze, letztere haben in Indien alte traditionsgebundene Bedeutungen eine davon die vier Phasen des Lebens: die erste besteht aus Lernen, die zweite beinhaltet Erarbeitung einer Existenzgrundlage und Familiengründung, die dritte die Kinderbegleitung, die vierte Vorbereitung auf das Nirwana jeweils mit 25 Jahren veranschlagt - man vergleiche die Rechnung nicht mit der Lebenserwartung der Inder, jüdische Gemeinde hier völlig überaltert, die jungen Leute wanderten nach Israel aus auch um Ehepartner zu finden, die Synagoge ist eine der ältesten im ‘Commonwealth', „St. Franziskus-Kirche" erbaut 1505 darin erstes Grab von ‘Vasco da Gama',das ihn 40 Jahre beherbergte bis zur Überführung; Fahrt durch die „backwaters": chinesische Fischernetze, Portugiesen brachten sie von Macao mit, Kalkbrennen aus Muschelschalen, Kokospalmen die grüne Nüsse tragen welche Milch und Mark enthalten, gelbe Nüsse fast ohne Mark; Reisfelder, Reis benötigt lehm- und sandhaltigen Boden und einen 10 cm hohen Wasserstand, die Pflanzen faulen wenn das Wasser darüber steht deshalb ausgeklügeltes Bewässerungssystem eingerichtet, früher zog man zwei Sorten mit verschiedenen Reifezeiten auf einem Feld, der „neue" Reis reife schon in 3 bis 4 Monaten, wird mindesten dreimal gespritzt (!) und schmeckt nach gar nichts - in Cochin sind Minderheiten in der Verwaltung vertreten; Kerala ist auch die Heimat des großen indischen Tanzdramas „Kathakali" (katha = Geschichte, kali = Spiel), beeindruckende Aufführung: Maskentanz „Minuk und Paccha", vier verschiedene Schminkfarben und jede hat ihre eigene charakteristische Bedeutung, grün = gut, gelb = normal, rot = kriegerisch, schwarz = böse; **Alleppey** das 'Venedig des Ostens' - Vergleiche hinken immer dieser sehr deutlich, es geht weiter nach **Kottayam**: Besichtigung der marxistischen Zeitung „Malayala Manorama" die im letzten Jahr ihr hundertjähriges Jubiläum feierte, sie bezeichnet sich als unabhängig und liberal und ist die älteste Indiens, durch Auseinandersetzungen mit einem Maharadscha war sie zeitweise geschlossen, zuletzt wurde nach neunjähriger Zwangspause 1947 neu eröffnet: 1 000 Beschäftigte davon 10 Frauen als Reporterinnen und auf höheren Posten, es existiert hier noch eine allgemeine Zeitung, auch gebe es in Malayam eine Frauen- und eine Kinderzeitschrift; ein Schweizer stellte das erste malayamesische Wörterbuch zusammen, ein Magazin wird in Hindi herausgebracht, sonst benutzt man die Drei-Sprachen-Formel: Sprache des Heimatbereichs, Hindi und Englisch, in Kerala gibt es noch 11 weitere Zeitungen, keine 'Regenbogenpresse', sie nähmen außer den Artikeln die auf ihrer Linie liegen auch andere auf, kämpfen gegen Drogenkonsum und Missstände aller Art, sind stolz dass z. B. die Kampagne gegen die Abholzung eines Regenwaldes erfolgreich war - ihre Maschinen stammen aus der DDR und Japan, in diesem Bundesland funktionierte die Landreform die verlangte dass Großgrundbesitzer einen gewissen Prozentsatz an Boden abzugeben hatten, so kam jeder Bauer zu eigenem Land, um den Rückkauf bei Verschuldung zu verhindern schloss man sich hier sofort zu Gewerkschaften zusammen die Gemeinschaft hilft bei Engpässen, in anderen Bundesländern klappte das nicht, dort seien die Besitzverhältnisse inzwischen fast wieder so wie vor der Bodenreform - später erfahren wir allerdings in Kovalam dass man dort seit längerer Zeit den Zusammenschluss der Fischer erfolglos versucht, anstatt den Fang zentral zu verkaufen liefert jeder Einzelne an den Meistbietenden zudem belastet Überfischung, in den Netzen sind oft nur Fischlein die am Strand achtlos krepieren, im Lebensmittelladen der Stadt werden Erzeugnisse von 'Nestle' und 'Maggi' verkauft; der Weg führt durch Tropenlandschaft mit und ohne Reisfelder nach **Kovalam**, gelegentlich sieht man wieder eine Villa im weiten Umfeld mit großem Auto dabei, eingedämmter Fluss, aufgeschüttete Landstreifen und darauf Häuser, weil das Land hinter den Dämmen niedriger ist, Überschwemmungen soll vorgebeugt werden, Berge kommen seitlich als Kette auslaufend am Horizont nochmals in Sicht, wir durchqueren in rasendem Tempo **Trivandrum** und sind mittags beim „Badeaufenthalt" angelangt, das Hotel wirkt „schlicht und ergreifend" wie eine Kollegin treffend feststellt, bekomme die gewünschte Hühner-Cremesuppe und der servierende Mensch notiert meine Zimmernummer, andere essen bereits Fisch und Chips, das Paar an meinem Tisch hat eine kräftige Mahlzeit bestellt und - wartet, später erzählen sie mir: nach langem geduldigem Ausharren fragten sie nach, erfahren zu ihrem Erstaunen sie wüssten doch längst das sei nicht vorrätig – nun dann möchten sie das was die anderen hatten, davon sei nichts mehr da! Ich strecke mich gerade auf dem Bett etwas aus da klingelt es Sturm, der Kellner mit der Rechnung für die Suppe - Mängelbericht zusammengetragen: keine Klimaanlage, die Handtücher haben Löcher, Bauarbeiten am Hotel in vollem Gange bis in die Nacht hinein, Außenanlagen nicht vorhanden, am Badestrand gehen die Abwässer ins Meer etc.; am nächsten Tag sitzen wir ab 12 Uhr zwischen den gepackten Koffern in der kleinen Eingangshalle dann geht's ins „Ashok", mich erwartet noch eine Nacht ohne Klimaanlage ich bin geschafft, nach Zimmerwechsel gibt's für mich nur noch eins - schlafen! Auf der ganzen Reise war es drückend heiß, die Temperaturen begannen um die 21°C, steigerten sich bald auf 35 bis 40°C, in den Städten ‚stand' die Luft, der Wind vom Wasser her wenn er einmal wehte kühlte nicht und das Meerwasser wurde erst angenehm wenn man weiter hinausschwamm sonst war es warm wie Spülbrühe, die Klimaanlagen erwiesen sich oft ihrer Aufgabe nicht gewachsen, eigentlich muss man den Deckenventilator direkt überm Bett anlassen um schlafen zu können aber ihn ständig zu benutzen ist nicht nur aus gesundheitlichen Gründen nicht ratsam sondern auch wegen der suspekten Aufhängung der ‚Quirle' die viel Gottvertrauen oben festhält - ich bin völlig überhitzt, kühle erst zu Hause wieder ab, empfinde diesen Klimawechsel dann als äußerst wohltuend.

Von einem Professor der Kriminologie erfahren wir dass 10% der Straftaten in Kerala von Jugendlichen begangen werden, der Anteil der Mädchen beträgt 2%, es handele sich um vernachlässigte und verwahrloste Kinder, ein spezielles Jugendgericht gibt es nicht; Spektakuläres geschieht gegen Drogenmissbrauch: nach Marathonläufen von Stadt zu Stadt und um das „College" von Trivandrum wurde nach Menschenkette eine steinerne Mauer gebaut, Drogenhändler werden so von dem Gelände ferngehalten; Arbeitslosigkeit verstärkt durch Saisontätigkeiten in der Erntezeit ist ein verbreitetes Problem und unterbezahlte Hochschulabsolventen, Umweltschwierigkeiten sind minimal da wenig Industrie vorhanden, Fabrikeröffnungen werden nur bei Erfüllung strenger Auflagen erlaubt, Atommeiler könnten nicht errichtet werden wegen Protesten der Bevölkerung; **Trivandrum** Hauptstadt von Kerala: schöne Gebäude in weiß oder aus ziegelroten Backsteinen mit abgesetzten weißen Linien, wir besichtigen den „Botanischen Garten" - er ist nichts Besonderes, leider nicht den Zoo, im Museum u. a. 'Medusenhaupt' aus Stein, hübsche interessante Gemäldegalerie mit einem Original von 'Rabintranath Tagore': Vogel, meistens Pastellfarben, zarte Linien, zum Teil rhythmisch fließende Formen keine starren Figuren, aber auch solche bis zu modernen abstrakten ebenso indonesische und chinesische Zeichnungen die im Stil gut zueinander passen. Anstatt noch einmal allein die Stadt zu erkunden, schließe ich mich einem Grüppchen an das mit zwei Taxis zum Cape Comorin fährt ca. 100 km entfernt, auf dem Weg dorthin ein Mahardscha-Palast mit Malereien von 1750, Bootsüberfahrt zum „Kumari Tempel", streng sind auf dem Inselchen die Bräuche: Fotoapparate abgeben, Schuhe ebenfalls usw. - Gebiss darf man anbehalten, am Kap Blick auf das Zusammentreffen von Arabischer See, dem Golf von Bengalen und dem Indischen Ozean, Wellen laufen lebhaft gegeneinander; den „Tempel von Suzidram" sehen wir uns auf der Rückfahrt an, 12.30 Uhr ging's los, 20.30 Uhr sind wir wieder da, Toilettengang war unterwegs nicht möglich aber in der Beziehung hat man uns nie verwöhnt - wir kommen zum original keralischen Essen zu spät, trotzdem gehe ich jetzt erst einmal ‚auf den Topf‘ und wasche mir auch gründlich die Hände denn mit denen wird gegessen - ohne Übung ist man dabei ungeschickt aber ich bin noch nie hungrig geblieben; - gern denke ich zurück an die „mixed chicken noodles“ des „volga-restaurant“ und das vorzügliche Abschiedsessen im „rockholm“ - da stimmte alles: das Essen, der Service und der Preis. Urlaubspause zu Ende es geht wieder los: 14 Uhr Abfahrt, nein 15 Uhr, per Bus - nein mit Taxis, Abflug 17.17 - evtl. 17.30 schließlich um 18 Uhr, seit dem Zirkus wegen der Batterie in meiner Kamera - zuvor auf einem Inlandflughafen hätte mir ein Sicherheitsmensch beinahe einen Film ruiniert habe ich jetzt keinen Fotoapparat mehr sichtbar dabei, während des Fluges sitze ich zwischen zwei Indern von denen der eine gut deutsch der andere gut englisch spricht, beide sind sehr nett, leider ist die Zeit für zwei Gespräche zu kurz; etwa 18.40 Uhr sind wir in **Bangalore** um 19.15 Uhr im Hotel, hier in 900 m Höhe ist das Klima angenehmer, die Stadt hat 4 Millionen Einwohner und wächst ständig, keine natürliche Ausdehnungsbegrenzung verhindert das und überall gibt's Wasser; die Post im Zentrum ist ein ehemaliger Palast, „bull temple“, eine Hochzeit: Platz zum Feiern mit Teppichen, Tüchern und Glitzergirlanden geschmückt, Polizisten tragen ’Südwester‘, 25 km entfernt liegt ein Kloster das Seidenraupenzucht mit Maulbeerblättern betreibt, ein Kokon in drei Tagen produziert ergibt 10 km Faden, die Seidenqualität ist vom Futter abhängig gelegentlich Sorghumfelder eine Hirseart „Indisches Korn“; Besuch eines „Leprazentrums“ für Behandlung, Training und Rehabilitation: 1977 hat man das Gelände auf 30 Jahre zur Pacht erhalten, die Krankheit ist in den Slums verbreitet, Betreuer arbeiten auch vorbeugend für Aufklärung gehen in die öffentlichen Schulen, das Zentrum bemüht sich darum Kranke so früh wie möglich aufzunehmen, keine hoffnungslosen Fälle, ist ein Mitglied krank siedelt die ganze Familie hierher über, die Einrichtung lebt von Geld- und Medikamenten-Spenden aus dem In- und Ausland, letztere kommen besonders von Schwestern aus der Schweiz und „Amici“ aus Bologna, sie unterstützen regelmäßig, spezifisch gegen Lepra wirken drei Medikamente in Kombination doch sie sind schwer zu beschaffen, Desinfektionsmittel werden eingespart, Wasser und Seife genügen - heißt es, das Gros sind ehrenamtliche Helfer/ -innen, inzwischen gibt es auch ein staatliches Programm, Kranke leben draußen vom Betteln. - Eigentlich wollten wir doch nach Goa nicht Kerala, warum ging das nicht? Ei, weil da gerade gegen Tourismus demonstriert und protestiert wird, ausländische Investoren ignorieren die Bauvorschriften die besagen dass 500 m Strandbreite für die Öffentlichkeit frei bleiben sollen - eigentlich, Goa will gesetzlich auf 200 m herabsetzen (illegal duldet man 90 m); für Hotelbauten werden Dünen abgetragen die dahinterliegende Dörfer und Kulturland schützten, dort besteht Mangel an Trinkwasser für die Einheimischen es wird auf 1 Stunde pro Tag rationiert, außerdem bestünde Gefahr von Aids und Drogensucht. Noch zu erwähnen: die ältesten heiligen Schriften sind „Die vier Grundweden“, früheste Weda (Veda = Wissen, Sanskrit) entstand ca. 1250 v. Chr. denen andere folgten, später wurden alle abgelöst von den Brahmanas und den Upanischaden = Sitzungen, vertraulichen Belehrungen, Agurveda = indische Naturheilkunde; wir besuchen das „Naturwunder des Banyanbaumes“ ein besonders sehenswertes Exemplar - und Affen hüpfen geräuschvoll auf dem Busdach herum!

Aufbruch zum Flughafen, die Rückreise steht an: um 18.50 Uhr soll es nach Bombay gehen, die ständige Pfeiferei des Beifahrers die für den Fahrer freie Fahrt bedeutet nervt furchtbar, Abflug ist schließlich um 21.30, Ankunft gegen 23 Uhr, Essen gab's zuvor im Flughafen-Restaurant während der Zwangspause, ab ins Hotel - zunächst nur drei Zimmer verfügbar, die Koffer sind nicht da - dann doch, endlich gegen 1 Uhr im Bett bis zum telefonischen Wecken um 2.50 Uhr denn es wird ja wieder abgefahren - glücklich findet das 5.45 Uhr statt zum Flug nach Delhi der um 7 Uhr erfolgt – nicht, 7.30 steigen wir in die Maschine ein, 8.30 Uhr setzt sie sich langsam in Bewegung, dann wird's doch noch 8.50 Uhr bis zum Abheben, Delhi an 10.20, ab ca. 12 Uhr, Rom an 19.40, ab 21.05 Uhr - nach meiner Uhrzeit, Frankfurt an 22.35 Ortszeit 18.05 Uhr, während der Zwischenstopps war uns weder herumzulaufen noch auszusteigen erlaubt um die Füße zu vertreten, selbst auf langen Strecken hatte ich keinen Raucherplatz - eine von etlichen Unbequemlichkeiten auf der ganzen Reise wie beispielsweise drei bis vier Stunden - einmal mehr als das - Nonstop-Fahrzeiten im Bus, besser durchorganisiert wäre mancher Stress vermeidbar gewesen der durch 'asiatische Verhältnisse' bedingt reicht völlig aus; da (fast) alle mit der englischen Sprache umgehen konnten wurde sehr schnell nicht mehr übersetzt eine zusätzliche Anstrengung denn das harte Englisch klang für mich abgehackt, zudem ist es eine „Muttersprache" der Inder und mir gelang die komplette Sprachumstellung nicht weil wir zwischendurch untereinander natürlich wieder deutsch redeten, schade; als typisch 'amerikanisch' kann man die Tour auch nicht bezeichnen häufig gab es nicht einmal Gelegenheit zum Fotografieren, gut dass ich noch eine Woche Urlaub habe Erholung tut not! Aber - viel erfahren, viel gelernt, es war eben keine Vergnügungsreise, auch interessant und festzuhalten dass Gesprächspartner immer die Durchlässigkeit der Berliner Mauer ansprachen, dieses Thema sogar zuerst anschnitten bei einem Treffen, es war herauszuspüren man würde es als normal empfinden wenn die beiden deutschen Staaten eines Tages wieder zusammenfänden; wegen des Hotelwechsels in Trivandrum den wir selbst bezahlen sollten verstummten Forderungen bereits vor Ort sehr schnell, es kam auch nichts nach - die Gruppe bestand überwiegend aus Juristen.

Davor und danach habe ich nie wieder einen Koffer vor der Wohnungstür stehen lassen und später in der Badewanne ausgepackt - aber dieses Mal! Ich weiß nicht was man mit dem Gepäckstück angestellt hat es sieht aus als hätte es in Teer gelegen - und wird auch nie mehr richtig sauber dank indischer 'Patina'.

Ein Wort zur Planung

Habe ich vor zu verreisen komme ich mir immer vor wie 'Aschenputtel', das erst weg darf wenn alle Arbeiten zu Hause erledigt sind, noch mal putzen oder genügt es Staub zu saugen? Falls es während meiner Abwesenheit in der Wohnung brennt und die Feuerwehr kommt, muss es doch sauber sein! Warum hat sich wieder so viel Wäsche angesammelt? Mache ich die Kochwäsche Freitag, habe ich vielleicht Glück und sie ist Samstag trocken, kann sie bügeln und nach einer Nacht Ausdampfen am Sonntag noch einsortieren und die restlichen Kleinigkeiten rasch aufräumen; die Rückkehr, wann ist die - sonntags? Ist Brot eingefroren, Gemüse, sind 'Not-Nudeln' da, was ist mit dem Abfall, alles fort? Das letzte bisschen wird in einer Tüte gesammelt, der Weg zum Bahnhof geht an den Mülltonnen vorbei – denn, man kann ja in der Wohnung nichts zwei Wochen vor sich hingammeln lassen!
Wenn alle Rechnungen gemäß innerlicher Erwartung bezahlt sind, schlüsselbesitzende Nachbarn informiert, das 'grüne Gemüse' zum Abschied gegossen, die Heizung niedrigst ein- oder ganz abgestellt das Wasser abgedreht ist, dann darf ich mich auf die Reise konzentrieren, freudig und gespannt losziehen.
Was gibt's dieses Mal Schönes zu erleben, die Welt ist groß und hat so viel Herrliches zu bieten an neuen Erkenntnissen: fremde Landschaften, Tiere, Pflanzen, kulturelle Sehenswürdigkeiten und die Lebensweise anderer Menschen.

Neuerdings vergesse ich immer eine Sache wenn ich weggehe, sei es nur in die Stadt oder länger - was ist es dieses Mal? Hoffentlich nichts Wichtiges, sonst sehe ich bei dieser anstehenden Reise 'schwarz', es geht zwar nicht auf den Mond, aber das Nachkaufen stößt manchmal schon aus Zeitgründen auf Schwierigkeiten, na, Hauptsache sind: Flugschein, Reisepass und Micropur-Tabletten um Wasser zu entkeimen, auch zum Zähneputzen, unentbehrliche Medikamente - hab' ich! Was wäre noch angebracht: Hansaplast, wenigstens eine elastische- und eine Mullbinde, etwas Heilsalbe, Insektenmittel für Mensch und evtl. Matratzenrand, Pinzette, Schere, kleine Nagelfeile.

Bestehen für eine Reise Impfempfehlungen sollte man diese beachten, sie sind zwar keine Garantie dafür dass es keine Schwierigkeiten gibt - siehe Ägypten, bieten aber doch weitgehenden Schutz; zumindest außerhalb Europas ist es zudem zweckmäßig Rohkostspeisen wie Salat und Eis zu meiden, nur Gekochtes, Gebratenes zu essen und Obst, das man waschen sowie schälen kann.
Noch ein Tip: Bei Alleinunternehmungen in einem Reiseland, wo man sich evtl. auch mit Englisch weder mit einem Polizisten noch Taxifahrer verständigen kann ist es zweckmäßig eine Visitenkarte des momentanen Aufenthalts-Hotels dabei zu haben, so kehrt man auf jeden Fall zu seinem Koffer mit Inhalt wieder zurück; manchmal ist außer Englisch auch Französisch nützlich, insbesondere wenn man jemanden im Gedränge ungewollt angerempelt hat wird 'pardon' offenbar gut verstanden.

USA - Reise (1993)

Im Herbst 1993 habe ich die Einladung meiner Freunde in Louisville, Ky angenommen und die einer früheren Klassenkameradin welche seit ihrer Heirat mit einem Amerikaner den sie durch ihre Berufstätigkeit kennenlernte, in Macon Georgia lebt: Hin- und Rückflug über **Pittsburgh** Pennsylvania, den ersten rauchfreien Flughafen Amerikas - heißt es, bevor ich Raucherin das prüfen kann wird meine Einreise unter die Lupe genommen: wirklich privat eingeladen? Enge Freunde - kenne ich die schon länger? Ja? Dann sind das sicher deutsche Einwanderer stellt der junge Mann fest, der sich recht distanziert und überheblich verhält - nein? Echte Amerikaner? Plötzlich strahlt er, ist die Freundlichkeit in Person und – schwupp bin ich durch die Sperre; in der Bar und einem Restaurant darf man rauchen, also für Ausgleich ist gesorgt innerhalb der ‚Rauchlosigkeit' - und da läuft ein älterer Mann mit brennender Zigarette in der Halle herum, keiner sagt oder tut etwas auch das Ordnungspersonal nicht, das ist halt Amerika und nicht Deutschland!

Freudig-fröhliches Wiedersehen und Unternehmungen, es gibt in Kentucky ja so vieles anzuschauen: die „Cumberland-Falls", welche besonders schön aussehen sollen wenn der Schein des Mondes das Wasser in flüssiges Silber verwandelt - für uns so nicht sind am Tag da, trotzdem hübscher Anblick, „South Fork National Recreation Area" mit Cumberland River, „Blue Heron", Imbissbeutel in rotem Ingenieur-Eisenbahntuch - nette Idee; Frühstück im „Doe Run Inn", **Brandenburg**; Picknick mit erweitertem Freundeskreis und Besuch von „Spring Mill State Park" der historischen „Hamer's Mill" von 1817 und anderen alten Gebäuden dort, Information über Whisky-Herstellung, den „Kentucky Bourbon" - leider ohne Kostprobe; in **Lexington** lebt Lance Schwester mit Familie und **Louisville** ist die Zentrale von „ups" mit eigenem Flughafen; Fahrt mit der „Belle of Louisville" auf dem Ohio, dabei verzehre ich genüsslich original „Kentucky fried chicken" trotz Kopfschütteln von Freund, Ehefrau und dem Sohn, frage Lance nach der Anti-Raucher-Kampagne, die bei uns massiv läuft mit der Behauptung in den USA gäbe es bereits völlig rauchfreie Bereiche: in den Restaurants bestehen wie bisher Nichtraucherbezirke die ein starker Luftgebläse-Vorhang trennt, totales Rauchverbot irgendwo in Amerika sei nicht denkbar da die Freiheit des Einzelnen als hohes Gut zu sehr geachtet wird seine Aussagen bestätigen meine Erfahrungen, überhaupt das Wort 'verboten' sieht man hier so gut wie nie, als äußerste Einschränkung gilt 'es ist nicht erlaubt', meistens wird auf Schildern gebeten dies oder jenes nicht zu tun; Rebecca - Susi (erster Tauf-, zweiter Rufname) nimmt mich auf den gebuchten Gruppenausflug zum "Otter Creek Park" in Ohio mit und einer Kürbisfarm in **Cincinnati**: auf diesem großen Gelände werden noch eine Menge anderer Produkte zum Kauf angeboten, Ohio ist ein reicher Staat dank fruchtbarem Land und blühender Industrie, nördliches Zentrum und Hauptstadt **Columbus**, Fluss Ohio also gleichen Namens mündet in den Mississippi, über ihn und Missouri besteht Verbindung zum Golf von Mexiko; auf dieser Fahrt beeindruckt der herbstliche Farbenrausch noch intensiver als bisher schon, hier besonders wegen der Zucker-Ahornbäume zusammen mit dem ‚Bilderbuch'-

Sonnenuntergang über Louisville der uns von einer langgezogenen Anhöhe kommend geboten wird, ein atemberaubendes, glanzvolles Abschiedserlebnis.

Flug nach Atlanta – staune, es ist ein teures Vergnügen! Giesela holt mich ab, wir fahren eine knappe Stunde bis **Macon** ihrem Wohnsitz: das große Haus sowie den parkähnlichen Garten durch den ein Bach fließt teilt sie mit Mann und drei erwachsenen Kindern - wenn sie daheim sind sowie dem Haustier einer der Töchter, einer Echse, „George" die abends Obst verzehrend mit auf der Couch sitzt; Macon ist ein ansprechender Ort mit Pfirsichbaum-Allee-Prachtstraße, „Blütenfest" im Frühling, prachtvollen typischen Villen der Südstaaten wie das „Hay House" the „Palace of the South" im Stil italienischer Renaissance 1855 - 1861 erbaut hat herrliche alte Glasfenster und -kuppeln, außerdem Zentralheizung, Aufzug etc. und besonders ausgesuchtes Mobiliar, antike Möbel, Statuen, wertvolle Vasen gehören allgemein zur Standardausstattung dieser Häuser, im „Woodruff House" ausladende ‚Schneckenhaus'-Wendeltreppe, „Cannonball House" von 1854 jetzt Museum, Name von dem Geschoss das in der Eingangshalle landete ohne zu explodieren, es zerfurchte den sandigen Gehweg und durchschlug eine der Säulen; angenehm die breiten Straßen wie häufig in den Städten - sie haben halt viel Platz! **Atlanta,** absoluter Knotenpunkt des inländischen Flugverkehrs, Hauptstadt von Georgia mit dem 'Phoenix' im Wappen, finanzielles und kommerzielles Zentrum des Südostens, die Museen besitzen großartige Sammlungen von Gemälden, Skulpturen, Einlegearbeiten an Möbelstücken, „Peachtree Center", „Georgia Dome" - habe Zeit zum Schlendern, kann mir alles ansehen; im weiträumigen Einkaufszentrum möchte ich mir etwas Trinkbares erwerben, ach immer dieser Zirkus mit den Münzen, ob mit oder ohne Brille, ich schütte sie auf die Hand und bitte den farbigen Verkäufer sich zu nehmen was es kostet - er stutzt, zögert, tut es dann; eigentlich laufen hier schwarz- und weißhäutige Menschen herum ohne groß Notiz voneinander zu nehmen was mir draußen auf der Straße schon angenehm auffiel, und in den Läden gibt es Verkäufer/-innen verschiedener Hautfarbe die jeden freundlich bedienen der hereinkommt, wirkt sehr selbstverständlich - aber die Berührung ist es wohl doch noch nicht und gemischte Wohnviertel scheinen auch nicht zu existieren; Georgia: Land der Baumwolle, die USA erzeugt 1/4 der Weltproduktion, Gebiet des roten Lehms, der Tiefebenen an der Küste - und der Sümpfe, Stone Mountain.

Es war herrlich! Rückkehr ist nun angesagt: Atlanta, Pittsburgh, Frankfurt - zusätzlich viele schöne Erinnerungen im Gepäck die ich nach Hause trage, übrigens standen in Macon und Louisville wieder Häuser zum Verkauf teilweise von parkähnlichem Gelände umgeben, im Verhältnis 1 zu 1 zu durchaus erschwinglichen Preisen, Anwesen und Kosten von denen wir nur träumen können; überraschend auch dass Lebensmittel und Gegenstände des täglichen Bedarfs wie Kleidung, Schuhe, Haushaltsgeräte generell um einiges billiger waren als Jahre zuvor unabhängig von den üblichen Rabatt-Tagen - wann hat es jemals bei uns eine spürbare Preissenkung von diesem Ausmaß gegeben?! Die Idee, ein „Special of the day" für nicht viel Geld in den Restaurants anzubieten verblüfft ebenso, auf diese Weise sind selbst besondere Delikatessen für jeden Gast, wenn er Glück hat, irgendwann einmal erschwinglich.

Es ist schon ein erstaunliches Land das ich gerne einmal mit dem Zug durchreisen würde, wenigstens ein Stück um die Weite besser zu erfühlen, mit dem Flugzeug schrumpfen die Entfernungen erheblich und der Wechsel von Landschaft und Leuten geht so schnell! Dazu kam es leider nicht mehr - dann also im nächsten Leben!

Rußlandreise mit Schwerpunkt Moskau und St. Petersburg (Sommer 1995)

Der Abflug mit „Aeroflot" soll um 14.05 Uhr sein, ich nehme die frühere der zur Wahl stehenden S-Bahnen von Mainz zum Flughafen Frankfurt damit die Zeit nicht zu knapp würde falls der Zug Verspätung hätte - er hat gravierend ist sie aber nicht, also gibt's erst 'mal ein Kännchen Tee, frisch gestärkt heißt es nun anstellen an einem Schalter der „Lufthansa": „Ist ein Raucherplatz zu haben?" Man kann, außerdem am Fenster - na toll, ich freue mich, „bitte um 13 Uhr im Abfertigungsraum sein" heißt es, ich nicke und begebe mich mit Handköfferchen und Regenmantel zurück zum Restaurant, großes Gepäck habe ich gar nicht dabei, für eine Woche denke ich reichen ein paar Kleinigkeiten und ein Tuben-Waschmittel - dem war dann auch so; nach Verzehr von einem Pilzomelett mit Brötchen, Salat und erneutem Tee wird es Zeit sich in Marsch zu setzen, Klöchen? Vielleicht noch unterwegs oder im Warteraum, erst mal seh'n - du liebe Güte, wo lassen die uns denn abfliegen, die Wanderung scheint kein Ende zu nehmen, an den Kontrollstellen überall eine Menge Menschen aber die Abfertigung erfolgt recht zügig, zum Abflugsteig muss ich allerdings wieder ein großes Stück zurücklaufen, was soll's es verkürzt die Wartezeit - auch nicht unangenehm; es wird 14 dann 15 Uhr ohne dass sich etwas tut, wir sitzen in gut gefülltem Raum bei brütender Hitze ohne Klimaanlage und ohne Toilette, Ansage gibt's auch keine, ich empfinde uns als ziemlich abgeschoben – na, das fängt ja gut an! Schließlich dürfen wir uns in einen Bus zwängen der so lange fährt dass ich den Verdacht habe er hält erst in Moskau, wir steigen dann aber wirklich an einem Flugzeug aus, ich habe einen schönen beinfreien Platz, neben mir einen leeren Sitz, das entschädigt und als wir gegen 15.45 Uhr sogar abfliegen fühle ich mich langsam wieder zufrieden, Wasser gibt's und ein Beutelchen Erdnüsse - wenn das alles an Verpflegung ist … ein junger Asiate fragt ob der Platz neben mir frei ist, er möchte rauchen, von ihm erfahre ich dass wir noch etwas zu essen bekommen zudem dass er mit seiner Mutter nach Moskau fliegt, er wolle evtl. da den Schulbesuch wieder aufnehmen wo seine Schwester nun in der Botschaft arbeitet, er lebte vier Jahre in Russland, ging dort zur Schule, kommt nun von einjährigem Aufenthalt in Bonn zurück, deutsch spricht er kaum, englisch nicht viel, ich kein russisch, so ist die Unterhaltung als nicht flüssig zu bezeichnen - sie macht aber auch ihm offensichtlich Spaß und als sich später herausstellt dass er in Jakarta auf Java geboren ist ergibt das neuen Gesprächsstoff; da der junge Mann zwei Sitzplätze hat gelingt es ihm zwei Essensrationen zu ergattern, nun sind wir auch noch ‚Verschworene', ich gönne es ihm sehr denn das Angebot kann man dürftig nennen trotz der Portion Nüdelchen und etwas Gulasch dabei, mit dem Wunsch auf Glück für sein Vorhaben und seiner Warnung an mich wegen der hohen Kriminalität in der UdSSR endet die Begegnung; etwas nach 18 Uhr kommen wir in Moskau an 20 Uhr Ortszeit, die Passabfertigung dauert mindestens 45 Minuten, Menschen hängen in Trauben um den Schalter herum, vergeblich halte ich Ausschau nach einem freundlichen Reiseleiter der Touristen mit gültigem Visum durchschleust, draußen in der Halle Chaos über dem ab und zu ein handschriftliches Schild eine Reisegruppe zu sammeln versucht, ich steuere auf ‚meine' zu - die Leiterin lehnt ab ich sei nicht auf ihrer Liste, unweit vom Standplatz sehe ich ein Büro von „inturist", gehe hin lege meine Papiere vor und - siehe da, die Dame kommt aus ihrem Kabäuschen und bringt mich zu der ‚Listenarmen' zurück, nach heftigem Wortwechsel den ich nicht verstehe, von dem ich aber annehme nichts zu versäumen, werde ich akzeptiert, irgendwie lande ich in einem vollgestopften Bus und im Hotel wo sich endlich ‚unsere' Gruppe von zwölf Personen aus dem Gewühl schält und die örtliche Reiseleitung auftaucht - sie hatte die ‚paar Figuren' mitbringen lassen inzwischen ist's 22.30 Uhr Ortszeit geworden - schnell zum Abendessen, sonst gibt's nichts mehr! Zimmerverteilung und Auspacken dauert selne Zeit, bis ich im Bett liege zeigt die Uhr 0.30 - und so fühle ich mich auch, aber anderntags soll ja erst um 9 Uhr Frühstück sein, das ist ein Lichtblick.

Um 10 Uhr beginnt die Stadtrundfahrt: „Roter Platz", „Kaufhaus GUM" - das Angebot dort erschlägt mich, elegante Geschäfte voll mit Waren: Mieder, Unterwäsche, Kleidung, Pelz, Kosmetika, alles da - alles aus dem Westen, keinerlei einheimische Produkte und idiotisch teuer denn die Transportkosten und der Zoll schlagen zu Buch, wer kann sich das leisten? Nur wenige Einheimische verdienen so viel heißt es, das Straßenbild lässt aber den Schluss zu dass manches vom Mund abgespart wird, zumindest für schicke Oberbekleidung, die Männer wirken noch immer ärmlich angezogen - aber die Frauen! Später draußen auf dem Land sehen wir schlichtere Kleidung jedoch auch nicht so armselig wie früher; ich habe meine einfachsten Röcke und Blusen mitgenommen, jetzt komme ich mir fast deplatziert vor, von den Touristen bietet mir aber leider keiner Geld als Geschenk an! Es geht weiter, an einem Tor vorbei das aussieht wie das 'Brandenburger' in Berlin nur steht darauf eine ‚Sechsiga', eine 'Quadriga' ist vor dem „Bolschoi-Theater" (bolschoi = groß) aufgestellt - im Vorüberfahren kurz zu erkennen; wir halten am „Smolenski-Kloster" Jungfrauen-Kloster beziehungsweise dem der Mauer vorgelagerten See - hübscher Anblick, die ganze Anlage eine kleine Oase in der Stadt; das große Gebäude der „Lomonossow-Universität" wurde zwischen 1949 und 1954 gebaut, Lomonossow Bauernsohn aus Archangelsk lebte von 1711 bis 1765, war mit einer Deutschen verheiratet, studierte in Marburg und Freiburg und gründete in St. Petersburg die „Akademie der Wissenschaften"; an der Universität nächster Halt, danach fahren wir über den Kutusow-Prospekt (Prospekt = breite Straße oder Allee), Kutusow war ein General der gegen Napoleon kämpfte, an der „St. Georgs-Kathedrale" vorbei - der 'Heilige Georg' ist das Symbol Moskaus, im Stadtwappen vertreten; Hammer und Sichel sind nun überall durch einen Stern ersetzt - übrigens hat Moskau 1997 850-Jahrfeier; pünktlich zum Nachtessen um 18 Uhr sind wir zurück, die Sonne hat heiß vom Himmel gebrannt und die Besichtigungen im Eiltempo machten müde, nach dem Duschen wiederbelebt Fernseherkundung: RAI uno, es gibt gerade 'Familie Feuerstein', ein Kanal Spanisches, einen indischen Film und einen amerikanischen - alles jeweils russisch synchronisiert, insgesamt acht Programme, kein deutsches, die Reiseleiterin antwortet auf meine Frage danach - das gäbe es, ich hätte es nur nicht gefunden (?), also mit einem Fernsehapparat kann ich eigentlich umgehen wenn mir auch sonst manche Fertigkeit fehlt. - Anderntags steht der „Kreml" auf unserem Plan, zunächst fahren wir aber noch einige Stationen mit der "Metro" ab: die Bahnhöfe sind ganz verschieden künstlerisch gestaltet – wunderschön, mal durch Statuen, Mosaike und/oder Malereien, es sind andere Stationen als die welche ich vor sieben Jahren sah also auch für mich reizvoll, nur das rasante Tempo der Rolltreppen ist noch wie es war - ein Alptraum! Mittlerweile hat sich das Wetter geändert es regnet als wir in den Bus steigen, an diesem Tag und am nächsten bleibt es uneinheitlich in rascher Folge wechseln sich heiß und nass ab; am Eingang zum 'Kreml' wird jetzt kontrolliert wie an der Klagemauer in Jerusalem, allerdings oberflächlicher, mir sieht das sehr nach Formsache aus, aber es erinnert daran dass sich das Land in einem unruhigen Zustand befindet, überhaupt - oft ist Militär präsent, selbst auf den Straßen ab und zu Zweier-Patrouillen, bei Gedränge zeigen die Maschinengewehre stets nach oben, mancher junge Soldat hält sogar den Finger auf die Mündung, ganz wohl ist mir bei dem Anblick trotzdem nicht; in der „Beerdigungskirche" sind angesehene Persönlichkeiten beigesetzt die nicht in St. Petersburg die letzte Ruhestätte erhielten, der Glockenturm ist der höchste Moskaus 81 m, im Volksmund „ Der lange Iwan" genannt, links davon erhebt sich die Kirche „Mariae Himmelfahrt" die Krönungskirche für Kaiser und Zaren im oberen Teil mit Muscheln verziert à la Medici, ihrem Seiteneingang gegenüber befindet sich die „Anbetungskirche" und wir werden darüber informiert dass fünf Kuppeln einer Kirche Jesus und die vier Apostel symbolisieren, weiter zur „St. Peter und Paul" die von Holland ihr Glockenspiel zurückerhielt mit der Melodie 'Ich bete an die Macht der Liebe', auf dem Weg dorthin hat man einen hübschen Blick auf die „Moskwa", innen gibt es u. a. schöne Ikonen zu sehen und das große Gemälde an das ich mich gut erinnere: Jonas wird vom Wal an Land gespuckt; nun fahren wir an der „Erlöser-Kathedrale" vorbei die von Stalin gesprengt wurde, das Fundament blieb erhalten und jetzt baut man sie nach den alten Plänen wieder auf, es scheint flott voranzugehen! Die Straße ist nach Tolstoi benannt, sein Denkmal steht am Fahrbahnrand, Teile der medizinischen Fakultät sind hier in einigen Gebäuden untergebracht; es fällt auf dass man keine Lkws auf den - übrigens inzwischen mit Autos vollgestopften Straßen sieht, Nadia sagt dafür gäbe es unterirdische Verkehrswege, speziell zum Ent- und Beladen - na ja, was heißt vollgestopft, verglichen mit damals stimmt's schon, Staus etwa wie bei uns entstehen aber nur bei Unfällen, es kracht nicht selten denn den Führerschein kann man auch mit viel Geld oder Beziehung erwerben, das ist wohl nicht die Norm aber möglich, dem Autoboom ist die Stadt nicht gewachsen - noch nicht, die vier Tankstellen reichen nicht mehr aus deshalb sieht man Tankwagen am Straßenrand die Benzin abgeben; wir erfahren Moskau hatte früher einen zweiten Fluss, er umgab auch den 'Kreml', daher erfolgt heute noch der Zugang über eine Brücke, der darunterliegende Graben das alte Flussbett ist nun ein Park, den Fluss habe man nach unten abgeleitet er diene jetzt der Trinkwasserversorgung; Mittagessen gibt's wieder in dem Hotel in der Stadt in dem wir gestern schon waren: kein üppiges Mahl, kleine Portionen, aber mit Vor- und Nachspeise wird man satt und alles ist liebevoll zurechtgemacht, allerdings will man heute für die zweite Flasche Wasser am Tisch 6.000 Rubel (2.- DM), später sehe ich dass es nur deutsches (kleine Flaschen aus Bielefeld) oder französisches (große Literflaschen) Mineralwasser gibt, auch in den normalen Geschäften - noch nicht einmal das aus dem eigenen Land! Toilettenbenutzung ist manchmal frei, kostet 500 Rubel in Ordnung oder 1.000, für uns ist das nicht viel aber mich ärgert dass die Relation nicht stimmt da ein Brot 2.000 Rubel kostet, Kopeken existieren nicht mehr; wir fahren zur Sommerresidenz: einem großzügigen Park mit uralten Eichen ein paar alten Blockhäusern einer großen Kirche für die Allgemeinheit und einer kleineren für die Herrscherfamilie, Palast und Wohnungen der Bediensteten waren aus Holz, sind abgebrannt, von der ehemaligen Anlage gibt es nur noch ein Modell im dortigen Museum, die größere Kirche hat ‚Zwiebeltürme', ist eine Steinkonstruktion - Nadia sagt bis zu 13 Türmen sei es möglich Stein zu verwenden über diese Zahl hinaus müsse es Holz sein damit der Boden den Aufbau trägt, außerdem seien das Kerzen und keine Zwiebeln (!) deren Form Anregung gab; die kleinere Kirche mit Turm der zum Himmel strebt an einen gotischen erinnernd weist spitz auslaufende Verzierungen auf, uns wird erklärt dass die Frauen früher solche Hauben trugen, sie wurde anlässlich der Geburt 'Iwans' später 'des Schrecklichen' gebaut; ein Stückchen weiter liegt ein schmaler Seitenarm der Moskwa zu unseren Füßen - ein sehr hübsches Bild, schade dass im Hintergrund eine Menge Hochhäuser stehen wie häufig auch bei uns, ein Blockhaus ist 'Peter dem Großen' gewidmet, mit Inneneinrichtung versehen die man zusammengetragen hat, die Türen sind so niedrig dass man nur geduckt herumschleichen kann - es beruhigt mich zu hören es handele sich um einen Nachbau der Kate des Zaren, er soll über zwei Meter groß gewesen sein, da hätte er hier auf allen Vieren herumkriechen müssen; am Bus treffen wir wieder wie auch sonst oft auf Straßenhändler, sie verkaufen Postkarten, Püppchen, Anstecknadeln, aufdringlich sind sie nicht, gelegentlich bitten sie sehr aber es sind keine ‚Geier', es ist ratsam vor allem auf die Postkarten-Serien zu achten denn sie haben manchmal welche die man sonst nirgends bekommt, andererseits kann man selbst an den Besichtigungsorten nicht erwerben was man will sondern muss gucken was gerade da ist - daran hat sich also nichts geändert! Die Reiseleitung drängt stets zur Eile, so hilft nur rascher Entschluss und ein gutes Gedächtnis für Briefumschläge, sonst hat man etliches doppelt anderes gar nicht, mir ist es z. B. leider auch diesmal nicht gelungen eine Ansichtskarte vom „Bolschoi-Theater" aufzutreiben, auf Befragen wurde geäußert „wenn Sie mit der Metro fahren bis ... da gibt es ein Geschäft da können Sie eventuell ..." ‚mein Verzicht stand fest; Straßenkäufe sind viel günstiger als der Erwerb in einem Laden in den man uns Touristen schleust, mit Dollar-Preisen ausgezeichnet ist für mich nichts dabei, kein ‚Mitbringsel' im Sinne meines Geldbeutels nur - die Verkäufer draußen haben zum Teil keinerlei Vorstellung bezüglich des Verhältnisses Dollar zu DM: ich erhandele mir z. B. drei Dia-Serien für 10.- DM für die der junge Mann zuvor 40 Dollar wollte, der Dollar wird üblicherweise zu 1,80 DM verrechnet - ich hätte doch Dollars mitnehmen sollen aber ich scheute den Durcheinander von drei Währungen, dadurch entgeht mir einiges weil es vorkommt dass nur Dollarbezahlung möglich ist, Rubel und DM muss man immer dabeihaben, einmal geht nur das eine mal nur das andere Zahlungsmittel, zunächst wundert es mich dass auf der Straße auch deutsche Münzen genommen werden bis mich eine Frau bittet sie in einen Schein umzuwechseln - da begreife ich endlich und komme so zu Kleingeld für den S-Bahn-Automaten zu Hause; wir haben noch 1 1/2 Stunden Zeit bis zum Abendbrot also halten wir an der Fußgängerzone zum Bummeln: das gleiche Bild der Vielfalt von Angeboten dazu exotische Fotochancen - mit Schlange und Panda in natura, arme Tiere; äußerst talentierte Schnellzeichner sind da und reguläre Geschäfte, ‚mein' Bäcker mit den wunderbaren selbsthergestellten Figuren und Utensilien im Schaufenster ist fort, statt dessen macht sich jetzt auf ganzer Länge eines Gebäudes 'McDonald's' breit - wie schade; auf dem Weg zurück ins „Ismailowa-Hotel" fahren wir am Moskauer Vergnügungspark vorbei der Gorkis Namen trägt, mit Achterbahn Karussels und mehr; mein Zimmer liegt im 15. Stock Bau D des neu erbauten Hotelklotzes bestehend aus insgesamt fünf völlig identischen ‚Würfeln', etwas verwirrend, die Schallisolierung der nicht zu öffnenden Fenster ist schlecht, einen Steinwurf entfernt führt eine Bahnlinie vorbei die ganze Nacht rattern pausenlos Züge, vor dem Gebäude liegt ein bewachter Parkplatz während der Dunkelheit grell beleuchtet rechts davon ein zweiter, die Lampen erhellen meinen Raum durch die Vorhänge hindurch, Hunde der beiden Nachtwächter tun häufig kund dass sie hellwach sind, ohne Ohropax könnte ich nicht schlafen - merkwürdige Standortwahl für einen Neubau, allerdings habe ich abends einen sehr schönen Blick auf das nächtlich erleuchtete Moskau; an der Straße die unten vorbeiläuft sehe ich ab und zu ein weibliches Wesen ‚das langsam geht um schnell voranzukommen', ein Auto hält - fährt weiter, in das nächste steigt sie nach kurzer Verhandlung ein, also das gibt's hier auch - genug geguckt ab ins Bett der Tag morgen wird anstrengend. - Ein Tagesausflug steht auf dem Programm: das „Kloster Kolomenskoje" = Dreifaltigkeitskloster von der Stadt 70 km entfernt, es hat viele Besonderheiten zu bieten: Reliquien des 'Heiligen Sergius' der das Kloster gründete, den 85 m hohen Glockenturm, die heilige Quelle - an der ich meine Trinkwasserflasche auffülle, das Grab von 'Boris Godunow' und natürlich schöne Kirchen und Gebäude; bekomme Schwierigkeiten im Museum wegen des „heiligen Wassers", muss die Flasche am Eingang stehenlassen, der 'Heilige Sergius' habe Tote erwecken und mit Tieren reden können, Wandgemälde: er füttert einen Bären, 'Franz von Assisi' wäre mit ihm vergleichbar denke ich; man kann Kassetten mit gregorianischen Gesängen erwerben und Kreuz-Anhänger sowie Kreuze in vielen Variationen, vor dem Kloster ein großes Rechteck mit Verkaufsständen, preiswert sind nur die wollenen Tücher mit original russischen Motiven, wunderschöne dabei; zwischen zwei Besuchen des Geländes aßen wir im nahegelegenen **Sagorsk** zu Mittag (Name eines Parteisekretärs), früher hieß der Ursprungsort der „Matrioschkas" das Spielwarenzentrum **Sergej Bossat** - bürgert sich wieder ein, die Mahlzeit wurde von einem Duo mit Ziehharmonika und Balaleika, auch einer Sängerin verschönt, gelegentlich reicht man als Vorspeise Suppe die immer sehr gut schmeckt, heute bekamen wir „Borschtsch" mit einem Schuss Sahne drin - herrlich! Das Kloster wollen einige von uns - ich auch von einer Anhöhe gegenüber knipsen, da versteckt sich die Sonne hinter den Wolken, wir warten, sie erscheint und wir stehen voll in ihrem Glanz das Kloster liegt im Schatten - Pech gehabt! Die Fahrt über Land ist recht eindrucksvoll: Datschen und reguläre Wohnhäuser sind oft nicht zu unterscheiden zumal sehr viele Menschen aus der Stadt die Wochenendbehausungen umgebaut haben und nun ständig dort leben, die U-Bahn-Verbindung sei ausgezeichnet und höchstens 5 Minuten Wartezeit zwischen den Zügen, zu den Bauten gehören jeweils 600 bis 1 200 m² Land (100 m² = 1 „schoßta") die auf 100 Jahre zur Pacht gegeben wurden, Vererbung des Vertrages war bis zur „Wende" nicht möglich aber jetzt, die Pacht sei niedrig wie die Mieten und an den Staat zu entrichten, z B. könne in Moskau eine Zweizimmerwohnung mit Küche und Dusche 60 m² groß monatlich 50.000 Rubel kosten (etwa 17.- DM); die Einkommen würden bei 400.000 Rubel beginnen und gingen bis unendlich, wer gesund und einfallsreich sei komme zu etwas, ideal dürfte Arbeit bei einer staatlichen Stelle sein die weder zu viel Kraft noch Zeit in Anspruch nimmt bei Wohn- und Mietpreis-Garantie kombiniert mit Privatgeschäften aller Art - das gibt es wohl auch gar nicht wenig, der Kauf von Eigentumswohnungen greife um sich, diese werden dann für hiesige Verhältnisse - teuer vermietet, die Neureichen seien zufrieden; eine Menge junger Leute freuen sich darüber reisen zu dürfen aber die Geringverdienenden und vor allem die Rentner würden unter den jetzigen Verhältnissen leiden, wegen der rasenden Inflation konnten manche ihre „Datscha" nicht halten, die Erholungsheime der Partei sind aufgelöst man kämpfe ums Überleben, Bettlerinnen begegnen uns häufig, der Umschwung bewirke auch dass Menschen aus entfernten Ortschaften oft etliche Tagereisen weit mit Habseligkeiten, Vieh, Ernteerträgen usw. in die Stadt kommen und alles zum Verkauf anbieten, diesen Markt verlegte man ins riesige Stadion, zeitweilig sollen es 100 000 Leute sein die sich dort einfinden, dazu die Käufer; in den Straßen vor den Geschäften sind häufig Stände aufgebaut an denen jeder versucht irgendetwas zu verkaufen, Getränke sind erschwinglich, Eis - original 'westlich' verpackt also ‚darmfreundlich' darf sich auch der Tourist erlauben, Einfallsreiches gibt es auf kleinen Märkten: Fertiggerichte, zu Hause zubereitet wie z. B. gebratene Hähnchenschenkel und natürlich Handarbeiten u. a. geklöppelte Spitze, ganz Schlaue sparen Geld zusammen für einen Flug nach Deutschland den sie ja in Rubel bezahlen und kaufen für die erworbenen DM-Gelder bei uns ein, das lohne sich - wohl deshalb war das Flugzeug so gut besetzt, überwiegend mit Russen, außerdem fliege die „Aeroflot" nur einmal wöchentlich die Route Moskau - Frankfurt und umgekehrt; nach dem Abendessen geht's zum Staatszirkus um die Zeit auszufüllen denn der Zug nach St. Petersburg geht erst um 1 Uhr: die Akteure geben sich redlich Mühe, jedoch die ‚erste Garnitur' ist wahrscheinlich wieder auf Tournee, wir sitzen alle verstreut, meinen Platz finde ich überhaupt nicht hocke dann aber wunderbar irgendwo und es vertreibt mich auch keiner, in der Pause dränge ich mich mit anderen an einen Getränkestand und erspähe mit langem Hals dass meine ‚Vordermänner' für das Schäumende im Becher 5.000 Rubel bezahlen - erster Schluck, ein Strahlen zieht über mein Gesicht das der Mensch der hinter der Theke herumwurstelt sieht und mir zunickt, danke, „spassiba" für den köstlichen Erdbeer-Milch-Shake - jetzt mag ich erst recht kein ‚Bonbonwasser' mehr! Unangenehm ist die Vorführung vermenschlichter Tiere, abstoßend für uns, aber sicher haben die Russen im Moment ganz andere Sorgen. Zu unserer Gruppe gehören ein unverheiratetes Paar aus Bayern, er ein ‚Besserwisser' sie eine ruhige Person die sich oft streiten, der 74-Jährige aus dem Taunus der nachher beim Abendspaziergang am Meer für mich nützlich ist aber wegen seiner ständig wiederholten Kriegserinnerungen allen lästig wird, die amerikanische Polin welcher der Vorgenannte gern Knie und Schenkel tätschelte bis sie sich im Bus von ihm wegsetzte - sie spricht russisch gern und viel, eine intelligente 'Blaustrumpf'-Intellektuelle aus Düsseldorf die sich selten mit dem sie umgebenden Pöbel befasst, zwei Schwestern junge Mädchen aus München von denen eine seit zwei Jahren in Los Angeles studiert, Jüdinnen wie die Amerikanerin sofort bemerkt, sehr scheu meistens sich selbst genug und vier Frankfurterinnen die sich offenbar kennen: eine kleine stille Person die alles Angebotene gewissenhaft verfolgt anhand von Stadtplan und Büchern, eine etwas undurchsichtige Frau fahrig gekünstelt temperamentvoll, plappert alles nach was ihre spezielle Freundin von sich gibt, ‚verlor' bereits am ersten Tag den Geldbeutel mit gesamter Barschaft - fand ihn anderntags im eigenen Zimmer in einer anderen Tasche wieder, Mutter mit geistig behinderter Tochter die zudem Spitzfüße Silberblick und dicke Brillengläser hat, lieb und unauffällig überall mit hintrabt, von ihrer Mutter gleichgültig bis hart behandelt, die Mutter unsere ‚Gouvernante', die bei Absprachen bezüglich Uhrzeiten oder Abläufen mindestens zweimal zurückfragt dann die gewonnene Erkenntnis uns allen mitteilt ergänzt durch Ratschläge und keiner hört zu – gut dass kaum Zeit bleibt zu näherem Kontakt, beim Essen kann man mit Kauen beschäftigt spärliche Gespräche führen ohne dass es auffällt, so komme ich mit allen gut zurecht, habe keine Probleme; bei der Aussicht in einem Vier-Betten-Abteil im Zug transportiert zu werden hatte ich bereits am Vortag meine Fühler nach der Amerikanerin und den beiden Mädchen ausgestreckt, allen Angesprochenen erscheint unser Zusammentun als angenehmste Lösung und so verbringen wir eine ganz ruhige Nacht mit viel festem erholsamem Schlaf, ausgeruht kommen wir in St. Petersburg an, später als vorgesehen erst um 10 Uhr aber gestärkt durch im Zug gekauften Tee und Plätzchen sowie Schokolade der Amerikanerin; ein neuer Reiseleiter übernimmt uns, der junge Konstantin wuselt herum, schließlich sitzen wir im Bus, da erscheinen die Gepäckträger und verlangen pro Koffer 10.000 Rubel Trinkgeld! Empörte Diskussion: Transfer ist frei, war in Moskau so, haben wir längst inklusive bezahlt – nein wird belehrt, nur Personen, nicht Gepäck - das war der richtige Einstieg, **St. Petersburg** blieb Nepp, häufig offensichtlich somit ärgerlich; nach dem Frühstück das zeitlich fast ein Mittagessen ist und dem Kurzbesuch der Zimmer Stadtrundfahrt: 'Peter I.' gründete die Stadt 1703, in Erinnerung an Amsterdam ließ er Kanäle ziehen, Übergänge bauen, die Stadt des 'Heiligen Petrus' erstreckt sich über mehrere Inseln die durch Brücken miteinander verbunden sind mit alten Lampen darauf und gusseisernen Geländern die z. B. Pferdeköpfe zieren, anfangs gab es nur wenige Häuser, u. a. die „Effektenbörse" hinter den Leuchttürmen wo Handelsverträge unterschrieben wurden, sie steht auf der Basilius-Insel wie unser Hotel, heute ist in dem historischen Gebäude das „Kriegsmarine-Museum" untergebracht; die „Newa" lebendige Wasserader, verbindet den Ladoga-See mit dem Finnischen Meerbusen, transportiert werden Materialien und Menschen, letztere zum Teil in den schnellen Luftkissen-Booten wie das auf dem Rhein; 'Peter der Große' holte sich europäische Baumeister: Italiener, Franzosen, Deutsche ins Land und ließ sie nach und nach eine europäische Stadt bauen, die Ausführung war nicht einfach denn das Gelände ist sumpfig, in den Untergrund mussten deswegen zunächst Pfähle eingerammt werden, das Gebiet umfasst heute 8 000 m²; mit 5 Millionen Einwohnern sei St. Petersburg die zweitgrößte Stadt Russlands, ebensolche Universität, 40 Hoch- und einige Kadettenschulen, wir sehen mit goldener Spitze die „Admiralität" an der Werft jetzt eine Kadettenschule, das "Raritäten- und Kunstkammer-Museum",

„Erlöserkirche", „Völkerkunde- und Russisches Museum", die ehemalige Reithalle welche später dem Genuss von künstlerischen Darbietungen diente, z. B. habe Richard Strauß dort einmal dirigiert; das „Mussorgsky-Theater", den „Finnischen" und den „Moskauer" Bahnhof mit dem Platz des Aufstandes, den „Winterpalast" in dem sich die „Eremitage" befindet, „Alexandersäule", Isaak-Platz mit „St. Nikolaus-Statue", für die „Isaak-Kathedrale" benannt nach dem 'Hlg. Isaak von Dalmatien' nehmen wir uns Zeit zur Besichtigung, die Pracht der Architektur die Innenausstattung und die Gemälde nehmen gefangen, französischer Architekt die Zeichner waren Russen; auf dem Rückweg ein Blick zur „Dreifaltigkeitsbrücke" - die erneuerten alten Namen werden betont! Wir sind im „Pribaltiyskaya-Hotel" untergebracht, einem eleganten Bau direkt am Finnischen Meerbusen, das ursprünglich für uns gebuchte Hotel sei voll belegt darum ein Wechsel, man lässt uns fühlen dass wir fehl am Platz sind, schiebt uns so oft wie möglich aus den Esssälen in die Cafeteria ab und - heute Abend gäbe es Mittag- und Abendessen in einem - hätten wir mittags nur Suppe bekommen? Für die zweite Tasse Kaffee oder Tee wird Geld verlangt - wir staunen; Code-Karten statt Schlüssel, angeblich ein besonderer Sicherheitsfaktor, wie kam dann der fremde Mann in das Zimmer der ‚Intellektuellen' während ihrer Abwesenheit? Kommentar des Sicherheitsdienstes auf diese Meldung hin „das gibt es nicht" - so kann man auch Probleme lösen! Raus ans Wasser, zur Zeit ist Ebbe, viele Sandbänke werden sichtbar man könnte weit hinauswaten, ich nehme Abstand davon als ich den Streifen dunklen Uferschlamms unklarer Herkunft sehe, außer Steinen scheint nichts angeschwemmt zu werden, der ausgedehnte Spaziergang am Wasser entlang in herrlicher Seeluft tut gut, auf dem Weg zurück benutzen mein Begleiter und ich die Straße mit einem Grünstreifen in der Mitte, entdecken einen Laden - nichts wie hinein: die Nahrungsmittel sind recht teuer auch das Gemüse trotz schlechter Qualität, ansonsten verpackter Käse und ebensolche Wurst - aus dem Westen, ich nehme eine Flasche Wasser mit, um die Hälfte billiger als im Hotel; nachher im Zimmer bleibt noch Zeit das Fernsehprogramm zu inspizieren: die Kanäle sind so bestückt wie in Moskau, zusätzlich CNN (Kanada) und RTL II. - Anderntags wieder Fahrt ins Zentrum, am alten Hafen vorbei, die Kuppeln des „Smolny - (Auferstehungs-) Klosters" glänzen in der Sonne, es geht zur „Eremitage": schon die Säle des Winterpalastes sind atemberaubend in ihrer Schönheit, die zwei Stunden Zeit reichen nur für einen winzigen Bruchteil der Ausstellungsstücke knapp 3 Millionen insgesamt - aber die genieße ich; im Moment werden Gemälde aus deutschem Privatbesitz, russische Beutestücke, als Sonderausstellung gezeigt, herrliche Bilder von Impressionisten, nach kurzer Überlegung entscheide ich mich dafür weil man sie in dieser kompakten Zusammenstellung wahrscheinlich nie mehr zu sehen bekommt, sollten Besitzverhältnisse geklärt werden erfolgen Rückgaben, es wäre schon gut wenn sie der Öffentlichkeit zugänglich blieben. Danach treten wir unsere Bootsfahrt auf der Newa an obwohl es anfängt zu nieseln und einige maulen, ich bin froh über den ganz anderen Blickwinkel, interessant die Fassaden der Gebäude, Schiffe, Hafen, Werft, Stadion - fahren bis zur Mündung, weit am Horizont ziehen die Fährschiffe nach Finnland vorbei und drehen dann um, an der „Peter-Paul-Festung" legten wir ab, dort steigen wir auch wieder aus, nun zu ihrer intensiven Besichtigung: Kathedrale mit Sarkophagen der Zaren, Münzanstalt die noch in Betrieb ist, Gefängnis für politische Häftlinge: auch Gorki befand sich hier und der Sohn Peter des Großen der Thronfolger Alexei der vermutlich auf Geheiß seines Vaters umgebracht wurde, „Todestor" und an einer Seite die Höchststand-Flutmarke der Newa; Rückfahrt zum Hotel in unserem Bus geht über den Newski-Prospekt die Hauptstraße: Geschäfte, Restaurants, Bars, Kinos, Banken; beeindruckende Paläste mit wohlbekannten Namen: Orloff, Stroganov, Potemkin fesseln den Blick - übrigens Warteschlangen vor den Läden gibt's nicht mehr; um die Abende zu verschönern wird ein Besuch im Ballett-Theater angeboten und Folklore mit Krimsekt und Kaviar, mein Geldbeutel zeigt mir deutlich eins von beiden kann ich mir noch erlauben - dann natürlich 'Schwanensee' im Staatlichen ehemals „Marinsky"- nach der Frau des letzten Zaren benannt, danach „Kirov"- jetzt „Alexandrej"-Theater - Krimsekt hatte ich ja schon bei meinem ersten Aufenthalt in Russland getrunken und Kaviar bekommen wir sowieso ab und zu auf Eihälften, zudem reizt er mich nicht sonderlich und ein Touristen-Spektakel kann ich auf jeden Fall entbehren; nur die Mädchen und ich wollen ins Theater, mit einem hier üblichen ‚Daumen-hoch-Taxi' fahren wir dorthin teilen schwesterlich die nicht hohen Kosten, das Theatergebäude an sich lohnt schon unser Interesse ebenso die Blattgoldverzierungen überall dazu die Pracht der früheren Zaren-Loge, der Orchestergraben ist eng und schreit fast nach einem neuen Anstrich, die etwa 40 Mitglieder spielen nicht schlecht und die Solisten tanzen sehr gut ansonsten - na ja, und auch bezüglich der Choreographie sind wir halt verwöhnt, doch die wunderbaren Kostüme faszinieren an Volkstracht orientiert, alles in allem eine schöne Aufführung, das Ballett-Theater gemäß ursprünglicher Bestimmung gibt es erst seit einem Jahr wieder zuvor diente es als „Sprech-Theater"; wir fahren mit der Metro zurück, billig und schnell, ich vertraue mich den Mädchen an die sich mühelos zurechtfinden anhand irgendwelcher farbiger Linien. - Heute geht's mit armseligem Lunchpaket auf Tagesausflug zunächst zum „Pavlovsk-Palast", der preußenfreundliche 'Alexander II.' residierte hier im Sommer, sein Denkmal steht vor dem Hauptgebäude in der Pose vom 'Alten Fritz', **„Zarskoje Selo"**, der Puschkin-Palast an den die Ortschaft **Puschkin** anschließt beeindruckt schon äußerlich durch seine gewaltigen Ausmaße die unsere ältere Münchnerin zu dem treffenden Ausspruch veranlasst „ja, Wahnsinn", innen entsprechend Räume, jeweils einheitlich stilgerecht ausgestattet; der russische Dichter Puschkin (1799 - 1837) wuchs im nahen Städtchen auf, besuchte das Gymnasium dort, ihm gelang was Kramsin (1766 - 1826) begonnen hatte: die Verbindung der volkstümlich russischen und kirchenslawischen Zeichen zur Schriftsprache zu machen, ursprünglich entwickelte Kyrillos lange vorher aus Teilen altgermanischer Runen und der griechischen Schrift was allgemein benutzt wurde, Puschkin war auch Märchenerzähler und ist deshalb heute noch bei allen Altersstufen sehr populär z. B. „Ruslan und Ludmilla", der Park in dem sein Denkmal steht soll der größte Europas sein - kann man glauben; der Heimweg lässt Zeit für eine kurze Beschäftigung mit der russischen Geschichte die häufig in St. Petersburg mitgeschrieben wurde: zunächst von indogermanischen Stämmen bevölkert errichteten die Goten ein Reich das sehr bald Hunnen zerstörten, 879 gewannen schwedische Normannen die Oberhand die Waräger, Rurik aus dem Stamme Rus (!), gründete einen Staat mit Nowgorod als Mittelpunkt, herrschte dort als Fürst, Normannen und Mongolen wechselten sich dann öfter ab bis um 1300 die 'Goldene Horde' 150 Jahre lang unangefochten dominierte; Iwan II., nicht 'der Schreckliche' das war der IV., befreite 1480 Russland endgültig von der Fremdherrschaft, ein Rurikide, der Stamm blieb an der Macht bis 1598, Wirren in der Nachfolge dauerten bis 1613 da setzten sich die Romanows durch stellten die Kaiser bzw. Zaren bis zum letzten Vertreter des Hauses; Aleksander Menchikow, Vertrauter Peters des Großen, war der erste Bürgermeister von St. Petersburg, ein Mann der Mäßigung, ihm überließ dann Katharina I. eine Bauerntochter (?) das Regieren, verbannte ihn allerdings zwei Jahre später, er ist eine herausragende politische Persönlichkeit gewesen die den Menschen als Symbolfigur noch heutzutage viel bedeutet (Menschewiki); Katharina II. folgte eine Dame aus dem Hause Anhalt-Zerbst, danach Peter II. ein geistesschwacher Trinker den Potemkin sein Günstling leicht betrügen konnte … wichtig ist zu erwähnen dass 1905 die Revolution von St. Petersburg ausging, Massendemonstrationen erzwangen die Gewährung einer Verfassung, auch die Revolution 1917 begann hier, Signal sei der Kanonenschuss vom Kriegskreuzer „Aurore" gewesen dem Schiff das heute zur Erinnerung auf der Newa vor Anker liegt; die Stadt ist stolz auf ihre Schlüsselrolle und es scheint hier wirklich ein etwas anderer Wind zu wehen - nicht nur vom Meer her, seit der „Wende" wird nicht allein vom Seeweg sondern auch der Landverbindung nach Finnland reger Gebrauch gemacht, Kontakte intensiviert die wohl nie abgebrochen waren - sind das die „Byzanthinischen Verbindungen" von denen man in St. Petersburg so gerne spricht? Jedenfalls benutzen die Russen diese Möglichkeiten bevorzugt für Wochenendausflüge; das hier ist eine echte Hafenstadt, bei der mir lediglich fehlt dass Matrosen das Straßenbild prägen, sie mischen sich offenbar nicht 'unter das Volk', zumindest nicht erkennbar.

Der Abschied von der „Perle am Finnischen Meerbusen", mit „weißen Nächten" im Sommer, fällt schwer; zum Flughafen geht's über den Moskau-Prospekt am „Triumphbogen" vorbei, einem riesigen Säulentor am Ein- bzw. Ausgang der Stadt, er wurde nach der erfolgreichen Vertreibung der deutschen Besatzung im Zweiten Weltkrieg errichtet; der Abflug verzögert sich erneut um einiges - wegen verwirrender undurchschaubarer Vorformalitäten und merkwürdiger (Des-)Organisation, irgendwann sitzen wir tatsächlich in einer „Iljuschin 586" (glaube ich) 2 200 km von Frankfurt entfernt das wir in 2 1/2 Stunden erreichen sollen - auch fertigbringen, Plätze gibt es nach dem Motto: 'wer zuerst kommt, mahlt zuerst', ich habe Glück, erwische wieder einen Raucher-Fenster-Sitz, die Aussicht lohnt sich zumal die Route überwiegend an der Ostseeküste entlang verläuft, erst spät schwenkt die Maschine landeinwärts über Warschau und Prag ihrem Ziel entgegen, zu essen gibt's auch - ich werde nie mehr Negatives über 'Alitalia' äußern! Neben mir haben die behinderte Tochter und ihre Mutter Platz genommen, sie kamen sehr spät, es war nicht mehr viel frei, folgendes Gespräch entspinnt sich „Fliegen Sie zum ersten Mal", meine Antwort „ich war schon öfter mit dem Flugzeug unterwegs", „ja ich habe mich schon gewundert dass Sie zurechtkommen, Sie sind doch sicher älter als ich, ich bin Jahrgang 1928", „ich bin 1934 geboren" - denkt sie denn ich wär' 80? „Sie sind also auch aus Frankfurt", „nein aus Mainz", „dann müssen Sie noch mit dem Zug nach Mannheim fahren", „nein nach Wiesbaden", „ah so, von Wiesbaden dann nach

Mainz", „Mainz liegt auf der Strecke vor Wiesbaden, mit der S-Bahn ist das kein Problem"
- jetzt habe ich endlich Ruhe; als das Flugzeug in die Wolken hinuntertaucht, zu wackeln
beginnt klammert sich meine behinderte Nachbarin voller Entsetzen an meinen Arm,
gutes Zureden und Streicheln der Hand beruhigen das Zittern, wir ‚überstehen'
gemeinsam die Landung - ihre Mutter nahm davon keinerlei Notiz; aus der Gruppe sehe
ich niemanden mehr, ich habe ja nur Handgepäck und empfinde das erneut als sehr
angenehm, der Rest ist Routine und klappt bestens.

Ein ‚Mitbringsel': in einer Versammlung steckt ein Nagel in einem Stuhl und behindert,
der Litauer reißt ihn heraus und wirft ihn ins Präsidium, der Ukrainer zieht ihn heraus und
steckt ihn ein, der Weißrusse setzt sich nieder und denkt es muss wohl so sein - das ist
seine Geduld, seine endlose Geduld.

Nachwort

Auf Wunsch einiger lieber Menschen, die aus gesundheitlichen Gründen auf Fernreisen verzichteten, begann ich die Berichte zu schreiben.

Die meisten Ausführungen über die Geschichte eines fremden Landes, Leute, Gewohnheiten sind oft die Wiedergabe von Informationen der jeweiligen Reisebegleiter/ -innen deren Namen andere waren - dies zur Erklärung, falls sich vielleicht ein paar kleine Unkorrektheiten ‚eingeschlichen' haben sollten. Das Meiste in, für mich ungewohnten Sprachen, ist phonetisch angegeben.

Da die Einzelheiten meiner Reisewege, dachte ich, recht gut beschrieben sind bot ich die Berichte kostenlos dem „Blindenverein" zur Verwendung an, man lehnte ab.

Auf allen meinen Touren hatte ich nie ernsthafte Schwierigkeiten oder eine gefährliche Situation zu überstehen. Vorsicht ist auch bei uns in größeren Städten geboten, es gibt aber m. E. in fremdem Land keinen Grund für Überängstlichkeit - ein bisschen Glück braucht man sicher auch. In den USA wurde bei den Übernachtungen im Hotel mein Name öfter geändert in Dembrowski, Dembonski oder Dembowhysky.

Meine Horizonterweiterung, tatsächlicher und geistiger Art, brachte mich außerdem zu folgender Überlegung: Ich verstehe nicht, warum Menschen ihre Zeit nicht dafür nutzen sich gegenseitig zu besuchen, um die Besonderheiten der Natur, die es in jedem Land gibt, zu bestaunen, Freude daran zu haben. Zudem ist es bereichernd, unterschiedliche Lebensweisen und die Kultur anderer kennenzulernen - sehr viel interessanter und wichtiger als sich gegenseitig die Köpfe einzuschlagen! Denken Sie auch so? Setzen Sie sich dafür ein!

Inhaltsvorstellung der zwei weiteren Bücher

Zauberwort Reisen Teil 2:

- Zusammenfassung früherer Reisen
- Sylt (1996)
- Berlinreise (1996)
- Provence und Camargue (Oktober 1996)
- Hollandreise (April 1998)
- Island-Reise (September 1999)
- Rom-Besuch (November 1999)
- China-Reise (Anfang 2000)
- Tour nach Bregenz zu den See-Festspielen (2000)
- Busfahrt nach Rügen (2000)

Zauberwort Reisen Teil 3:

- Faszination Italien (2001)
- Hawaii-Island-Hopping (Mai 2001)
- Sizilienreise mit Abstecher zu den Äolischen Inseln (Herbst 2001)
- Islandreise (2003)
- Amerika-Westreise (2004)